랍반 사우마의 서방견문록

랍반 사우마의
서방견문록

쿠빌라이 칸의 특사,
중국인 최초로 유럽을 여행하다

모리스 로사비 지음 | 권용철 옮김

사회평론아카데미

네스토리우스교의 사제 랍반 사우마Rabban Sauma는 서양에서 잘 알려진 이름이 아니다. 그의 출생지인 중국에서 특별히 유명한 것도 아니다. 1200년대 말 페르시아의 몽골 통치자를 대리해 파견된 사신의 자격으로 유럽에 온 그의 사절단은 역사상 가장 극적이면서도 중요한 사건의 하나가 될 잠재력을 지니고 있었다. 그러나 지금도 여전히 몽골제국 시대를 전공하는 소수의 학자 이외에 실제로 그를 아는 사람은 거의 없다.

아마도 랍반 사우마의 일생과 그가 직접 쓴 여행 기록의 흥미로운 운명 때문에 이런 일이 생겼으리라. 그가 페르시아에서 사망한 지 얼마 지나지 않아 그의 기록은 시리아어로 번역되었다. 이 시리아인 번역자는 랍반 사우마의 기록에 자신의 설명을 덧붙였고, 수많은 내용을 삭제하기도 했다. 14세기 중반 몽골제국의 페르시아 지배가 종말을 고할 즈음, 랍반 사우마가 기록한 원본과 시리아어 번역본이 둘다 사라졌다. 이 귀중한 기록에 대한 지식은 이후 500년 이상 잊혔다. 랍반 사우마 사절단에 관해 언급된 기록은 교황을 비롯해 프랑스의 왕, 잉글랜드의 왕과의 만남에 관한 형식적 서술(바티칸, 영국, 프랑스의 문서보관소에 소장되어 있다), 그리고 몇몇 시리아어, 아랍어 자료에 간략히 나온 것이 거의 전부다. 이러한 자료들은 세부적인 내용을 거의 알려주지 않기 때문에 주목받지 못했다. 내가 알고 있는 한문 자료 중에는 그의 사절단을 서술한 것이 없으며, 심지어 랍반 사우마 자체를 언급하지 않는다. 대개 역사가들에게 귀중한 사료의 보고寶庫인 전통적인 중국 역사서들은 어떠한 배경을 통해 등장한 여성은 물론이고, 관직 경험이 없는 사람, 외국인과 외국 여행에 관련된 사람을 등한시한다. 따라서 랍반 사우마가 중국 자료에서 누락된 것은 아쉽지만, 아주 이상한 일은 아니다.

그렇게 수 세기에 걸쳐 랍반 사우마는 사실상 알려지지 않았다. 만약 1887년 3월에 일어난 한 우연한 사건이 없었다면 여전히 알려지지 않았을 것이다. 북서부 페르시아에 거주하던 살로몬Salomon이라는 사람이 랍반 사우마의 시리아어 번역자와 같은 기독교 종파에 속한 한 젊은 튀르크인을 우연히 만났는데, 이 청년이 시리아어 사본을 가지고 있었다. 사본은 랍반 사우마의 일생과 여행 기록을 번역하고 편집한 것이었는데, 조사를 부탁받은 살로몬은 그 가치를 인지하고 재빨리 복사하여 시리아어 문서 전문가로 이름난 베드잔 신부Father

Bedjan에게 보냈다. 이 발견으로 페르시아에서 랍반 사우마의 기록이 널리 알려졌으며, 이는 또 다른 사본의 발견으로 이어졌고, 1888년 대영박물관에서 이 사본을 구입했다. 이러한 우연한 상황은 랍반 사우마를 망각의 상태에서 구조해냈고, 그 덕분에 그의 일생과 중세 유럽으로 향한 그의 독특한 사절단에 관한 이야기를 쓸 수 있게 되었다.

랍반 사우마의 일생과 여행이 기록된 시리아어 판본을 번역한 번역서 몇 권이 등장했다는 점을 더 서술할 필요가 있다. 모든 번역본에는 번역자에 의한 주석과 소개글이 포함되어 있다. 프랑스어 번역본은 1890년대에 출판되었고, 두 종의 영어 번역본 중 하나는 완역본이고, 다른 하나는 일부분만 번역된 것으로 1920년대에 출간되었다. 러시아어 번역본은 구소련에서 1958년에 출판되었다. 러시아어 번역본을 제외한 모든 설명 자료는 랍반 사우마의 기록에서 그의 종교적 관점, 신학적 문제와 논쟁에 초점을 맞추고 있다. 번역자들 대부분은 서방 기독교와 차이가 있는 랍반 사우마의 기독교 교파에 대한 서술에 큰 관심을 보인 반면 사우마의 사절단이 가진 중요한 정치적 특징은 무시했다. 비록 러시아어 번역자가 이 사절단의 외교 임무를 언급했지만, 이념적 문제로 인해 다소 곤란을 겪은 탓인지 기록의 사회경제적 중요성을 더 비중 있게 다루었다. 그럼에도 불구하고 이 기록과 랍반 사우마에 대한 러시아어 번역자의 주석들은 매우 귀중한 것이다.

나는 시리아어 번역자가 추가한 내용과 함께, 랍반 사우마의 기록을 활용하는 것을 출발점으로 삼았다. 내 목표는 기록에 대한 부연 설명과 해석을 시도하고, 랍반 사우마의 여행과 관찰을 당시 상황과 맞추기 위한 충분한 배경지식을 제공하여, 그의 기록이 지닌 중요성을 더욱 폭넓게 보여주는 것이다. 사우마가 여행한 지역에 대한 완벽한 사회사를 서술하려고 하지는 않았다. 비록 사우마의 문화적 관찰을 소홀히 취급하지는 않았지만, 나의 주된 관심사는 유럽과 중동에서 랍반 사우마의 여행이 남긴 외교적, 종교적 영향이다. 특히 눈에 띄지 않는 역사 기록의 변방에서 랍반 사우마를 구출해내어 더 많은 사람이 주목하게 하는 것도 나의 주된 목표이다. 그의 일생과 모험에는 일부 기상천외한 요소가 있고, 더 잘 알려져야 할 충분한 가치가 있다.

랍반 사우마의 여행 기록은 또 다른 이유로 인해 일반적인 흥미를 넘어선다. 바로 그의 기록이 유럽의 풍습과 예식에 대한 동아시아인의 관점을 보여주는 그 시대의 유일한 문헌이라는 점이다. 만약에 기록이 더욱 상세했다면 훨씬 가치가 높았겠지만, 몇몇 부분은 안타깝게도 간략하다. 그 이유는 부분적으로는 시리아어 번역자가 내용을 삭제했기 때문이다.

남아 있는 기록이 랍반 사우마가 여행한 장소의 정치, 관습, 물질문화, 일상생활에 관해 더 많은 것을 우리에게 알려준다면 얼마나 좋겠는가! 그러나 정확히 이러한 종류의 정보는 시리아어 번역자가 기록할 가치를 찾지 못한 내용이었던 것 같다. 또한 사우마의 방문에 대한 유럽인의 반응에 관해 더욱 많은 것을 알게 되었다면 흥미로웠으리라. 유럽인들, 특히 교황과 프랑스, 잉글랜드의 왕은 이 아시아인 성직자의 도착과 그의 대담한 제안에 깜짝 놀랐음이 틀림없다. 그러나 현존 기록은 그들이 어떻게 느꼈는지에 관해 어렴풋한 내용만 전달할 뿐이다. 게다가 기록에는 랍반 사우마 본인에 관한 것이 거의 드러나지 않는다. 그의 성격이 더 세세히 드러나지 않는다는 점이 유감스럽다. 그런데도 이 기록은 그의 일생과 놀라운 여행이라는 극적인 사건의 느낌을 전달하고 있다.

나는 랍반 사우마의 생애에서 중요한 역할을 한 통치자 쿠빌라이 칸Khubilai Khan(몽골제국 제5대 칸이자 중국 원나라의 창건자―옮긴이)의 전기 집필을 막 끝냈을 무렵, 랍반 사우마에 관한 책을 쓰기로 결심했다. 사우마 사절단에 관한 한 연구는 유럽인에 대한 초기 아시아인의 관점을 알려주었을 뿐만 아니라, 유라시아 역사의 중요한 시기를 이해하는 데 독창적인 방법이라는 인상을 남겼다. 게다가 다문화주의가 널리 퍼져 있는 현재, 다양한 문화권에서 활약했고 그 문화들 사이를 연결하는 다리를 놓아주었던 사람에 대한 집필은 시의적절한 작업이라고 생각했다.

우선 랍반 사우마가 서술했던 장소들 중 일부를 직접 조사할 수 있도록 유럽 여행을 지원한 루셔스 리타워 재단Lucius Littauer Foundation에 감사드리고 싶다. 또한 중국학 세미나에 초대해 발표 기회를 제공한 하이델베르크대학교의 한스 울리히 보겔 박사와 루돌프 바그너 교수께도 감사드린다. 그리고 내게 그 어떤 강의에서보다 유용한 논평과 질문을 던진 교수와 학생 청중들에게도 감사드린다. 나는 스미스소니언협회Smithsonian Institution의 아서 새클러 갤러리Arthur Sackler

Gallery에서 열린 제1회 조지프 플레처 주니어^{Joseph F. Fletcher, Jr.} 추도 강연에서 이 책의 일부를 발표할 수 있는 영예를 얻었을 뿐 아니라 토론토대학교와 멕시코대학교에서도 랍반 사우마에 관한 강연을 했다. 원고를 타이핑한 잉그리드 메이와 지도를 그려준 카를 리아벡에게도 감사드린다.

아래에 소개한 친구들과 동료들의 논평, 관점, 지원도 큰 도움이 되었다. 퀸스칼리지의 페이-이 우 교수, 메리 조 로베르티엘로, 바너드칼리지의 바버라 밀러 교수, 맥스 그린우드, 게일 펠드먼, 데이비드 레이드, 컬럼비아대학교의 캐럴라인 비넘 교수, 케이스웨스턴리저브대학교의 마이클 알트슐 교수, 다트머스칼리지의 찰스 우드 교수, 휴스턴대학교의 신시아 맥도널드 교수, 윌리엄과 수전 프로스트, 뮌헨대학교의 헤르베르트 프랑케 교수, 필드스턴스쿨의 롤리 필립스 박사(귀중한 라틴어 사료를 번역해주었다), 파트리지아 레비 박사와 로베르토 레비 박사, 파울레테 데크라에네 여사, 톰과 해리엇 버넷, 마운트홀요크칼리지의 마이클 데이비스 교수, 게일과 고든 더즌, 루스와 스티븐 헬만, 데버라 크레이머, 조애너 젤리네크, 런던대학교 동양아프리카연구대학^{SOAS}의 데이비드 모건 박사, 퀸스칼리지의 파울 아브리치 교수, 프린스턴대학교의 프레더릭 모우트 교수와 아서 월드론 교수, 컬럼비아대학교의 마이런 코헨 교수 등 모두에게 고마움을 전한다. 원고의 질을 엄청나게 향상시켜준 편집자 헬레나 프랭클린은 큰 영예를 받을 만하다. 수전 브라운은 원고를 정리해주었고, 루이즈 영은 출판 과정에서 책이 근사하게 나올 수 있게 도움을 주었다.

또한 이 책의 완성에 필요한 책과 논문을 제공한 컬럼비아대학교 도서관, 바티칸도서관, 하버드대학교의 하버드 옌칭도서관, 프린스턴대학교 도서관, 국회도서관, 런던대학교의 동양아프리카연구대학 도서관에도 신세를 졌다.

이 책의 준비 과정에서 아내가 베푼 모든 도움을 생각하면, 그녀에게 특별히 한 문단을 할애할 가치가 충분하다. 아내는 러시아어 번역과 나와 함께한 이탈리아와 프랑스 여행, 이 책에 포함된 많은 사진 촬영 작업에 이르기까지 다양한 도움을 주었다. 또한 원고를 읽고 또 읽으며, 이 책을 위해 수많은 조언을 해주었다.

2010년판 서문

친구들과 동료들이 이 책의 제목을 '베이징에서 파리로: 반대 방향의 마르코 폴로From Beijing to Paris: A Reverse Marco Polo'로 수정하라고 요청했지만, 나는 그들의 친절한 제안을 따르지 않았다. 그들이 제안한 제목이 독자의 관심을 사로잡을 수는 있겠지만, 랍반 사우마의 사절단을 무시하는 것일 수도 있기 때문이다. 분명 마르코 폴로는 세계사에서 가장 유명한 여행가이지만, 랍반 사우마의 여행은 유라시아의 역사 전개를 변화시킬 더욱 큰 잠재력을 가지고 있었다. 마르코 폴로의 기록은 훨씬 더 총괄적이고, 여행 지역에 관해 더 많은 정보를 제공한다. 그는 생산품, 관습, 지형, 전쟁 등을 두루 서술하며, 예를 들어 대칸의 처첩 간택에 관한 이야기를 들려주었다. 랍반 사우마의 기록은 이보다는 덜 상세하고, 마르코 폴로가 흥미를 가졌던 상업과 사회 관습에 대해서는 별로 관심이 없다. 상도上都(원나라 황제 쿠빌라이 칸의 여름 수도인 상도를 말한다. 13세기에 마르코 폴로가 방문해 상도의 아름다움을 여행기에 묘사했다. 영어명으로는 'Xanadu'라 불린다.─옮긴이)에서 온 여행가라기보다는, 사절이자 성직자로서 자신의 중요한 외교 임무와 기독교와 연관된 예식과 관행에 초점을 맞추고 있다. 파리의 대학생들에 대한 간결한 관찰, 이탈리아 에트나화산에 주목한 것을 제외하면, 그는 대개 추기경단과의 신학 토론, 외교 여행, 자신이 방문한 신성한 장소에 관해 기록했다. 그럼에도 그의 기록은 몽골제국이 지배한 이란은 물론이고, 몽골족에 대한 놀라운 통찰력을 보여준다.

예를 들면, 그의 사절단은 다른 민족과 국가에 대해서 몽골족의 태도가 바뀌었음을 보여준다. 영토 확장 시기의 몽골족은 외국 군주들에게 '복종 명령'을 보내기만 했을 뿐 타협을 허용하지 않았다. 그러나 서아시아의 몽골제국 통치자들은 동맹을 제안하기 위해 랍반 사우마와 다른 몇몇 사절을 파견하면서 유럽 통치자들을 동등한 입장에서 대우했다. 이는 몽골족의 전통적인 정책에서 크게 벗어난 것이다. 그들의 적이면서 서아시아의 가장 유력한 무슬림 왕조인 맘루크Mamluk 왕조의 저항을 극복하기를 원했다면, 선택의 여지가 없었다. 맘루크 왕조는 1260년에 소규모의 몽골족 분견대를 격파했고, 1281년 몽골제국의 공격도 용케 버텨냈다. 서아시아의 몽골족 왕조인 일 칸국Ilkhanate(쿠빌라이의 동생인 훌레구가 세운 국가로 서아시아, 중앙아시아의 일부, 아나톨리아고원, 아제르바이잔 등의 지역을 통치했다.─옮긴이)은 맘루크 왕조에 대항하기 위해 기독교도 유럽과의 동맹을 제안했다. 잉글랜드의 왕 에드워드 1세와 바티칸 모두 일 칸들에게 격려 서신을 보내는 것으로 응답했지만, 랍반 사우마의 사절단이 파견된 시기까지는 공식적인 어떤 특정한 협력이 이루어진 적은 없었다.

상인, 수공업자, 성직자의 이동을 비롯해 랍반 사우마와 마르코 폴로의 여행은 13세기와 14세기에 유라시아가 얼마나 가깝게 통합 되었는지 보여준다. '통합되었다integrated'라는 단어는 동방과 서방의 상이한 문명이 서로 영향을 끼치면서 제도, 관습, 가치관, 정책의 적 응 혹은 개조를 일으키는 세계를 의미하기 위해 내가 사용한 것이다. 몽골제국 시대는 이러한 발전이 막 목격되고 있었다. 예를 들면, 아 시아의 생산품은 유럽인의 마음을 사로잡았고 이로 인해 동방으로 가는 바닷길을 찾으려고 했으며(크리스토퍼 콜럼버스의 실질적인 목표였 다), 이는 세계사에 현저한 영향을 끼쳤다. 동시에 서방과 중국 모두 이란에 영향을 주었고, 이는 일 칸국의 예술을 통해 쉽게 확인할 수 있다.

예전에 출판한 저작을 다시 보면 거의 모든 저자가 책을 수정하 거나 내용을 첨가하고 싶어 하는데, 나도 예외는 아니다. 이 책에서 는 1241년 이후 몽골제국이 분열된 이유와 과정에 대한 세부 내용 을 추가해야 했다(35~36쪽을 참고하라). 전시회 도록 『칭기즈 칸의 유 산: 서아시아의 궁정예술과 문화, 1256-1353 The Legacy of Genghis Khan: Courtly Art and Culture in Western Asia, 1256-1353』에 실린 내 글의 몽골제국 분열에 관한 설명과 곧 간행될 『몽골족과 세계사 Mongols and Global His-tory』(2011)도 참고하라고 언급하고 싶다. 몽골제국의 붕괴를 초래한 치명적인 분쟁은 제국의 절정기에 이루어졌던 랍반 사우마와 마르코 폴로의 동서 여행을 가로막기도 했다.

나는 또한 랍반 사우마의 외교 임무가 실패한 것에 대한 설명으로, 몽골족에 대한 유럽인의 의심이 주된 원인임을 더욱 크게 확신하게 되었다. 유럽의 많은 통치자는 몽골족을 믿으려 하지 않았다. 그들은 맘루크 왕조가 격파되면 몽골족이 자신들을 공격할 것이라 여겼다. 무엇보다도 이 동방의 침입자들은 예전에 폴란드와 헝가리를 침략했고, 러시아의 대부분 지역을 침공했다. 그들은 계속적인 정복에만 열중하는 것처럼 보였다. 이전 동맹들에 대해 몽골족이 공격을 촉발하는 것을 무엇으로 막을 수 있겠는가? 유럽인들은 배신에 대한 두려움으로 몽골족과의 협력에 신중하게 접근했다. 이 때문에 맘루크 왕조에 대항하는 합동 원정에 대해 랍반 사우마에게 이 동맹을 약속했던 잉글랜드의 왕 에드워드 1세와 프랑스의 왕 필리프 4세(필리프 공정왕)의 진실성에 많은 학자가 의문을 제기하고 있다.

유럽의 군주와 통치자 사이에 존재하던 적대적 태도가 랍반 사우마의 여행을 제한했을 수도 있다는 점도 추가해야 할 것 같다. 베네치아Venezia와 제노바Genova 사이의 무역경쟁과 간헐적 충돌로 인해 사우마는 베네치아를 방문하지 못했을 것이다. 랍반 사우마가 만약 마르코 폴로의 고향인 베네치아에 갔다면 랍반 사우마가 태어난 대도大都(지금의 베이징)에서 거주했던 베네치아인 마르코 폴로와 균형이 이루어졌을 터인데, 그것은 이루지 못했다. 더욱 중요하게는, 신성로마제국 황제와 교황이 갈등을 빚는 바람에 유럽 국가들과의 추가적인 동맹을 찾기 위해 사절단이 좀 더 북쪽으로 여행하는 일이 불가능해졌다.

　나는 랍반 사우마의 죽음으로 이 책을 마무리지었다. 하지만 그의 친구이자 동료 성직자인 마르 야발라하Mar Yaballaha는 이후 20여 년을 더 살았는데, 그 기간에 대해서 약간 더 서술했다. 서아시아 네스토리우스교 교회의 총대주교였던 마르 야발라하는 1282년부터 1284년까지 테구데르Tegüder(혹은 아흐마드 칸Ahmad Khan으로 불린다. 그는 이슬람교로 개종했다)가 일 칸으로 재위했을 때 이미 차별 대상이 된 적이 있다. 그러나 아르군 칸Arghun Khan(재위 1284~1291)과 게이하투 칸Geikhatu Khan(재위 1291~1295)은 네스토리우스교에 대해 더욱 관용적인 정책을 채택했고, 총대주교가 교회 사무를 수행하는 것을 허락했다. 이 평화로운 시기는 게이하투의 암살과 계승분쟁으로 끝이 났고, 또 다른 이슬람교 개종자인 가잔 칸Ghazan Khan(재위 1295~1304)이 즉위했다. 비록 가잔은 총대주교에 대해 개인적인 원한을 가지고 있지 않았지만, 기독교도에 대한 이슬람교도(무슬림)의 공격은 마르 야발라하의 일생이 혼란으로 가득 차게 했다. 총대주교는 가잔 통치 시기의 일부분을 무슬림 적들로부터 숨거나 보호를 위해 인두세 혹은 상당한 금액을 헌납하면서 보냈다. 가잔과 그의 계승자인 울제이투 칸Öljeitü Khan(재위 1304~1316)은 때에 따라 종종 총대주교에 대한 지원을 제공하고 자금을 주기도 했지만, 몇몇 지방 관료와 약탈자들은 네스토리우스교도들을 살해했기에 총대주교도 자주 위험에 빠졌다. 1312년에 울제이투는 결국 총대주교 일생의 마지막 5년 동안 보호는 물론이고, 처음으로 매년 봉급을 제공했다. 그러나 칸은 이러한 관대한 태도를 네스토리우스교 공동체 전체로 확대하지는 않았다. 1317년 11월 마르 야발라하 총대주교는 세상을 떠났고, 서아시아에서 네스토리우스교는 계속 쇠퇴했다.

사소한 문제를 하나 제기하자면, 나는 아르군 칸이 라몬 룰Ramon Rull(1232~1315/1316, 마요르카에서 태어난 그는 기독교 선교사이자 철학가, 작가 등 다양한 방면에서 활약했다. 이슬람 국가의 지배를 받았던 스페인에서 기독교와 이슬람교의 신앙과 사상을 모두 체득하여 둘 사이의 소통을 시도한 독특한 인물이었다.─옮긴이)의 저작을 알고 있었음을 주장하는 것은 아니다(156쪽을 참고하라). 룰이 『블란퀘르나Blanquerna』에 반영한 것처럼, 유럽의 군주들과 교황에게 동맹을 제안하기 위해 몇몇 유럽인들의 몽골족에 대한 호의적인 태도를 일 칸이 활용할 수 있었다는 점을 제시하고 싶었다.

이 책이 출판된 이후 몽골과 유럽의 관계를 설명하는 다양한 연구가 출현했다. 그중 지식을 얻을 수 있는 참고문헌을 추가로 수록했다.

드디어 학생들과 친구들, 동료들에게 감사를 표시하는 큰 기쁨을 얻게 되었다. 컬럼비아대학교에서 중세사를 전공하는 박사과정 학생 해너 바커와 예일대학교에서 몽골사를 전공하는 박사과정 학생 조원희는 2009년 봄학기에 나와 개별지도 시간을 가졌고, 이 서문을 위한 중요한 제안을 해주었다. 두 학생과 나는 분석과 토론 학기에 몽골족에 관해 많은 것을 배웠다. 앞으로의 연구에서 그들이 중요한 기여를 하리라는 것을 알고 있다. 캘리포니아대학교 출판사 부편집장 셰일라 러빈은 이 책을 보급판으로 재출간하라고 용기를 주었다. 이제 우리는 세 권의 책에서 협동 작업을 한 셈이다. 그녀는 내 책의 훌륭한 비평가이자 뛰어난 지원자다. 그녀를 위해 한 권의 책을 더 쓸 수 있으면 좋겠다.

개인적으로 세라와 네이선 스테린바흐에게 감사를 표하고 싶다. 그들은 지난 7년 동안 에이미, 토니, 애나, 호위가 그랬던 것처럼 내게 많은 기쁨을 주었다. 또한 내가 약혼반지를 결코 주지도 않았고 어떤 경우에도 꽃을 준 적 없다고 말하는 메리에게 찬사를 표한다. 이것으로 그동안의 누락을 보상할 수 있기를 바란다. 45년이 지난 지금도, 그녀는 그 어느 때보다 멋질 뿐이다.

차례

주요 인물 소개

동아시아

칭기즈 칸(재위 1206~1227): 몽골제국의 창건자. 중앙아시아, 중국 북서부의 탕
구트제국, 북중국의 금제국 영토의 일부를 정복했다.

우구데이 칸(오고타이 칸, 재위 1229~1241): 몽골이 러시아의 대부분을 정복하고
북중국의 금제국을 최종적으로 격파했을 시기 몽골제국의 제2대 대칸. 칭
기즈 칸의 아들.

구육 칸(귀위크 칸, 재위 1246~1248): 몽골제국 제3대 대칸. 칭기즈 칸의 손자이자
쿠빌라이의 사촌.

뭉케 칸(몽케 칸, 재위 1251~1259): 몽골제국 제4대 대칸. 쿠빌라이의 형.

쿠빌라이 칸(재위 1260~1294): 몽골제국 제5대 대칸이자 중국 원제국의 창건자.
칭기즈 칸의 손자.

랍반 사우마(바르 사우마, 1225경~1294): 네스토리우스교 수도사. 중국에서 서유
럽으로 온 최초의 여행자.

마르코스(마르 야발라하, 1245~1317): 네스토리우스교 수도사. 랍반 사우마의 여
행 동료이자 네스토리우스교회의 총대주교(1281~1317).

중앙아시아와 중동

베르케 칸(재위 1257~1267): 러시아의 킵차크 칸국의 제3대 몽골 지도자. 이슬람
교로 개종했다. 칭기즈 칸의 손자.

훌레구 칸(재위 1258~1265): 페르시아 일 칸국의 창건자. 쿠빌라이의 동생.

아바카 칸(재위 1265~1282): 랍반 사우마가 중동에 도착했을 시기 페르시아 몽
골의 제2대 일 칸. 훌레구의 아들.

아흐마드(테구데르 칸, 재위 1282~1284): 페르시아 몽골의 제3대 일 칸. 이슬람교

로 개종했다. 아바카의 동생.

아르군 칸(재위 1284~1291): 페르시아 몽골의 제4대 일 칸. 서유럽에 보낼 사절로 랍반 사우마를 선택했다. 아바카의 아들.

게이하투 칸(재위 1291~1295): 페르시아 몽골의 제5대 일 칸. 아르군의 동생.

가잔 칸(재위 1295~1304): 페르시아 몽골의 제7대 일 칸. 이슬람교로 개종했다. 아르군의 아들.

미카엘 8세(미카엘 팔라에올로구스, 재위 1261~1282): 베네치아인들에게서 콘스탄티노플을 탈환한 비잔틴제국 황제. 가톨릭교회와의 연합을 지지한 인물.

안드로니쿠스 2세(재위 1282~1328): 랍반 사우마가 콘스탄티노플에 도착했을 시기 비잔틴제국의 황제.

마르 덴하(1281년 사망): 네스토리우스교 교회의 총대주교.

유럽

율리언: 몽골족에 파견된 도미니크회 사절(1236).

플라노 카르피니의 존: 교황이 몽골족에게 보낸 사절(1245~1247).

루브룩의 윌리엄(윌리엄 루브룩): 몽골족에 파견된 프랑스 왕의 사절(1253~1255).

인노켄티우스 4세(교황, 1243~1254): 리옹공의회(1245)를 소집했던 교황.

니콜라우스 4세(아스콜리의 제롬, 교황 재위 1288~1292): 랍반 사우마가 로마를 두 번째 방문했을 시기의 교황.

생 루이(루이 9세, 재위 1226~1270): 프랑스의 왕. 십자군의 지도자(1248~1250, 1270)

앙주의 샤를(재위 1266~1285): 시칠리아의 저녁기도 반란(1282)이 일어났을 시기 나폴리와 시칠리아의 왕. 생 루이의 동생.

필리프 3세(필리프 용감왕, 재위 1270~1285): 프랑스 국가의 영토를 늘렸던 프랑스의 왕. 생 루이의 아들.

필리프 4세(필리프 공정왕, 재위 1285~1314): 랍반 사우마가 파리에 도착했을 시기에 프랑스의 왕. 생 루이의 손자.

에드워드 1세(재위 1272~1307): 보르도에서 랍반 사우마를 만난 잉글랜드의 왕.

일러두기

1   중국어 음역은 웨이드-자일스 로마자 표기체계Wade-Giles system를 따랐다. 다만 영어에서 일반적으로 받아들여진 특정한 이름과 용어 일부는 영어식 표기를 그대로 사용했다(예를 들면 카슈가르Kashgar, 호탄Khotan 등). 중국의 도시명은 13세기에 사용된 한자어음을 따랐다(예를 들면 대도大都, 임안臨安).

2   몽골어 음역은 앙투안 모스타르트Antoine Mostaert가 창안하고 프랜시스 클리브스Francis W. Cleaves가 수정한 체계를 활용했는데, 여기에서 벗어난 예외는 아래와 같다.
　―

   č는 ch로 대체한다.

   š는 sh로 대체한다.

   γ는 gh로 대체한다.

   q는 kh로 대체한다.

1

바르 사우마의 활동무대

1287년 6월 23일, 나폴리Napoli의 시민들은 몽골제국의 통치자 쿠빌라이 칸의 굉장한 수도인 대도大都(지금의 베이징)에서 출발하여 먼 길을 여행한 아시아인 성직자를 싣고 온 배가 도착하자 깜짝 놀랐다. 그는 몽골 세계에서 유럽에 들어온 첫 여행자는 아니었지만, 그의 전임자들(아시아에서 유럽으로 온 사람들을 가리킨다.─옮긴이)은 모두 중동에서 유럽으로 왔다. 저 멀리 떨어진 중국에서부터 유럽에 도착한 것은 그가 처음이었다. 실제로 그는 "유럽에 도달한 것이 확인되는 최초의 중국인"으로 알려져 있다.[1] 랍반 사우마Rabban Sauma라고 불렸던 이 대담한 성직자는 대도에서부터 페르시아로 여행했고, 유럽으로 출발하기 전 몇 년 동안은 페르시아에서 파란만장한 삶을 살았다.

비록 일부 내용이 유실된 상태이지만, 랍반 사우마가 자신의 삶과 여행에 대해 스스로 남긴 몇 가지 기록이 전한다. 그 기록에 그의 여행 목적과 여행 도중 마주친 것과 관찰한 것에 대한 묘사 등 설명이 수록되어 있다.[2] 그는 사망 당시 중국에서 페르시아로 간 자신의 모험적인 여행에 대한 일기를 비롯해 특별 사절의 임무를 수행하기 위해 페르시아에서 유럽으로 향한 자신의 중대한 여정에 대한 일기와 보고서를 남겼다. 또한 그는 기독교 수도사로 입문한 것을 포함하여 중국에서 보낸 인생 초기와 유럽으로 가기 이전과 이후에 페르시아에서 보낸 시간에 대한 기록도 남겼다.

　대부분 페르시아어로 된 이 모든 저술의 원문은 소실되었다. 그러나 랍반 사우마와 거의 동시대에 살았던 번역자의 시리아어 번역본이 우리에게 전하고 있다. 번역본에는 번역자가 추가로 언급한 내용이 포함되어 있는데, 그는 저자의 말을 보충하고 랍반 사우마의 죽음과 그와 함께 중국에서부터 페르시아까지 동행했던 가까운 친구의 죽음에 관한 이야기도 실었다. 아쉽게도 동료 기독교도이자 성직자였던 이 시리아어 번역자는 랍반 사우마가 자신의 삶과 여행에 대해 했던 이야기의 많은 부분을 삭제했다. 주로 종교에 관한 부분은 남겨놓았지만 세속적인 사안에 관한 관찰 기록은 일부 지워버린 것이다. 그럼에도 불구하고 남아 있는 자료는 랍반 사우마의 경험에 관해 충분히 상세한 내용을 전하고 있어 이 특별한 사람과 그의 여행에 대한 것뿐만 아니라 13세기 동아시아, 중동, 유럽의 매력적인 모습을 살펴볼 수 있다.

　랍반 사우마는 동시대인이었던 마르코 폴로처럼, 주로 그가 방문했던 지역의 통치자들을 만났다. 그러나 마르코 폴로가 자신이 여행했던 낯선 지역에서 거의 20년을 보낸 것에 반해, 사우마는 유럽에서 1년도 채 머무르지 않았다(비록 중국을 떠난 것이 약 10년 전이고 페르시아에서 약 8년을 거주하면서 오래 고향에서 떨어져 지냈지만 말이다). 그래서 그의 유럽 여행에 관한 서술은 마르코 폴로의 유명한 기록보다 길지 않고 더 상세하지도 않은데, 아마 미삭제본에서도 분명 그러했을 것이며, 이는 그리 놀라운 일이 아니다. 실제로 이 수도사의 일생과 여행에 대한 현존 기록의 전체 원문 중에서 유럽에서 그가 머물렀던 기간을 다룬 내용 대부분은 영어 번역으로 100쪽 정도에 불과하다. 그러나 몽골 지역과 중국을 다녀온 동시대의 유럽인 여행가 중 가장 유명한 사람들인 "카르피니 Carpini, 루브룩 Rubruck, 마르코 폴로의 기록과 동등한 가치를 지닌 아시아의 기록으로는 유일하게 알려진 것"[3]이다. 게다가 랍반 사우마는 공식 사절로서 유럽에 온 것이었기 때문에 그의 파견은 마르코 폴로보다 외교적, 정치적 의미가 훨씬 더 크다.

왜 랍반 사우마는 중국에 있는 고향 땅을 떠났을까? 왜 페르시아의 몽골 통치자인 일 칸Ilkhan(페르시아의 몽골 정권을 이끄는 통치자를 가리키는 용어이다. 학계에서는 이를 '대칸에게 복속한 칸'이라는 의미로 받아들이고 있는데, 최근에는 일 칸이 페르시아 이외 지역에서도 사용된 용어라는 점이 밝혀졌고 그 의미도 '국가의 칸'이라는 새로운 주장이 제기되었다. ―옮긴이)은 유라시아의 역사를 바꿀 수도 있었던 동맹을 맺으려고 유럽에 사절을 보냈을까? 왜 그는 이 민감한 사절의 자리에 랍반 사우마를 선택하여 이 수도사가 유럽의 왕과 황제, 교황을 대면하게 했을까?
왜 기독교도가 아니었던 일 칸이 사우마에게 십자군 결성과 관련된
일을 맡겼을까? 사우마의 사절 임무는 얼마나 성공적이었을까? 실
제로 왜 몽골제국 시대에 동방과 서방 사이에 그 많은 사절이 있었
던 것일까? 이러한 질문에 대한 답변은 세계사에서 주목할 만한 이
시기를 설명해준다.

몽골제국 시대는 진정한 세계사로 향하는 중요한 단계의 역할을
했다. 유럽인이 처음으로 아시아에 도달했고, 하나의 대륙에서 일어
난 경제적, 문화적 발전은 다른 대륙에서도 반향을 불러일으켰다. 이
른바 팍스 몽골리카Pax Mongolica가 유라시아를 가로질러 확대되었고,
비록 그 이름이 함축하는 것처럼 평화로웠던 것은 아니었지만 그 덕
분에 수공업자, 상인, 선교사가 이탈리아와 프랑스에서 중국으로 여
행할 수 있었다. 마찬가지로 랍반 사우마 또한 최초로 반대 방향으로
똑같이 여행하는 일이 가능했다.

몽골제국의 동쪽과 서쪽

동아시아와 유럽은 기원전 1세기부터 간접적인 접촉을 경험했다. 로마제국과 중국 사이의 교역이 이미 이때부터 이루어졌고, 동서를 잇는 주요한 교역로로 이른바 실크로드가 개발되었다. 그러나 상품은 중개인들이 운반했고, 중국인이나 로마인이 서로 직접적으로 교역하지는 않았다. 3세기에 중국의 한漢제국이 몰락한 뒤 정국이 혼란스러워지면서 이러한 장거리 무역은 중동과 중국 사이의 교역이 부활했던 당唐제국 시기(618~907)까지 중단되었다. 유럽인과 중국인은 여전히 직접 대면하지 못했지만, 상품을 싣고 다니는 대상隊商들은 현재의 시리아, 아라비아, 이란에서 출발해 중국에 갔다가 되돌아왔다. 그리고 홍해 혹은 페르시아만에서 온 상선들은 인도와 동남아시아 경로를 거쳐 중국 동남쪽의 항구들로 향했다. 당과 송宋제국

(960~1279)의 비단과 자기는 아랍 세계에서 널리 알려졌고, 이집트 파티마 왕조의 수도인 푸스타트Fustāt에 이르기까지 그 가치를 높이 평가받았다.[4] 이와 비슷하게 유향乳香, 몰약沒藥, 재스민 오일 같은 향료와 아위阿魏(미나리과의 여러해살이풀로 약용으로 쓰인다. —옮긴이)나 알로에 같은 약재, 말과 낙타 같은 동물들이 중동에서 중국으로 전해졌다.[5] 그러나 이러한 장거리 교역은 불규칙적으로 이루어졌는데, 특히 중국의 왕조들과 이슬람의 칼리프 왕조 혹은 국가들이 쇠퇴할 무렵에는 도적이나 해적뿐 아니라 높은 관세와 보호 비용까지 생겨나 교역을 방해했다.[6]

심지어 교역이 활발할 때에도 그 대상은 서아시아와 동아시아로 한정되었다. 여기에서 유럽은 역할을 하지 못했는데, 이는 유럽의 정치적 분열과 장원 경제의 발전이 이러한 무역에 참여하는 것과 그 생산품에 대한 수요를 생성할 기회를 모두 막아버렸기 때문이다. 비록 유럽의 역사가들이 로마제국 몰락 이후의 시기를 더 이상 "암흑의 시대"라고 언급하지는 않지만, 이 시대에 유럽 문명과 중동 사이의 교역과 관계가 감소했다는 것이 확실히 입증되었다. 그러나 일부 종교적 열정과 이슬람 영토를 약탈하고자 하는 단순한 욕망이 점점 커지면서 촉발된 11세기 말과 12세기의 십자군전쟁은 기독교와 이슬람교 세계 사이의 접촉을 다시 불러일으켰다. 십자군이 아크레Acre(지중해 연안의 항구도시로 십자군 성채가 있던 곳이다. —옮긴이)와 성지聖地(해외 점령지Outremer 혹은 십자군 국가를 통칭하는 말이다) 주변 지역에 유럽인의 근거지를 창설하고 무슬림들에게서 예루살렘Jerusalem을 빼앗은 일이 이러한 변화에 기여했다. 서유럽과 중동 사이의 교역은 지중해를 통하여 발전하기 시작했다.

그 이후 13세기 몽골제국의 정복 전쟁으로 중국과 중동 사이의 접촉이 확대되었을 뿐 아니라 중국과 유럽 사이에 처음으로 직접적인 관계가 맺어졌다.[7] 탐사, 습격, 공격을 통해 진출을 시작했던 몽골인들은 13세기의 초기 40년 동안 세계사에서 가장 넓은 영역을 정복했다. 그들의 영토는 북중국, 중앙아시아, 러시아 대부분과 페르시아 일부를 망라했다. 이미 페르시아의 나머지 지역을 포함하여 중동 대부분을 지배했던 아바스 칼리프 왕조를 파괴하고, 고려를 복속한 몽골 군대는 1279년 마침내 남송제국을 무너뜨렸다. 비록 이러한 정복이 동방에서 서방으로 가는 길을 완전히 확보하지는 못했지만, 주요 교역로를 따라 상대적으로 안정되면서 유라시아 역사상 가장 많은 사람과 물품, 그리고 사상의 이동이 이루어졌다.

이때 서유럽 사람들은 중국과 처음으로 직접 접촉하게 되었다. 일찍이 12세기에는 중앙아시아의 유목민들과 살았다는 '프레스터 존Prester John'이라는 이름의, 기독교에 호의적인 통치자에 관한 신화적인 이야기가 유럽에 떠돌았다. 기독교 세계는 이 관대한 군주가 무슬림에 대항하는 십자군에 합류하도록 설득할 수 있다고 믿었다. 동시대의 서유럽 연대기 작가들에 따르면, 그는 사라센(이슬람교도)을 패배시켰고 기꺼이 십자군을 돕기 위해 나타났다. 1165년경에 프레스터 존으로부터 그가 기독교에 헌신하고 있음을 확언하는, 흥미롭지만 분명 위조된 편지가 비잔틴 황제에게 도착했다.

동방과 중앙아시아에서 같은 기독교를 믿는 사람들의 존재를 알고 있던 중동의 기독교도 공동체들이 아마도 프레스터 존 신화를 만들었을 것이다. 분명히 그는 야율대석耶律大石을 모델로 삼은 것인데, 야율대석은 중앙아시아의 카라 키타이Kara Khitai(거란제국이 멸망의 위기에 놓였을 때 일부 거란인들이 중앙아시아로 이동하여 건설한 국가로 '흑거란'이란 뜻이다.—옮긴이) 국가를 세운 12세기 중반의 통치자로, 중앙아시아와 페르시아의 무슬림을 패배시키기도 했다. 그러나 카라 키타이의 통치자는 기독교도가 아니었다. 그리고 그는 서방과 협력할 의사가 전혀 없었다.[8]

더 정확한 이야기는 몽골족이 1230년대에 서쪽으로 진출하면서 등장하기 시작했다. 동쪽에서 온 침입자들에 대해 알기 위해서 헝가리의 왕 벨러Béla 4세는 몽골로 가는 사절로 도미니크회 수도사 율리언Julian을 파견했다. 1236년 봄에 출발한 율리언은 몽골 진영에 결국 도착하지 못했지만, 서쪽의 몽골 세력을 이끄는 지도자 바투Batu의 최후통첩을 전달했던 두 명의 사신을 만났다.[9] 바투는 헝가리인들이 몽골에 복종하고, 피난처를 찾아 헝가리에 와서 숨어 있는 바투의 적들을 넘길 것을 요구했다. 율리언은 바투의 최후통첩을 가지고 고국으로 돌아왔을 뿐만 아니라 왕 벨러를 위해 동방에서 온 침입자들에 관해 쓴 기록을 남겼다.

율리언은 몽골인의 서방에 대한 정복과 이동이 몽골의 한 수령과 다른 수령의 여동생 사이에서 일어난 전쟁이 확대되면서 촉발된 것이었다면서 틀린 내용을 보고하는 것으로 서술을 시작했지만, 다른 관찰은 상당히 정확했다. 그는 몽골인들이 유럽을 가로질러 로마까지 팽창하려는 의도를 가지고 있고, 그들의 기병과 기동력은 군사 원정에 엄청나게 유리한 점이라고 밝혀놓았다. 또한 그는 소문에 근거해 몽골 궁정이 금으로 만들어진 기둥과 문으로 세워진 사치스러운 궁전이라는 점을 간략하게 기술하고, 몽골인들이 정복의 결과로 얻게 된 막대한 부에 관해서도 언급했다.

　1240~1241년에 일어난 폴란드와 헝가리에 대한 몽골의 침입으로 인해 서유럽은 칭기즈(서구에는 젱기스Genghis로 더 잘 알려져 있다) 칸의 후손들로부터의 위협을 인식하게 되었다. 1206년부터 1227년까지 몽골을 통치한 칭기즈 칸은 1209년부터 1220년대까지 몽골의 영토 확장에 가장 큰 기여를 한 인물이다. 그런데 유럽인은 몽골인과 맞서기 위해 단합하지 못했다. 유럽의 정신적 지도자인 교황과 가장 유력한 군주였던 신성로마제국 황제 프리드리히Frederick 2세(재위 1220~1250)는 서로 적대적이었는데, 이는 세속적 지도자들에 대한 정치적 우위를 가진다는 교회의 주장에 프리드리히가 도전했기 때문이다. 신성로마제국의 황제와 교황 사이의 갈등은 11세기 중반부터 끓어오르고 있었고, 이는 십자군전쟁 동안 유럽의 세력을 약화시켰다.[10] 교황 인노켄티우스Innocentius 4세(재위 1243~1254)는 1244년에 프리드리히 2세와 화해를 주선했지만, 이는 1년도 지속되지 못했다. 로마 내부에서의 정치적 불안정도 교황을 괴롭혔다. 이 소란 때문에 리옹Lyons으로 도피해야만 했던 인노켄티우스 4세는 기독교 유럽이 직면한 문제를 논의하기 위해 1245년에 13차 기독교회의를 소

집했다. 여기서 그는 프리드리히 2세를 파문함으로써 신성로마제국과의 불화를 더 크게 만들었다. 또한 이 회의에서는 무슬림에 의해 재함락된 예루살렘을 되찾기 위한 또 다른 십자군 결성 문제가 주요 의제로 다루어졌다. 위대한 살라흐 앗 딘 Salāḥ al-Dīn(살라딘이라고도 불리며 재위 1169~1193)에 의해 건국되어 이집트와 시리아를 장악했던 아유브 왕조의 통치자들과 그들의 튀르크계 용병인 맘루크인 Mamlūk은 1244년 10월에 가자 Gaza 근처에서 벌어진 중요한 전투에서 유럽인을 격파했고, 그 결과 예루살렘을 점령했다. 헌신적인 기독교도였던 프랑스 왕 루이 Louis 9세(생 루이, 재위 1226~1270)가 성지를 다시 점령하기 위한 십자군의 지도자로 임명되었다. 회의의 또 다른 주요 관심사는 몽골의 위협이 어느 정도인지를 확실하게 평가하는 것이었다. 교황은 몽골인에 대한 정보를 찾아내고 그들을 개종시키거나 혹은 적어도 친선관계를 수립하려는 목적으로 세 차례 사절단을 보냈는데, 한 번은 1245년에, 나머지 두 번은 1246년에 파견했다.[11]

세 사절단 중 플라노 카르피니의 존 John of Plano Carpini(카르피니로 흔히 불린다.―옮긴이)이 이끈 사절단이 가장 유명하다. 그는 몽골족의 수도인 카라코룸 Khara Khorum에 들어간 유일한 사절로, 여행에 관한 상세한 보고서를 가지고 돌아왔다. 그는 이 보고서에 '몽골족의 역사 History of the Mongols 혹은 Ystoria Mongolarum'라는 이름을 붙였다.[12] 그는 교황이 쓴 2통의 서신을 가지고 몽골에 갔는데, 하나는 몽골족에게 기독교로 개종할 것을 촉구하는 것이었고 다른 하나는 서방에 대한 그들의 군사 원정을 단념할 것을 요구하는 것이었다.[13] 1년의 여행 끝에 1246년 8월 몽골의 본토에 도착한 카르피니는 칭기즈 칸의 손자인 대칸Great Khan(칸 중의 칸) 구육Güyüg(재위 1246~1248)의 즉위식을 목격했다.

그 당시 몽골제국의 정치구조는 칭기즈 칸 이전 시기의 부족 조직과는 상당히 달라져 있었다. 몽골족의 전통적인 초원유목 생활방식은 수천 명으로 이루어진, 부족보다 더 큰 집단을 형성하기에는 적합하지 않았고, "초超부족적 지도자가 되려면 쉽게 이탈하여 지도자의 권위를 무시할 수 있는 아주 유동적인 사람들을 복종시켜야만 했다."[14] 칭기즈 칸의 시대 이전에 각 부족의 구성원은 종종 같은 조상을 공유했고, 가축 떼를 먹일 물과 풀을 찾기 위해 함께 이동했다. 이처럼 이동하며 생활하는 그들의 생활방식에서는 정교한 정부 혹은 행정조직이 발전할 수 없었다. 그 대신 부족 지도자는 종종 종교적, 관례적 예식을 수행하고 환자를 '치료'했던 샤먼의 도움을 받아 개인적으로 소규모 집단을 지배했다.

자신들이 태어난 초원을 넘어서 이웃 국가들을 향해 갑자기 퍼져나간 몽골족의 확장을 둘러싸고 그 동기와 원인에 대해 많은 추측이 제기되었다. 학자들은 정복의 원인으로 중국 같은 정주 국가와의 교역 혹은 영토를 둘러싼 분쟁, 몽골리아(현재 몽골 초원 일대를 지칭하는 표현이며, '몽골 영역'은 몽골제국이 정복했던 지역 전체를 일컫는다.─옮긴이)의 점진적인 건조화, 초원의 연평균 온도 저하, 전리품에 대한 욕망, 몽골족이 최고로 섬기는 존재인 천신天神으로부터 위임받은 세계정복이라는 임무, 명성과 권력을 향한 칭기즈 칸 스스로의 추진력 등을 주장했다. 어쨌든 개개의 몽골 부족은 정주 이웃들을 향해 치고 빠지는 침입을 수행할 수 있었고 종종 실제 침략도 했지만, 영속적이면서도 실질적인 이익을 얻기 이전에 많은 부족의 연맹을 형성해야 했다.

칭기즈 칸은 그의 확장 정책을 지원하기 위한 하나의 초부족적 구조와 강력하면서도 잘 훈련된 군대를 창설하기 위해 편협한 지역주의 형태의 충성을 극복하는 데 성공했다. 그러나 부족장들이 그에게 개인적으로 충성을 표시했다고 하더라도, 그가 당연하게 여기고 있는 칸(혹은 많은 부족의 지도자)의 관료들에게까지 부족장들이 반드시 충성하는 것은 아니었다. 만약 뒤를 이은 칸이 무능해서 부족장들에게 전리품을 공급하지 못하거나 혹은 자신들을 배신할 수도 있으리라 여겨지면, 부족장들은 칸과의 관계를 끊고 지원을 철회하는 것에 대해 어떠한 후회도 하지 않았다. 그래서 이후의 칸들은 군사 정복과 확장을 지속해야 한다는 압박을 크게 받았다. 게다가 칸이 사망하면, 부족장들은 칸의 영원한 지위 혹은 몽골 국가라고 하는 추상적 개념에 대해서는 충성하지 않았기 때문에 연맹을 유지해야만 한다는 의무감을 느끼지 않았다. 유대감의 결여와 특정 집단으로서의 일체감이 상대적으로 약했다는 점은 끊임없이 몽골족을 괴롭혔다. 그래서 칭기즈 칸의 아들이자 계승자인 우구데이Ögödei가 1241년 사망한 이후, 몽골의 영역이 분열될 것도 예상할 수 있는 일이었다. 실제로, 이후 1240년대와 1260년대에 일어난 계승분쟁과 내전으로 이른바 몽골제국 내에 실질적으로 자치권을 가진 네 개의 몽골 영역이 등장하게 된다. 카르피니가 방문했던 시점에는 이미 두 개 영역이 존재했다. 킵차크 칸국(영어로는 '황금 궁정Golden Horde'이라 부르는데 칸의 천막이 황금색이었다는 데서 유래한 말로, 주로 러시아와 킵차크 초원 일대를 지배했던 몽골 국가를 지칭한다. 이 책에서는 일반적으로 통용되는 킵차크 칸국Kipchak Khanate을 사용하는데, 사실 몽골에 정복당한 민족인 킵차크를 칸국의 이름에 쓸 수 있는가에 대해서는 논란이 있다.—옮긴이)은 러시아를 장악했고, 차가다이 칸국Chaghadai Khanate은 중앙아시아를 통제했다. 이후 1258년경에 건국된 일 칸국Ilkhanate은 페르시아를 지배했고, 1271년에 건국된 원나라는 북중국과 몽골족의 전통적 근거지를 통치했으며 1279년에는 남중국도 지배하게 되었다. 몽골리아를 통치하는 대칸은 이론적으로는 전체 몽골제국의 최고지도자였지만, 칭기즈 칸의 손자인 쿠빌라이Khubilai(Kublai라고도 쓴다)가 1260년에 대칸국Great Khanate의 칸으로 즉위했을 때부터 다른 칸국들(특히 킵차크 칸국과 차가다이 칸국)이 그의 권위에 도전했다.

몽골의 칸들은 화합을 도모하고 통치에 도움을 받기 위해 종교를 이용하고자 했다. 샤머니즘은 몽골의 발전 과정에서 부족 단계에서는 이상적으로 적합한 세계관이었으나 정주문명을 복속시키고 통치할 때는 적절하지 않았다. 몽골족이 스스로를 정당화하고 피지배민을 압도하기 위해서는 고도로 조직화된 정교한 종교가 필요했다. 일부 몽골 지도자들은 그들이 정복한 자들의 종교로 개종하면서 더욱 담대한 전략을 이룩하고자 했다. 다른 지도자들, 특히 쿠빌라이 칸은 비非몽골족의 토착종교를 후원하면서 그들의 영역에서 우세를

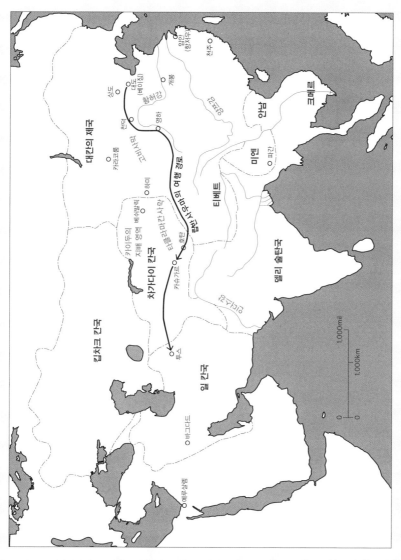

1279년경 몽골제국의 영역과 중국에서 중앙아시아로로 간 랍반 사우마의 여행 경로

© 1992, 모리스 로사비

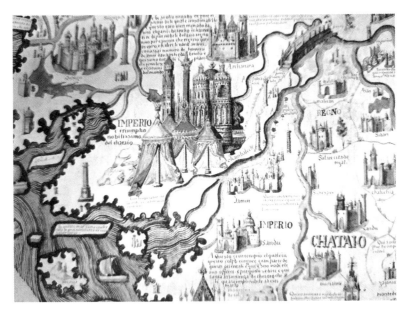

중국 지도

마르코 폴로의 서술에 기반해 작성된 것으로 지도의 'CHATAIO' 표시 부분이 중국을 의미한다. 마르코 폴로의 사본에서 발췌. 이탈리아어. 1459년.

점하고자 했다. 심지어 이러한 종교들을 장려하지는 않더라도, 대부분의 칸은 관용 혹은 친절한 무관심의 정책을 채택했다. 그 결과 몽골의 영역에서는 다양한 종교가 번영을 누렸다. 불교는 중국 원대 초기 지배자들을 매혹시켰고, 페르시아의 초기 일 칸 중 일부도 불교에 이끌렸다. 킵차크 칸국의 몇몇 칸들은 이슬람교에 호의를 보였다. 몽골 지배층 내 일부 여성은 랍반 사우마와 시리아인 번역자처럼 네스토리우스교(기독교의 한 형태로, 신봉자들은 삼위일체에 대한 이단의 관점에 동의했다)를 열렬히 신봉했다. 그러나 몽골 지도자들의 종교적 유연성에도 불구하고, 그들은 자신의 권위에 대한 도전 혹은 다른 국가나 개인의 굴욕적인 요구는 결단코 받아들이지 않았다.

그래서 카르피니에 의해 전달된 교황 인노켄티우스 4세의 편지는 대칸 구육을 분노하게 했고, 카르피니와 칸의 관계는 틀어졌다. 구육은 종교적 개종 혹은 군사 원정을 중단하라는 요구에 대한 설교를 받아들이는 것을 달가워하지 않았다. 그는 교황과 유럽의 군주들에게 몽골에 복속할 것을 명령하는 거만한 서신을 보내는 것으로 응답했다. 만약 이를 거부한다면, 구육은 "너희들이 전쟁을 바란다는 것을 우리가 확실히 알게 될 것이다. 그 이후에는 무슨 일이 일어날지 우리는 모른다. 신께서만 알고 계신다"라고 경고했다.[15]

카르피니의 사절단은 처참히 실패한 것처럼 보였다. 그는 몽골족을 개종시킬 수도 없었을 뿐만 아니라, 몽골과 유럽의 공동의 적인 중동 무슬림 국가들에 대항하기 위한 동맹을 구육과 맺을 수도 없었던 것이다. 유럽과 몽골 사이의 충돌은 불가피해 보였다. 카르피니는 1247년 11월 18일 리옹에 도착하자마자 인노켄티우스 4세에게 이 메시지를 전달했다.

비록 그의 외교 임무는 실패했지만, 카르피니의 여행은 『몽골족의 역사History of the Mongols』라는 대단히 가치 있는 기록을 만들어냈다. 유명한 어느 역사가의 말을 빌려본다.

… 그는 보고서를 통해 아주 오랜 옛날부터 서구 세계를 아시아의 내부와 격리시킨 비밀의 장막을 걷어냈다. 이는 그 자체로도 대단한 성과이다. 그러나 문화와 문헌 역사에서 이 보고서가 가진 상징

적 가치와 중요성은 더욱 크다. 이 보고서는 직접적인 경험과 적절하고 본질적인 세부 상황에 대한 예리한 감각을 가지고서 삶과 사건을 체계적이고도 객관적으로 표현한 최초의 문서이다.[16]

카르피니의 보고서에는 유럽인이 처음올 몽골의 텐트인 게르[ger]를 보고서 쓴 글이 있는데, 다음과 같다. "가운데 꼭대기에는 둥근 구멍이 있어 빛을 받아들이기도 하고 연기를 빠져나가게 할 수도 있는데, 이는 그들이 항상 그 중앙부에서 불을 피우기 때문이다."[17] 카르피니는 몽골의 예식, 신앙, 관습에 관해 예리하고 상세한 내용을 전하는데, 종종 편견에 치우친 대목도 나온다. 일부는 우리 기준에서는 기상천외하면서도 터무니없는 것이고, 일부는 단순한 호기심에 그치기도 한다. 그는 몽골족의 동물에 대한 강렬한 애착, 군사 전술과 전략, 종교적 관습 등도 묘사했다. 특히 자신을 놀라게 한 생소한 사회적 관습에 특별한 흥미를 보였다. 예를 들면, (형이 사망하면) 동생이 형수와 혼인하는 관습인데, 놀랍게도 카르피니는 이를 비난하지 않았다. 게다가 그는 "남자들은 저마다 자신이 유지할 수 있는 한 많은 아내를 데리고 있다. 누군가는 100명, 다른 이는 50명, 다른 이는 10명…"이라고 언급했는데, 이는 아마도 부족장들에게 해당하는 일일 것이고 일반 몽골족에게는 해당하지 않았다. 그는 부족 지도자가 사는 곳의 문지방을 넘거나 혹은 게르나 다른 거주지 안에서 배변하는 등 월권을 저지르는 인물은 모두 처형했다고 기록했다. 그들의 먹고 마시는 습관도 카르피니의 흥미를 끌었는데, 그는 이에 대해 분명한 혐오를 보이면서도 사실적으로 서술했다.

술에 취하는 것은 훌륭한 일처럼 여겨지며, 누구라도 지나칠 정도
로 마시면 그냥 그 자리에서 탈이 나버리지만, 그렇다고 해서 그 후
로 술을 더 마시지 않는 것도 아니다. … 어떤 사람이 음식을 조금
입에 넣었다가 삼키지 못하고 입 밖으로 뱉어내면, 집 아래에 구멍
을 뚫어서 그 구멍으로 그를 끌고 나온 뒤 사정없이 처형한다.[18]

공의회 결과, 교황의 또 다른 두 사절단이 모두 1246년에 파견
되었지만, 카르피니보다도 외교적인 진전을 이루지 못했다. 도미니
크회 수도사인 롱쥐모의 앙드레 André de Longjumeau 는 페르시아의 타
브리즈 Tabrīz 에 도착했다. 중동의 군사령관은 만나지 못했지만, 그는
네스토리우스교 신자인 몽골인 하급관료를 만났다.[19] 또 다른 사절
인 수도사 아스켈리누스 Ascelinus 는 사령관을 접견했지만, 사절단은
인사를 하지도, 선물 혹은 조공을 바치지도 못했으며 몽골족의 분명
한 냉소적인 반응만 확인했을 뿐이었다. 카르피니 사절단에 대한 응
답으로 대칸 구육이 파견한 사신이 갑자기 나타나서는 아스켈리누
스에게 유럽인의 복종을 요구하는 서신을 건넸다.[20]

이렇게 가망 없는 출발에도 불구하고, 유럽인과 몽골족이 공동
의 적인 중동 무슬림에 대항하기 위해 화의를 맺고 단합할 수도 있
다는 희망은 여전히 남아 있었다. 무슬림이 성지를 점령해 기독교 세
계인 유럽을 격분케 해놓고서는, 몽골의 서방 팽창에 대해서 저항하

는 것을 보고서 칸들은 무슬림에 적대감을 느꼈다.[21] 시리아에 있는 아유브 왕조의 군사령관들은 몽골의 '복종 명령'을 거부하고, 중동에서 몽골의 영향력을 차단하려는 의도가 있는 것처럼 보였다. 이러한 저항에 직면하자 1248년 말에는 중동의 몽골 군사령관이 키프로스kypros에 두 명의 네스토리우스교도 사절단을 파견했다. 키프로스는 생 루이(프랑스의 왕 루이 9세)가 자신의 군대를 대부분 활용하면서 아유브 왕조를 공격하여 7차 십자군전쟁을 시작하기 위한 준비를 하던 장소였다. 이 사절들은 무슬림에 대한 합동정벌 계획이 담긴 서신을 가지고 있었다.[22] 그들은 생 루이가 이듬해 봄에 이집트에 대한 공격을 감행하여 그곳을 통치하는 지도자들의 시선을 돌려놓으면, 동시에 몽골족이 바그다드에 수도를 둔 아바스 칼리프를 공격하겠다고 제안했다. 두 명의 네스토리우스교도 사절은 이러한 협동공격이 이집트의 아유브 술탄과 아바스 칼리프 사이의 협력을 차단하게 될 것이라는 점을 지적했다. 몽골의 협력 제안을 프랑스 군주가 더 호의적으로 여길 수 있게 하려고 그들은 구육의 모친이 프레스터 존의 딸이고, 구육이 기독교로 개종해서 중동 기독교도의 재산을 보호할 의향이 있으며 생 루이를 도와 무슬림들로부터 성지를 탈환할 계획을 세웠다고도 주장했다.[23] 이렇게 믿기 어려우면서도 완전히 틀린 주장은 생 루이가 몽골의 제안을 빨리 수용하도록 하기 위해 고안해낸 것이었음이 분명했다.

이 사절단에 깊은 인상을 받은 생 루이는 정교하게 만들어진 휴대용 조립식 예배당을 구육에게 선물했다. 그는 또 몽골 궁정으로 자신이 직접 두 사절단을 파견했는데, 둘 다 불운에 빠지게 된다.

첫 번째 사절단은 이미 불운을 겪었던 롱쥐모의 앙드레가 다시 이끌게 되었고, 그는 몽골 통치자들이 기독교를 지원하는 것에 대해 찬사를 표한 생 루이의 서신을 가지고 갔다. 이 서신에는 아마 무슬림에 대항하기 위한 동맹을 함께 맺자는 제안도 포함되었을 것이다. 앙드레는 1248년 대칸이 사망한 이후 계승분쟁이 벌어지고 있던 시기에 몽골 영역에 도착했다. 왕좌를 두고 경쟁하던 한 계승 후보자의 모친이 앙드레를 맞이했고, 그를 조공을 바치러 온 자라고 표현했다. 그녀는 앙드레의 군주가 항복할 것이고, 그래서 자신의 아들이 제위에 오르는 것을 지지하고 있다고 여긴 것이다. 이러한 기회를 포착하자 그녀는 생 루이에게 거만한 서신을 썼는데, 여기에서 그녀는 서유럽에서 몽골이 주군ᄐ큠이라는 점을 수용하고 매년 금과 은을 조공으로 바칠 것을 생 루이에게 훈계했다.[24] 몽골 궁정의 반응에 낙담한 앙드레는 서쪽으로 향했고, 1251년 봄 팔레스타인에서 의기소침해 있던 생 루이를 만났다. 이 프랑스 왕의 십자군은 비참하게 종결되었고, 그 자신은 1250년 4월에 무슬림들에게 사로잡혔다가 석방되기 위해 몸값을 지불하는 굴욕을 견뎌야 했다. 그가 보낸 사절이 몽골에서 받았던 대접은 이 상처에 모욕감까지 더해주었다.

그러나 그는 낙담하지 않았다. 1253년에 그는 또 다른 사절단을 파견했는데, 이 사절단은 생 루이의 측근인 프란체스코회 수도사 루브룩의 윌리엄William of Rubruck(윌리엄 루브룩으로도 불린다.―옮긴이)이 이끌었다. 다시 좌절을 겪지 않기로 다짐한 생 루이는 루브룩이 공식적인 사절로 자신을 대변하는 것은 아니라고 역설했고, 협력의 가능성을 타진하기 위한 수도사라고 설명했다. 루브룩은 구육의 사촌이자 쿠빌라이 칸의 형인 새로운 대칸 뭉케와 회담을 했지만, 결과는 실패로 돌아갔다. 서로 엇갈린 의향만을 이야기하고 있었기 때문이다.[25] 뭉케는 이 프란체스코회 수도사가 자신의 종교를 개종시키려는 독단적이면서도 과한 의도가 있다는 것을 확실하게 알아챘다. 반대로 루브룩은 뭉케의 궁정에 있던 일부 종교 성직자들에게서 섬뜩함을 느꼈다. 그는 불교도는 사람을 현혹하고 고압적이라고 보았고, 무슬림은 관대하지 못하며, 네스토리우스교도들은 무지하고 미신에 사로잡혀 있으며 부패하기까지 했다고 묘사했다. 그는 네스토리우스교의 "성직자들은 자신들이 기도할 때 써야 할 언어인 시리아어를 모른다. 그들은 고리대금업에 종사하는 죄를 짓고 있다. 그들의 관행은 이슬람교에서 차용한 것들로 오염되어 있다. 그들은 혼인을 하고 첫 번째 부인이 죽으면 두 번째 부인을 취하며 몇몇은 여러 명의 아내를 두고 있다"라고 한탄했다.[26]

뭉케와 루브룩 모두 서로 상대에게 반감을 가진 탓에 관계를 개선하기란 사실상 불가능했다. 뭉케는 생 루이에게 쓴 서신을 루브룩에게 주어 보냈다. 이 서신에서 그는 몽골이 세계를 지배할 것이라고 선언했고, 프랑스 군주는 몽골의 복속국으로서의 지위를 받아들였음을 보여주는 공식 사절을 보내라고 요구했다. 이렇게 타협 없는 메시지는 대칸과 기독교 유럽 사이의 협력이 잘 이루어지지 않을 것이라는 징조였다. 루브룩의 사절단이 해낸 유일한 긍정적인 업적은 몽골의 관습과 경제에 관해 루브룩이 직접 쓴 보고서였다.

루브룩의 기록은 카르피니가 관찰했던 것 중 일부를 반복하고 있지만, 루브룩이 몽골 영역에 머물면서 얻게 된 추가적인 상세한 정보들이 보충되어 있다. 카르피니가 그랬던 것처럼, 루브룩은 게르와 몽골의 종교 관습, 음식, 음주 습관, 의복에 관해 서술했다. 또한 그는 쿠미스Kumys(발효된 암말의 젖)를 만드는 몽골의 기술, 사냥 방식을 간략하게 묘사했고, 여성이 하는 일에 대해서도 상당한 분량을 할애했는데, 여기에는 수레를 운전하는 일, 의복을 꿰매는 일, 염소와 양을 돌보고 때때로 젖을 짜는 일, 펠트를 만드는 일이 포함되었다. 의외로 그는 여성들도 전투에 참여했다는 사실은 언급하지 않았다. 그는 몽골 궁정의 화려함과 궁정에서 보았던 색다르면서도 아름다운 물건에 매료되었다. 몽골족이 동유럽을 정벌할 당시 포로로 잡혀와 몽골제국의 수도인 카라코룸에 거주했던 기욤 부셰Guillaume Boucher라는 프랑스 출신 장인匠人은 자신의 주인을 위해 은으로 된 사자 네 마리와 도금한 뱀 한 마리로 장식된 은제 나무를 만들었는데, 여기에서 포도주와 쿠미스와 다른 술들이 각각 흘러나왔다. 이 기묘한 장치는 특히 루브룩의 흥미를 끌었다.

루브룩의 또 다른 관찰(유럽에서는 찾을 수 없던 지폐와 중국의 문자와 불교에 대한 묘사를 포함)은 일부 학자들이 그를 마르코 폴로 같은 여행작가의 반열에 올려놓게 했다. 그러나 일부 몽골 관습에 대한 그의 경멸적인 태도는 확실히 몽골인들에게 환영받지는 못했다. 목욕을 금기로 여기고(몽골족은 목욕을 하면 신을 분노하게 만들어 엄청난 폭풍

우가 몰아닥칠 것이라고 믿었다), 공개된 장소에서 배변하는 보기 싫은 관습[27]과 너무 오랫동안 술을 마시는 행위에 루브룩은 불쾌감을 드러냈다. 그는 몽골족에 대한 자신의 혐오감을 전반적으로 숨기지 못했다.

좀 더 긴밀한 협력에 대한 새로운 희망은 뭉케의 동생인 훌레구의 원정으로 인해 생겨났다. 몽골족은 서방으로 영역을 확대하고 자신들에게 적대적인 이슬람 세계 왕조들을 물리치려는 의도를 가지고 중동을 평정하기 위해 1256년 훌레구를 파병했다. 훌레구의 부인이 네스토리우스교의 열렬한 신봉자로 잘 알려져 있어 킬리키아Cilicia(현재 터키 남동부 해안지대에 위치한 왕국이다.—옮긴이)라고 알려진 소아르메니아Lesser Armenia의 기독교 왕국을 포함해 중동에 있는 기독교도들의 지원을 확보할 수 있었다.[28] 2년 후, 훌레구의 군대는 바그다드로 입성했고 아바스 왕조를 멸망시켰으며 마지막 칼리프를 처형했다. 이 처형은 아마 왕실의 혈통에 대한 존경을 표시하기 위해 고안된 전통적인 몽골 방식으로 이루어진 것으로 보이는데, 피가 흐르는 것을 막기 위해서 칼리프를 카펫에 만 다음 말들이 짓밟아 죽였다.[29] 이후 훌레구는 페르시아와 중동의 일부 인근 지역의 통치자가 되었고, 1261년이 되어서야 일 칸이라는 칭호를 사용했다.

바그다드 함락 이후, 1260년에 원정이 갑자기 중단될 때까지 훌레구와 그의 부대는 지중해를 향해 계속 나아갔고 심지어 시리아의 영역을 장악했다. 1260년 그는 대칸 뭉케의 사망 소식을 듣고서 형의 계승자를 선정하는 과정에 참여하기 위해 몽골 본토로 돌아가기로 결정했다.[30] 그는 이집트의 무슬림 통치자 수중에 있던 다마스쿠스를 정복하고 시리아의 나머지 지역을 장악하는 임무를 그의 부사령관 케드 부카Ked Bukha에게 부여했다. 몽골 부대는 압도적인 전력을 갖춘 것으로 보였고, 훌레구의 부대는 훌레구 없이도 임무를 완수할 것으로 여겨졌다. 하지만 이집트의 정치적 상황이 변하면서 이는 판단착오였음이 드러났다. 1249년 아유브 왕조의 튀르크족 용병들이 자신들의 주인을 무너뜨리고 맘루크 왕조를 창설했는데, 이 왕조는 굉장히 효율적이고 강력한 군대를 거느렸다. 그래서 훌레구가 떠나면서 케드 부카는 예상했던 것보다 더 강력한 적수와 대면해야 하는 상황에 처하게 되었다.

　　양쪽 모두 휘하에 상당한 규모의 병력을 보유하고 있었다. 몽골족은 약간의 성공을 거두어 다마스쿠스를 점령했지만, 1260년 9월 3일 맘루크 부대는 시리아의 아인 잘루트Ayn Jālūt('골리앗의 샘물'이라는 의미)에서 벌어진 역사적 전투에서 케드 부카의 군대와 충돌했다. 하루가 다 지나갈 무렵, 몽골족은 패배했고 케드 부카는 전투 중에 사망했거나 혹은 위대한 페르시아인 역사가 라시드 앗 딘Rashīd al-Dīn의 저술에 따르면, 사로잡혀서 참수되었다.[31] 그 이후 맘루크 군대는 다마스쿠스에 있던 몽골족을 물리쳤고, 몇 개월 안에 시리아 전역을 되찾았으며 알레포를 탈환하기 위한 몽골족의 완강한 노력까지 막아냈다. 이 패배는 몽골족의 야망에 엄청난 타격을 주었다.[32]

　　아인 잘루트에서의 처참한 실패를 알게 된 훌레구는 몽골 본토에 도착하기도 전에 1260년 말에 피해를 막고자 되돌아왔다. 그는 전투에서 살아 남은 잔여 부대를 다시 모았고, 맘루크 왕조와의 새로운 대적을 위해 군대를 조직했다. 그는 아인 잘루트에서의 패배를 설욕하기를 원했지만, 몽골의 통치를 타도하기 위해 맘루크가 훌레구의 영역 내에서 인구 대부분을 구성하고 있던 페르시아의 무슬림(맘루크와 같은 종교집단)을 선동할까봐 두려워했다.

그러나 몽골 세계의 분열은 패배를 설욕하려던 노력을 방해했다. 러시아에 있는 킵차크 칸국의 통치자이자 훌레구의 사촌 베르케 Berke는 이슬람교로 개종했고, 그래서 훌레구가 아바스 칼리프 왕조를 진압하고 맘루크와 적대하고 있는 상황에 불만을 품었다. 게다가 훌레구와 킵차크 칸국은 아제르바이잔에 대한 권리를 서로 주장했다. 아제르바이잔은 동서교역을 위한 주요 통로였고, 그렇기 때문에 통행세와 상세商稅의 형태로 높은 수익을 올릴 수 있는 수입원이었다. 그리고 둘 다 자신들의 기마騎馬와 가축을 위해 필요한 아제르바이잔의 풍요로운 목초지를 점유하고 싶어 했다.[33] 이러한 종교적인 불화와 영토 분쟁은 몽골제국의 두 영역 사이에 큰 틈을 만들어냈고, 이는 필연적으로 전쟁으로 이어졌다. 베르케는 아인 잘루트에서 자신의 적이 당한 패배를 이용하고자 곧바로 맘루크와 동맹을 맺었던 것으로 보인다. 1262년 그는 아제르바이잔의 지배를 놓고 사촌 훌레구와 전투를 치렀다. 이후 훌레구의 통치 기간인 3년 동안 두 몽골 영역 간 전쟁이 지속되었다.

따라서 훌레구는 북쪽으로는 적대적인 킵차크 칸국, 서쪽으로는 맘루크를 상대해야 했다. 일 칸국은 또 그 동쪽 이웃인 중앙아시아의 차가다이 칸국과도 사이가 좋지 않았다. 물론 종교적 충돌이 이러한 갈등의 원인이기도 했지만, 영토를 둘러싼 분쟁이 증오감을 형성하는 주된 요인이었다.[34] 차가다이 칸국의 영역에 있는 인구 대부분은 무슬림들로 구성되어 있었는데, 그들은 초기 일 칸들이 네스토리우스교(특히 훌레구 이후 시기)와 불교를 선호했던 것을 인지하면서 분개했다.

이렇게 적대적인 이웃들에 둘러싸이게 되자 훌레구는 생존과 어쩌면 확장을 위해서 자연스럽게 동맹을 찾게 되었다. 동맹을 향한 그의 욕구는 다른 누구보다 컸는데, 그 이유는 몽골족의 막강한 전투력과 기동성의 위력이 중동과 북아프리카에서는 목초지 부족으로 인해 다소 무력해져 있었기 때문이다. 그래서 만약 맘루크라는 적을 물리치고 킵차크 칸국, 차가다이 칸국과 맞서기를 원한다면 훌레구에게는 지원이 필요했다. 지원이 가능한 곳으로는 기독교도인 소아르메니아가 남아 있었는데, 이곳은 몽골족이 1236년부터 1240년대에 걸쳐 잠시 점령했던 적이 있었다. 이슬람 세계인 중동에 있는 일 칸들보다 훨씬 더 종교적으로 경건했던 소아르메니아의 지도자들은 무슬림과 맞서고 있던 몽골족을 지원했다. 소아르메니아의 군주 헤툼Het'um(재위 1226~1269)은 1254년에 카라코룸까지 직접 사절로 가는 임무를 수행했고, 1260년에는 시리아 원정 때 훌레구를 돕기 위해 자신의 군대를 파견하면서 몽골족과의 관계를 증명해 보였다. 그이후에도 계속 소아르메니아는 훌레구와 그의 직계 계승자들 편에서 있었다. 그러나 인력과 물자 등의 자원이 너무 한정적이었기 때문에 일 칸들에게 큰 도움이 될 수는 없었다.

또 다른 믿음직한 잠재적 동맹은 바로 몽골리아와 중국에 근거를 두고 있는 대칸국이었다. 훌레구는 그의 형인 쿠빌라이와 좋은 관계를 맺고 있었는데, 그 이유는 몽골 세계의 지도권을 놓고 그들의 동생인 아릭 부케와 벌인 분쟁에서 일 칸은 쿠빌라이를 지지했기 때문이다. 그러나 훌레구는 쿠빌라이에게 구두 지원 이상의 다른 지원을 할 수 없었는데, 그의 세력 근거지가 실질적인 지원을 하기에는 너무 멀리 떨어져 있었기 때문이다. 마찬가지로 쿠빌라이 역시 아릭 부케를 물리치고 대칸의 지위를 차지한 후, 동생이 페르시아에서 적들에 둘러싸여 있었지만 몽골 영역의 가장 동쪽에 위치한 탓에 많은 도움을 줄 수 없었다. 쿠빌라이는 또 남중국 정복과 평정, 북중국에 대한 효율적 통치에 신경이 쏠려 있었다. 이 일에는 상당한 자원이 필요했으며 1279년이 되어서야 마무리되었다.[35]

훌레구는 동맹을 선택하는 데 한계가 있었기 때문에 기독교 유럽이 동맹 가능성이 가장 높은 세력으로 다가왔다. 만약 그가 맘루크를 누르고 시리아에서 영토를 얻고자 한다면, 유럽인과 협력할 필요가 있었다. 서유럽의 왕국들과 교황처럼, 지중해 동부를 따라 위치한 십자군 국가들도 협력자가 될 수 있었다. 확실히 이전에 몽골족이 서유럽에 대해 취했던 거만한 서신이나 복종 명령은 훌레구의 목적 달성에 도움이 되지 않을 것이었다. 그는 유럽인을 동등한 상대로 놓고 사안을 다루어야만 했다.

일 칸과 유럽인이 중동의 이슬람 왕조들이라는 적수를 공유한다는 사실은 훌레구가 낙관적인 생각을 갖게 된 한 요인이었다. 하지만 다른 변수들 역시 성공적인 동맹으로 가는 길 위에 놓여 있었다. 유럽 국가, 심지어 도시 간의 분열은 협력을 향한 희망을 위태롭게 했다. 분열된 채 자주 전쟁을 벌이던 유럽은 무슬림에 대항하는 실제 군사 원정에 일 칸국과 함께 협력할 수 없었던 것이다. 그러나 훌레구는 기독교 서유럽 세계를 갈라놓았던 불화를 알지 못했던 것 같다.

또 다른 장애물은 많은 유럽인이 몽골족을 미개하다고 인식했기 때문에 일 칸들의 동맹 제안을 거절할 수도 있다는 사실이었다. 십자군 국가 혹은 십자군 공동체Outremer communities는 특히 몽골의 목적을 의심했다. 1260년대까지도 그들은 1241년 폴란드와 헝가리 침입 때 몽골 군대들이 저지른 참상을 기억하고 있었다. 어떤 사람들은 몽골족이 맘루크보다 더 큰 위협이라고 결론지었을지도 모른다.[36] 그러나 유럽인의 관점에서 보면 몽골족에게 대항하겠다고 두려운 무슬림인 맘루크 왕조와 연합할 수도 없는 노릇이었다. 그래서 십자군 국가들은 일반적으로 중립 정책을 채택했는데, 13세기 말에 이 국가들이 맘루크의 공격에 직면하게 되었을 때 이 결정을 후회하게 된다.

이렇게 장애가 되는 모든 요소에도 불구하고, 훌레구는 기독교 유럽과 협력한다는 생각을 되살렸다. 킵차크 칸국, 차가다이 칸국, 맘루크 왕조와의 분쟁이 장기화되자 그는 지원을 받기 위해 서유럽으로 눈을 돌렸다. 이때부터 일 칸들은 협력관계를 맺고자 주도적으로 행동했다.

1260년 훌레구는 애쉬비의 다비드David of Ashby라는 이름의 도미니크회 사절을 접견했다. 이 사절은 몽골 지도자의 의도를 확인하고 십자군 점령지들의 안전을 보장받기 위해 유럽의 군주들과 교황이 파견했다. 그들은 다비드에게 몽골과의 협상 혹은 동맹 가능성을 논의할 권한을 주지 않았기 때문에, 훌레구 진영에 그가 도착한 것이 일 칸과의 공식적 협력을 서유럽 기독교 세계가 바라고 있음을 보여주는 것은 아니었다.[37] 그럼에도 불구하고 1263년에 훌레구는 자신의 사절을 보냄으로써 다비드 사절단을 활용했다.

이듬해 훌레구의 사절 중 하나가 바티칸에 도착했다. 교황 우르바누스Urbanus 4세(재위 1261~1264)는 그를 환대했지만, 스스로 동맹에 대한 입장을 밝히지는 않았다. 바티칸은 신성로마제국 황제와의 갈등을 포함해 유럽의 정치에서 벌어지는 사건들에 더 관심이 있었고, 결국 추가적으로 몽골과 연계되는 것을 검토할 수 없었다. 그러나 교황은 개종을 시키려는 시도까지 손 놓고 있지는 않았다. 실제로 교황은 훌레구에게 세례를 받고 기독교로 개종할 것을 촉구했다(이 메시지는 1265년에 훌레구가 사망한 직후에 일 칸국에 도착했다).[38] 13세기 기독교 세계는 처음으로 진지하게 개종운동을 벌이고 있었다. 예를 들면, 유럽 내에서 선교사들은 보다 동질적인 사회를 만들기 위해 유대인들에 대한 개종을 시도하고 있었다. 한 유대인 역사가에 따르면, "불확실성과 불안함이 결합된 강경한 자기과신은 서유럽 기독교 세계의 지도자들이 안으로는 강화된 동질성을 압박하고 밖으로는 기독교가 지배하는 영역을 확장하는 방향으로 움직이게 했다."[39] 그래서 서방의 기독교 성직자들은 동방에서 기독교 세계를 확장하기 위한 가능한 수단으로 일 칸들과의 종교적 접촉을 환영했지만, 이것이 정치적 연합까지 받아들이는 것은 아니었다. 그러나 일 칸국은 다시 동맹을 시도했는데, 실제로 사절단을 파견한 후 20여 년이 지나 가장 주목할 만한 사절이 유럽으로 오게 된다.

'금식의 아들' 바르 사우마의 초기 행적

동서교류의 증가 추세와 유럽인과 동맹을 맺기 위한 몽골족의 시도라는 맥락에서 랍반 사우마의 여행은 그리 특별한 일이 아니었을지 모른다. 무엇보다도 팍스 몽골리카 시기에 베네치아인, 제노바인, 그리고 다른 유럽 출신 상인들이 페르시아로 여행할 수 있게 되었고, 그중 몇 명은 중국까지 도달할 수 있었다. 그런데 랍반 사우마의 여행은 이례적이다. 그 이유는 대다수 여행자와 상인은 서방에서 동방으로 왔기 때문이다. 중국에서 중앙아시아와 페르시아로 파견된 사절단과 상인의 수는 아주 적었고, 그 이전에 동아시아에서 유럽까지 갔던 사람은 아무도 없었다. 랍반 사우마의 여행보다 더욱 주목할 만한 것은 바로 여행에 대한 그의 기록이다. 물론 그 시대에 중국에서 중앙아시아로 간 몇몇 여행자가 기록한 소량의 여행기가 남아 있기는 하지만, 중국에서부터(혹은 아시아에서) 저 먼 서방 기독교 세계까지 다녀온 중세의 여행가는 존재하지 않았다.[40] 몽골족에 관해 동시대의 유럽인과 페르시아인이 남긴 기록 중 우리에게 전하는 것은 수적으로 차이가 많이 난다. 랍반 사우마는 또 다른 차원에서도 이례적이었다. 중국에서 출발한 여행자들은 대부분 공식 외교 사절인 경우가 많았는데, 그는 원래 개인적인 종교적 사명을 이루고자 서쪽으로 향했다. 그리고 중국에서 페르시아에 도착하고 난 이후 나중에 외교 사절의 임무를 맡게 되었다.

그의 아버지 시반^{Shiban}은 유명한 웅구드^{Önggüd} 부족(몽골족과는 달리 튀르크어를 쓰는 민족으로, 주로 고비사막 남쪽과 만리장성 일대에 살았다.—옮긴이) 출신이었고, 쿠빌라이 칸이 수도 대도를 건설하게 될 지역에 거주하고 있었다. 황허강의 만곡^{彎曲}을 끼고 만리장성의 북쪽에 있는 오르도스^{Ordos} 지역을 주요 기반으로 삼은 웅구드족은 칭기즈 칸과 초기 몽골족들에게 자신들의 운명을 걸었던 최초의 튀르크 부족 가운데 하나였다.[41] 칭기즈가 칸이라는 칭호를 취하기 2년 전인 1204년, 웅구드의 지도자는 칭기즈의 우월적 지위를 받아들였고, 그 직후에 자신의 아들을 칭기즈의 딸 중 한 사람과 혼인시키면서 충성을 보여주었다.

웅구드 부족 중 많은 사람이 유목민의 생활을 유지했지만, 일부는 마을에 거주하면서 농부, 장인, 상인, 광부가 되어 더 복잡한 경제와 문화를 발전시켰다. 외국의 상인들은 웅구드 장인들이 생산한 비단 의복을 비롯해 각종 물건들을 구하려고 했다. 게다가 몇 세대 전에 중앙아시아에서 온 선교사들은 많은 웅구드족 사람들을 네스토리우스교로 개종시켰다. 글자로 기록된 문헌이 필요하지 않았던 샤머니즘에서 성경 지식을 강조하는 기독교로 개종하면서 읽고 쓸 줄 아는 성직자들이 등장하게 되었다. 중국 북서부에 있는 수가 더 많은 위구르 튀르크족(이들 중 다수가 네스토리우스교로 개종했다)과 함께 웅구드족은 읽고 쓰는 능력이 부족했던 몽골족이 필요로 하는 능력을 갖추게 된 것이었다. 그들이 칭기즈 칸과 그의 계승자들이 정복한 영역에 대한 지배체계를 만드는 일에 도움을 주면서 몽골족에게 꼭 필요한 존재였음이 입증되었다. 그들은 종종 통역관, 서기, 관료로 활약하기도 했다.[42] 그들이 외국인이었는데도 차별받지 않고, 오히려 몽골족의 관용 정책과 비몽골족 등용으로 혜택을 받았다는 사실은 놀라운 점이라고 할 수 있다. 그들의 명성은 서방으로 퍼져나갔는데, 부분적으로는 그들의 기독교 신앙 때문이었다. 예를 들면, 마르코 폴로는 프레스터 존이 웅구드족이라는 잘못된 정보를 언급했다.

이렇게 세련되고 번영을 누리는 공동체에서 시반은 좋은 연고를 확보하고 있었고, 대단한 존경을 받았다. 그는 비슷한 배경을 가진 여성과 결혼했지만, 아이를 가질 수가 없었다. 그들은 신에게 계속 기도했고, 신께서는 마침내 그들에게 아들을 보내주는 은총을 베풀었다. 그들은 아이의 이름을 바르 사우마$^{Bar\ Sauma}$라고 지었는데, '금식의 아들'이라는 의미였다(랍반은 경의를 표하는 칭호로, 이 칭호는 그의 인생 후반부에 붙여졌다). 종교적인 의미를 띤 것처럼 바르 사우마의 출생을 묘사한 것은 랍반 사우마의 저술을 편집하고 번역한 시리아인이 덧붙인 내용인데, 정확한 날짜는 밝히지 않고 단지 "1225년 즈음"의 일이었다고만 기록했다. 칭기즈 칸이 점령한 지 10년쯤 후에 그 지역에서 이 미래의 여행가가 태어났다는 것이다. 아주 어렸을 때부터 네스토리우스교 신앙을 열렬하게 신봉했던 사우마에 대한 번역자(편집자이기도 하다)의 서술에는 아마 과장의 필치가 스며 있었을 것이다. 하지만 사우마가 어린 소년이었을 때도 그의 신앙심은 의심의 여지가 없었다.

그의 신앙인 네스토리우스교는 5세기에 정통 기독교 조직으로부터 갈라져 나왔고, 에페수스공의회(431) 직후 이단이라는 비난을 받게 되었다. 네스토리우스교는 인간 그리스도와 신 그리스도를 구별했다. 사실상 네스토리우스교는 이를 두 가지 별개의 실체로 간주했는데, 이는 예수를 한 사람으로 융합시킨 가톨릭교의 개념과는 다른 것이었다. 네스토리우스교에 따르면, 신의 특성에서는 예수가 성부聖父의 아들이었다. 이와 대조적으로 인간의 특성에서는 예수가 마리아로부터 태어난 것이 된다. 성모 마리아는 인간 그리스도의 어머니christotokos(혹은 '그리스도를 낳은 사람')였지만, 신의 어머니theotokos(혹은 '신을 낳은 사람')는 아니었던 것이다. 왜냐하면 신은 항상 존재하고, 신의 정의상 인간은 신의 어머니가 될 수 없기 때문이다. 예수가 그랬던 것처럼, 신은 죽을 수 없었다. 즉, 네스토리우스교는 인간 그리스도와 성자聖子 사이에 구분선을 설정했고, 한 요약에 나온 구절인 "예수의 신성Godhead은 그의 어머니의 실체로부터 나온 것이 아니고, 그의 인격Manhood은 그의 아버지의 실체로부터 나온 것이 아니다"라는 주장을 지지했던 것이다.[43] 그 과정에서 그들은 마리아의 주요한 역할에 이의를 제기했는데, 그들의 관점에서 그녀는 단순히 훌륭한 인간인 예수의 어머니였을 뿐이다. 그리고 그들은 가톨릭교의 가르침에서 마리아가 지나치게 칭송되고 높이 승격되었다고 믿었다.

삼위일체에 대한 네스토리우스교의 개념도 가톨릭교의 해석으로부터 갈라져 나왔다. 그들은 성부는 창시자이고, 성자(신성을 가진 예수)는 만들어진 것이며, 성령은 성자와 성부로부터 생겨난 것이라고 인식했기 때문이다. 세 존재가 동등하게 체현될 수 없고 성부에게 가장 높은 지위를 부여한 사실은 삼위일체의 개념을 뒤엎는 것이었다. 그러나 성사聖事를 유지하는 것(비록 서구와는 약간 다른 형태이기는 하지만 말이다)을 포함해서 네스토리우스교와 서방 기독교 사이에는 많은 유사점이 존재했다.

네스토리우스교도의 신앙이 이단이라고 선포된 이후, 그들은 로마제국과 비잔틴제국을 떠나야만 했고 안식처를 찾아 중동, 중앙아시아, 그리고 동쪽으로 가장 먼 중국까지 가서 결국 성공을 거두었다.[44] 야콥파 같은 다른 기독교 이단 분파들도 환대를 받고 중동에서 개종자들을 끌어들이는 데 성공했지만, 지리적으로 아시아 전체에 분포된 네스토리우스교를 따라잡을 수는 없었다. 5세기 말에 이르러, 네스토리우스교는 메르브와 니샤푸르(페르시아 소재) 및 헤라트(현재 아프가니스탄 소재)에 주교구를 창설했다. 6세기부터 9세기에 이르기까지 네스토리우스교 선교사들은 개종 작업을 시작했고,

중앙아시아의 많은 튀르크 부족들을 기독교로 개종시켰다. 당제국 (618~907) 초기에 네스토리우스교도들은 중국에 도착했고, 교회와 다른 기념물을 건설했다. 그들은 당제국 시기에 선교 활동을 지속했다. 비록 제국이 쇠퇴하면서 그들의 노력 또한 사라지기는 했지만 말이다. 781년 서안西安(지금의 시안)에 세워진 비석의 문장에서는 중국에 있는 네스토리우스교 선교사 70명의 이름을 열거하고 있는데, 이는 네스토리우스교가 성장했음을 잘 보여준다. 11세기 말 혹은 12세기 초에 그들은 몽골족을 개종시키고자 노력했는데, 마침내 일부 몽골 지도층, 특히 여성들이 신도가 되었다. 몽골의 수도 카라코룸에는 네스토리우스교 교회가 적어도 하나쯤은 자리 잡고 있었다.[45]

13세기에 네스토리우스교는 특히 중동과 중앙아시아에 널리 퍼졌는데, 이 지역이 현재는 거의 이슬람교를 믿는 곳이라는 점을 고려한다면 꽤 놀라운 사실이라 할 수 있다. 하지만 네스토리우스교도들이 자발적 개종 혹은 강압으로 인해 점차 신앙을 포기하게 된 것은 14세기 말에 중앙아시아와 페르시아에서 몽골족이 쇠퇴함과 동시에 이슬람교가 성장한 이후부터였다. 거의 비슷한 시기에 네스토리우스교가 처음에는 그리 널리 퍼지지 않았던 중국에서 점차 사라졌다. 그 후 이 분파는 비록 점점 약해지기는 했지만 주로 중동에서 살아남았다.

네스토리우스교의 놀랄 만한 확산은 선교사들과 지도자들의 열성과 기민함 때문이었다고 할 수 있다. 초기 선교사들은 신실한 신도들과 연합하여 사심 없는 헌신과 열의를 가지고 있었다. 비록 가톨릭교 사절이었던 루브룩은 13세기 중앙아시아와 몽골에서 마주쳤던 네스토리우스교 성직자들이 부패하고 무지하며 기독교의 교리를 잘못 해석하고 있다면서 비난했지만, 아마 그는 큰 성공을 거둔 몇몇 종교 지도자의 무절제를 과장했을 것이다. 네스토리우스교가 교역과 연계되어 있었던 점도 종교의 확산에 기여했다. 일반적으로 네스토리우스교도들은 "사업에 밝은 사람들"로 불렸고,[46] 네스토리우스교회는 옛 실크로드 지역 전체에서 번영을 누렸다. 그 이유는 많은 네스토리우스교도가 상인이었고, 이러한 상인들이 개종 활동에 핵심적인 역할을 수행했기 때문이다. 따라서 네스토리우스교는 특히 도시에서 두드러졌다.

네스토리우스교 성직자의 유연성도 이 분파의 급속한 성장을 촉진했다. 그들은 개종시키고자 하는 사람들의 문화를 수용했다. 일례로 일부다처제를 금지하지 않았던 것을 들 수 있는데, 칸 혹은 귀족의 일부 첩들이 네스토리우스교로 개종하고자 허락을 요청할 때도 거부한 적이 없었다. 이처럼 경직되지 않았기에 몽골 영역에 존재했던 다른 종교들과도 좋은 관계를 이룰 수 있었다. 몽골족이 세력을 유지하는 한 몽골의 종교적 관용 정책은 네스토리우스교도들을 박해나 차별로부터 대체로 보호했다.

이렇게 다른 종교와 문화를 받아들이다 보니 결과적으로 네스토리우스교는 가톨릭교와 정교회의 예식과 체계에서 벗어나게 되었다. 게다가 토착신앙과 관습을 차용하고 수용하는 관행 때문에 아시아의 다양한 지역에 있는 네스토리우스교는 예식을 수행하는 데 차

네스토리우스교의 예배자
9세기 투루판시 동쪽 고창고성의 네스토리우스교 사원에서 나온 벽화.

이를 보였다. 물론 그 차이는 대부분 사소한 것이었지만 때에 따라서는 크게 다르기도 했다.

교회 조직의 느슨함은 확실히 종교적 유연성뿐 아니라 종교의 확산과 인기에도 도움이 되었다. 교회 지도자인 총대주교는 약 5세기부터 바그다드 교외에 위치한 셀레우키아-크테시폰Seleucia-Ctesiphon 지역에 주재했다. 그는 네스토리우스교가 장악하고 있던 주요 지역에서 교회 사무를 관리하고 그 지역에 있는 주교들을 감독하기 위해 대주교들을 임명했다. 교통과 소통의 어려움으로 중앙집중화가 이루어지지 못했고, 많은 대주교가 실질적으로 자율 상태에 놓였다. 이러한 현실을 활용하여 그들은 교리와 예식을 더욱 유연하게 만들었다.

네스토리우스교의 다양한 특징은 특히 평민들을 끌어당겼다. 네스토리우스교는 축제일을 강조했는데, 여기에 토착종교 예식의 특성을 융합했다. 일부 수도사와 성직자들은 평민들이 가져온 물건에도 축복을 내려주었고, 때때로 순교자들과 "기적을 일으킨 사람들"의 무덤을 순례지로 바꾸어놓기도 했다. 그런 인물들의 유골과 유물은 숭배의 대상이었다. 신성한 장소를 방문하고 성스러운 유물을 소유하는 것은 네스토리우스교도들에게 중요한 가치가 되었다. 마지막으로, 네스토리우스교 성직자들의 의학 지식과 "몸에 있는 질병에 대한 그들의 노련한 치료법과 그들이 시행하는 치료"[47] 또한 개종자들을 끌어들였다.

랍반 사우마의 삶과 여행에 관한 기록에서 발견되는 어린 시절 이야기에 따르면, 신성한 유물에 대한 흥미와 그의 종교적 열정은 그의 부모를 놀라게 했다. 부모는 그에게 종교 교육을 했고, 그는 비범할 정도로 근면한 학생임을 입증했다. 어렸을 때 그는 네스토리우스 교회와 가까운 관계를 맺었고 "보호자Keeper"가 되었는데, 이 지위에 대한 추가적인 세부 내용은 자료에서 확인할 수 없다. 아마 시리아어 번역자가 다소 과장된 방식으로, 그를 정신적 삶과 종교적 사명감에 전적으로 흔들림 없이 헌신하는 인물로 묘사했던 것으로 보인다. 그는 사우마가 "완전한 순결과 겸손한 삶을 선도했다"라고 진술한다.[48] 바르 사우마는 하느님을 섬기는 일에 집중하기 위해 현세로부터 분리되기를 원했다. 20살 되던 해에 그는 고기와 술을 끊었는데, 이 행동은 그의 부모를 아주 고통스럽게 만들었다. 왜냐하면 그들은 이제 속세를 버리고 수도사가 되겠다는 사우마의 희망을 알게 되었기 때문이다.

세속의 성직자를 구성하는 사제와 부제副祭에게는 결혼이 권장되었지만(의무는 아니었다), 총대주교와 대주교, 주교 같은 네스토리우스교 수도사들은 독신이어야 했다. 사우마를 위해 결혼을 주선하고자 했던 그의 부모는 아들의 결정을 염려했고, 속세를 떠나겠다는 결심을 미루어달라고 간청했다. 그들의 주장이 가족의 혈통을 이어나가는 데 집중된 사실은 그들이 중국 문명의 영향을 받았음을 반영한다.[49] 부모는 미래 세대의 운명이 주요한 관심사라는 것을 강력히 이야기했다. 누가 그들의 재산과 부를 물려받을 것인가? 그들은 애처롭게 물었다. "우리 자손과 이름이 지워지는 것이 어떻게 너에게 기쁨이 되겠느냐?"[50] 중국 문화에 동화되어 후손을 바랐던 가족들은 이러한 주장이 설득력이 있다는 사실을 알고 있었고, 바르 사우마는 잠시 동안 수도사가 되겠다는 계획을 미루는 것으로 응답했다. 그가 미룬 시간은 3년이었다.

3년간 그는 부모가 그 몇 해 전 선택한 스승과 함께 계속 공부했고, 종교적 사명을 위한 준비를 했다. 그의 고집과 확고한 결심에 설득당한 그의 부모는 그에게 간섭하지 않기로 했다. 그의 부모는 마지못해 중매 결혼을 취소했다. 사실 그가 20살이 되기 전에 이미 네스토리우스교 의식에 따라 결혼식이 일부 거행되었다. 사우마와 그의 아내는 사제가 참석한 자리에서 십자가를 앞에 두고 혼인하겠다는 의사를 밝혔다. 그러나 실질적인 마지막 결혼 예식은 거행되지 않아 혼인이 완료되지 못했는데, 사우마의 이야기에는 그가 순결을 유지했다고 분명하게 기록되어 있다.[51] 혼인 무효 선언이 있었는지에 대해서는 언급이 없지만, 일반적으로 이 절차는 공식적이고, 공개적으로 진행되어야 했다. 그래야 '버림받은' 배우자가 재혼할 수 있었기 때문이다. 네스토리우스교는 세속에서의 삶을 포기한 사람들에 대해 혼인 무효 선언을 허락했다.

사우마의 부모가 자식의 확고한 목표에 대한 반대 의사를 거두어들인 직후에 그는 자신이 소유한 속세의 모든 재산을 빈민에게 나누어주었다. 열정적인 노력과 부지런함 덕분에 그는 이미 비공식적으로는 네스토리우스교의 세속 성직자의 일원으로 받아들여지고 있었다. 그는 고된 노력과 성경에 관한 꼼꼼한 연구를 통해 종교 지도자에게 자신이 정규 성직자의 일원이 될 준비가 되었음을 설득했다.

나중에 몽골의 수도 대도의 대주교가 된 마르 기와르기스^{Mar Giwargis}는 1248년에 공식적으로 사우마를 네스토리우스교 성직자에 임명했다. 25살이 된 사우마는 수도원의 계율을 지킨다는 서약을 했으며, 종교적 사명을 수행하겠다는 자신의 소망을 달성했다.

같은 해에 동쪽의 몽골 영토에서는 중요한 변화가 일어나고 있었다. 이는 몽골족이 일관되고 질서 있는 계승 체계를 마련하지 못했다는 사실에서 비롯되었다. 대칸이 사망하면 새로운 지도자를 선출하기 위해 몽골귀족협의회(쿠릴타이라고 알려져 있다)가 열리지만, 선택할 만한 잠재적인 후보자들이 너무나도 많았다. 그들은 죽은 칸의 동생을 선택할 수도 있고, 칸의 막내아들을 선발할 수도 있으며(말자상속末子相續이라고 알려진 제도), 가장 공적이 크다고 여겨지는 황실 가문 사람을 뽑을 수도 있었다. 이렇게 느슨한 제도는 반복적인 갈등을 초래했다. 칭기즈 칸이 사망한 이후, 1229년 그의 아들 우구데이는 대칸의 지위를 승계했지만, 칭기즈 칸의 다른 후손들은 그의 선출을 승인하지 않았다. 우구데이의 동생 톨루이^{Tolui}와 그의 가족, 특히 그의 부인은 결코 우구데이의 계승을 완전히 수긍하지 않았고 우구데이 가문에 도전할 시간을 기다렸다. 우구데이가 1241년에 사망하자 그의 자리는 결국 아들인 구육이 계승했는데, 대부분의 기록에는 구육이 무자비하고 성미 급한 젊은이였다고 되어 있다. 그러나 구육은 단 2년간 제위에 있었고, 1248년에 그가 사망한 이후에 왕좌를 향한 경쟁과 몽골 역사의 흐름을 바꿀 잔인한 숙청이 촉발되었다. 이는 바르 사우마에게도 영향을 끼쳤다.[52]

톨루이 가문은 톨루이의 장남 뭉케Möngke의 지도하에 뭉케의 어머니인 소르각타니 베키Sorghaghtani Beki의 열렬하면서도 영리한 지원을 받아 우구데이 가문과의 3년에 걸친 권력다툼 끝에 승리를 거두었다.[53] 이후 유혈 충돌이 잇달아 일어났다. 대칸국을 놓고 벌어진 이 갈등에서 최초로 폭력이 수반되었고, 이는 결국 칭기즈 가문 내 분열을 조장했다. 분쟁 과정에서 몽골 황실 가문의 많은 구성원이 붙잡혀 처형되었다. 사촌들은 서로 적대시했다. 왕좌를 놓고 경쟁했던 우구데이의 손자는 처형되었고, 이전 대칸 구육의 미망인 역시 처형되었다. 걸출한 정부대신 두 명(이들은 네스토리우스교도였다)과 군사령관 77명이 처형되었는데, 그들 중 몇 명에 대한 처형 방식은 입에 "죽을 때까지 돌을 채워 넣는 것이었다."[54]

결국 새로운 대칸 뭉케가 승리했다. 그러나 우구데이 가문의 사람들 일부는 살아남았다. 그중 몇몇은 중앙아시아로 도망가서 그곳을 지배하고 있던 차가다이 가문(칭기즈 칸의 또 다른 아들의 후손으로, 이들도 톨루이 가문과 맞서고 있었다)에 합류했다. 따라서 뭉케는 이전에 정복된 다양한 지역에 있는 몽골 총독들의 충성을 확보하려다 저항에 부딪혔다. 늘 다소 위태위태했던 몽골의 화합은 더 악화되고 말았다.

스스로 종교적인 삶을 살았던 바르 사우마는 몽골 세계를 뒤흔든 변화에 대해 거의 알지 못했지만, 이 변화는 그의 삶과 경력에 결과적으로 큰 영향을 끼치게 될 것이었다. 그는 수도사 공동체에 들어가자마자 작은 방을 짓고 스스로를 고립시켰다. 대부분의 수도사는 수도원에서 살지 않고 공동체에 함께 거주했는데, 일부 지역에서는

칭기즈 칸과 그의 네 아들들

프랑스 파리 국립도서관에 소장된 라시드 앗 딘의 14세기 세계사 저술인 『집사(集史)』 사본에서 발췌.

자급자족했고, 어떤 지역에서는 신도들이 제공하는 물자를 받기도 했다. 그럼에도 불구하고 그들은 함께 먹고 일하고 기도하고 공부했다. 그래서 은둔 생활을 자처한 사우마의 선택은 동료들과 구분되었다. 그가 스스로 선택한 고립은 격식을 벗어나 극도로 학구적이고 경건한 수도사라는 이미지가 형성되는 데 기여했다. 수도사 공동체의 일부 구성원은 환자와 고통받는 자를 돌보았기에 그렇게 하지 않은 사우마가 다른 수도사들과 완전히 동떨어진 생활을 한 것은 사실이었다. 이 시기 동안 그는 신앙과 예수에 대한 숭배에 헌신했다. 그의 종교적 삶에서 아주 중요했던 이 시기에 관한 기록은 그의 활동에 대해 상세히 알려주지는 않는다. 그는 어떻게 시간을 보냈을까? 기독교에 관한 책을 읽고 관련 지식을 쌓았을까? 네스토리우스교의 예배와 의식에 관한 책들을 공부한 것일까? 그는 시리아어와 튀르크어 문헌을 읽을 줄 알았고, 한문에도 능숙했기 때문에 분명 다양한 자료에 접근했을 것이다. 명상을 하거나 혹은 신과의 영적 교감을 추구했을까? 그는 어떻게 스스로를 부양했을까? 혹은 어떻게 다른 사람들로부터 지원을 얻었을까? 우리의 관심을 끄는 이 모든 질문에 대한 답은 여전히 존재하지 않음이 틀림없다.

그런데 사우마의 훗날 행적에서 우리는 몇 가지 추론을 할 수 있다. 은둔 생활을 한 지 7년이 지난 1255년, 그는 수도사들의 공동체에서 더 멀리 덜어진 곳에서 고립된 생활을 선택했다. 대도에 자신의 거처를 둔 채, 남서쪽으로 약 46km를 이동하여 방산房山의 십자사十字寺로 갔다. 산에 도착했을 즈음, 그의 신앙심과 기독교 신에 대한 열정이 널리 알려져 명성이 커지면서 많은 학생이 그의 훌륭한 모범에 매료되었다. 제자가 되고자 하는 많은 사람이 그의 은거지에 도착하여 가르침을 구했다. 그들은 사우마의 말, 가르침, 생활방식을 통해 자신이 성장하기를 원했다. 이렇게 열정적인 순례자들은 아마 사우마에게 먹을 것, 마실 것, 생활에 필요한 여러 물품을 제공했을 것이다. 비록 사우마는 자신에게 오라고 권하지도, 혹은 도와달라고 하지도 않았지만 말이다. 그는 사람들의 방해를 너그럽게 용인했지만, 여전히 자신의 목표와 실천에 전념했다. 외부의 자극이 없었다면, 사우마는 틀림없이 나머지 생애 동안 이런 삶을 계속 이어갔을 것이며, 현자賢者이자 독실한 기독교도로 지역에서 명성을 가진 종교적 수행자로 남았을 것이다.

그러나 1260년에 활기찬 한 청년(그 역시 웅구드 튀르크족 출신이었다)이 사우마와 공부하기 위해 도착하면서 사우마의 이야기는 다른 국면을 맞이했다. 1245년에 태어난 마르코스Markos는 유능하고 독실한 네스토리우스교도였고, 종종 북쪽의 수도로 묘사되는 웅구드족의 중심지 중 한 지역의 출신이었다. 그가 태어난 곳은 지금은 이순 수메인 토르Yisun Sümeyin Tor('아홉 개 사원의 옛터'라는 의미)로 알려져 있는데, 랍반 사우마의 기록에서는 코셩Kosheng, 마르코 폴로는 텐둑Tenduc, 한문 기록에는 천덕天德이라고 칭했다. 이곳은 현재 네이멍구자치구 도시 귀화歸化(현재 네이멍구자치구의 중심지 후허하오터의 옛 명칭─옮긴이)에서 북서쪽으로 약 160km 떨어져 있다. 1930년대에 발견된 이 유적은 한때 아름다운 정원으로 둘러싸여 있고, 나무로 만든

집과 왕궁이 갖추어진 성곽 도시였음을 보여준다.[55] 고고학자들은 중국식 기와 파편들을 찾아냈는데, 이는 몽골제국 시대에 중국과의 교역이 활발했음을 입증한다. 수많은 십자가와 비석은 마르코스가 자랐던 지역이 강한 종교적 환경을 지녔다는 것을 잘 드러내고 있다.

부주교의 네 아들 중 막내였던 마르코스는 형제 중에서 가장 열정적이고 조숙했으며 학구적이었다. 특히 종교적 가르침에 열중했다. 그는 자신이 살던 지역에서는 이미 모든 스승을 분명히 뛰어넘었고, 다른 곳을 살펴보기로 결심했다. 북중국에 있는 많은 웅구드 네스토리우스교 공동체에는 바르 사우마의 명성이 퍼져 있었는데, 소년 마르코스도 그에 관해 듣게 되었다. 그는 방산에 거주하던 매우 존경받는 네스토리우스교도(사우마)를 만나 그 근처에서 거주하겠다는 결정을 내렸다. 그런데 이 계획에는 2주간의 여행이 수반된다는 것을 알게 되었다. 집 바로 근처를 제외하고는 결코 혼자 여행해본 적이 없던 소년에게는 긴 시간이었다. 그의 친척과 가족들은 말할 것도 없고, 이웃들도 마르코스가 떠나는 것을 만류했다. 마르코스는 반대를 못 들은 척하거나 무시했고, 약 15세의 나이에 보름간 여행을 떠나 장차 20세기에 그의 '스승'으로 불리게 될 사람과 만나게 되었다.

마르코스의 도착은 바르 사우마를 놀라게 했다. 사우마는 소년의 끈기와 결단력에 깊은 인상을 받았다. 마르코스가 자신은 '선생님' 곁에 남아서 수도사가 되고 싶다는 희망을 밝히자, 바르 사우마는 그의 방문객이 너무 어려서 수도사 생활의 어려움과 궁핍함을 이해하지 못할 것이라고 말했다. 바르 사우마는 마르코스가 속한 지역 공동체 사람들처럼, 그가 있어야 할 곳은 집이라며 소년을 설득하려 했고, 심지어 성숙한 수도사들도 이런 삶을 힘들어한다고 지적했다. 그렇다면 어떻게 바르 사우마는 이 순진한 소년 기독교도가 계율을 지키고 궁핍한 삶을 살겠다는 것을 허락할 수 있었을까? 마르코스를 단념시키려는 여러 시도에도 불구하고, 어린 방문객은 완강히 버텼다. 그는 바르 사우마의 모든 설득을 일축하고, 연장자인 사우마와 함께 종교 공부와 명상을 했다. 사우마의 기록은 이 공부에 관해 상세한 내용을 서술하지는 않는다. 아마 두 사람은 마르코스가 수도서원修道誓願을 하기 위한 준비에 집중했을 것이다. 그는 사우마와 함께 살면서 똑같이 금식, 기도, 소박한 옷차림과 식사 등 금욕적인 생활을 했다. 3년 동안 마르코스는 네스토리우스교 성직자들에게 깊은 감명을 주었고, 그들은 마르코스를 수도사 공동체에 받아들였다. 바르 사우마와 다른 수도사들과 함께 그는 "순수함과 신성함"을 키우기 위해 노력했고, "그들은 자신들의 영혼을 헌신한 신에게서 위안을 받았다."[56]

　운명이 연결되고 경륜이 뗄 수 없게 얽히고 설키게 될 두 사람은 산속 은거지에서 10년 이상 함께 살았다. 그들은 분명 자신들의 종교적 소명을 다하는 것처럼 보였다. 그러나 기독교의 중심은 너무 멀리 떨어져 있었다. 적어도 마르코스는 기독교와 관련된 고대 유적들을 방문하고, 아시아의 다른 지역에서 온 같은 종교를 믿는 사람들과 어울리며 만나고 싶어 했다. 비교적 은둔의 삶을 더 즐겼던 사우마보다 마르코스는 더 활동적인 사람이었고, 모험적인 수행을 꿈꿨다. 1260년 이후 몽골, 무슬림, 기독교 세계를 둘러싸고 전개된 사건들은 그가 이런 희망을 달성하는 데 도움을 주었다. 실제로 마르코스와 바르 사우마의 아주 무모한 기대까지도 넘어서는 그런 모험이 시작되었다.

2

예루살렘을 향하여

몽골제국의 위기, 쿠빌라이의 선택

1260년은 몽골제국에게 영토 문제에 있어 결정적인 한 해였다. 몽골 제국의 칸국들 내부와 몽골 사령관들 사이에 중대한 불화가 생겼던 것이다. 앞에서 지적했듯이, 킵차크 칸국은 페르시아의 몽골 지배자 들에 맞서기 위해 맘루크와 동맹을 맺기 직전 상태였다.[1] 이렇게 강 력히 연합한 적에 직면하면서 일 칸들은 외부의 지원이 필요했다. 그 러나 몽골 세계의 전통적인 중심으로부터의 지원을 기대할 수는 없 었다. 1260년은 몽골제국의 동쪽 영역에서도 전환점이 된 해였기 때 문이다.

1259년 8월 대칸 뭉케는 남송을 정벌하던 도중에 사망했는데, 아마 이질痢疾에 걸렸던 것 같다. 이후 그의 두 동생 쿠빌라이와 아릭 부케가 대칸국을 놓고 경쟁했다. 1260년에 두 번의 쿠릴타이(몽골귀족협의회)가 열려 두 명의 대칸을 선출하는 바람에 결국 북중국에 세력을 둔 쿠빌라이와 몽골에 군대를 배치하고 있던 아릭 부케 사이에 내전이 발발했다. 북중국의 풍부한 자원을 확보할 수 있었던 쿠빌라이가 더 유리한 위치였던 것으로 보인다. 비록 몽골 칸 중에서 그의 중요한 동맹이었던 일 칸 훌레구는 아인 잘루트 전투에서 패배한 이후 다른 곳에 신경을 써야 해서 쿠빌라이를 지원할 수는 없었지만 말이다. 아릭 부케는 중앙아시아에 있는 차가다이 칸국의 지원에 의지했고, 이로 인해 양 진영은 비슷한 힘의 균형을 이루었다. 차가다이 칸국의 칸은 처음에는 아릭 부케의 부탁을 들어주었지만, 나중에는 결국 등을 돌리게 되었다. 외부의 지원을 받지 못하게 된 아릭 부케는 약해질 수밖에 없었고, 쿠빌라이는 1264년에 그를 무너뜨렸다. 쿠빌라이는 남은 30년의 재위 기간 동안 더는 강력한 경쟁자를 만나지 않았다.[2]

그럼에도 쿠빌라이의 지위는 여전히 다소 불안정했고, 이 사실은 그의 나머지 통치 기간은 물론이고 바르 사우마와 마르코스의 생애에도 영향을 끼쳤다. 남송은 쿠빌라이의 복종 명령을 받아들이는 것을 거부했다. 남송의 군대는 1279년에 최종적으로 무너지기 전까지 10년 이상 몽골 병력에 대항해 전투를 치렀다. 쿠빌라이는 또한 우구데이의 후손들의 저항에도 직면했는데, 이들은 1251년 대칸국에서 벌어진 갈등에서 쿠빌라이의 형인 뭉케에게 패배당한 이후 중앙아시아로 도망친 세력이었다.

쿠빌라이의 사촌 중 한 사람인 카이두Khaidu(쿠빌라이와 30여 년 동

중국 원나라 화가 유관도(劉貫道)가 그린 〈원세조출렵도(元世祖出獵圖)〉의 부분
비단 위에 채색물감으로 칠한 족자 형태로, 1280년이라고 날짜가 표시되어 있다. 타이완 타이베이
국립고궁박물원 소장.

안 대립하며 경쟁했던 인물―옮긴이)는 우구데이의 손자였다. 그는 대칸
국의 혈통이 그의 할아버지로부터 쿠빌라이의 아버지인 톨루이로
넘어간 것에 분노했을 뿐 아니라 중국에 있는 쿠빌라이의 영토에서
비몽골인, 비유목민 집단들의 영향력이 성장하는 것을 두려워했다.
1269년 카이두는 강력한 군대를 조직하여 그 지역에서 자신의 패권
을 인정받기 위해 이제는 꼭두각시가 되어버린 차가다이 칸국의 칸
을 설득하는 데 성공했다. 이로써 카이두와 쿠빌라이는 국경분쟁에
휘말렸으며, 이후 침략과 전쟁이 반복되었다.

　게다가 중국의 북동쪽 변경에서는 고려의 반체제 인사들이 쿠빌
라이의 지원을 받는 고려 군주에게 도전장을 던졌다(당시 고려의 무신

정권 집권자 임연이 고려 원종을 폐위했던 사건을 일컫는다. ─옮긴이). 쿠빌라이는 결국 그가 지지하는 고려 왕좌 후보자의 성공을 책임지기 위해 군대를 보내야 했다. 한편으로 쿠빌라이는 일본과 그의 적인 남중국 사이의 교역을 막기 위해서 해가 떠오르는 땅(일본을 가리킨다. ─옮긴이)에 사절단을 파견해 일본의 지도자들이 몽골의 우위를 받아들일 것을 요구했다. 그러나 일본이 이를 거부하자 1274년 몽골은 실패로 끝나게 될 일본 원정을 단행했다.

대외관계에 대한 쿠빌라이의 관심은 중국에 정부를 창설하려는 그의 노력과는 상반되는 것이었고, 실제로 그로 인해 대외관계에 지장을 초래했다. 그는 몽골족의 칸이자 중국의 첫 몽골인 황제라는 두 지위를 모두 수용하고, 다수인 중국인을 소수의 몽골족이 쉽게 통치하기 위해 할 수 있는 일은 무엇이든 해야 했다. 칭기즈 칸과 그의 후계자인 대칸들, 특히 쿠빌라이의 형인 뭉케가 행정조직을 창설하기 시작했지만, 쿠빌라이에게는 다른 여러 일 중에서도 정부기구 창설, 관료 선발, 궁정 예식과 의식 창제, 몽골과 중국 군사력의 통합, 중국 경제의 활성화가 여전히 필요했다.

1256년에 그는 여름 수도를 개평開平에 건설했고, 이는 훗날 상도上都라는 이름으로 바뀌게 된다(상도는 결국 유럽인에게는 제너두Xana-du로 알려지게 된다). 몇 년 후, 그는 거대하고 신중하게 계획된 수도인 대도를 건설하는 일에 몰두했다.

바르 사우마와 마르코스가 위대한 모험을 향한 첫발을 내디딘 곳이 바로 이곳 대도였다. 사우마의 시선은 기독교 서구 세계를 향해

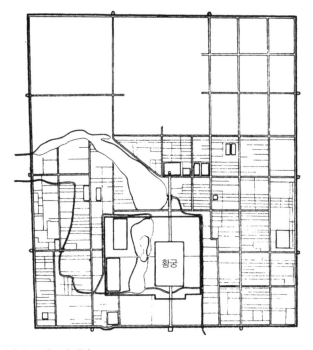

원제국 시대 수도 대도의 평면도

눈에 띄는 점은 도시로 들어올 수 있는 모든 관문 주변에 혁신적인 격자 모양의 구획이 배치된 것이다. 중심부에는 황궁이 있는데, 호수와 사원, 정부 관청으로 둘러싸여 있다. 『고고(考古)』 1권(1972)에서 발췌.

있었는데, 그 시기 훌레구를 계승한 일 칸들도 마찬가지였다. 이들은 킵차크 칸국의 동료 몽골족과 이집트의 무슬림 맘루크 왕조에 대항하기 위한 지원을 얻기 위해 쿠빌라이가 아니라 기독교 서구 세계를 주목해야만 하는 상황이었다.

사우마와 마르코스, 여행을 시작하다

결국 바르 사우마와 마르코스는 기독교 서구 세계와의 동맹에서 결
정적인 역할을 하게 될 것이었다. 그들이 여기에 연루된 것은 거룩한
순교자들의 무덤과 네스토리우스교회의 교부敎父들을 방문해 존경
을 표시하고자 하는 아주 순수한 열망에서 그러기 위해서는 중동으
로 여행을 가야만 한다는 계획을 세운 데에서 비롯되었다. 특히 마르
코스는 면죄부를 받기 위해서였는데, 그의 말에 따르면 자신의 죄를
'완벽히 용서'받기 위해서 성지 예루살렘에 가기를 간절히 바랐다.
네스토리우스교 성직자 중에는 로마행을 계획하거나 로마로 여행을
떠나고 싶다는 희망을 피력한 사람이 없었다. 그들은 속세에서 떨어
져 은둔한 채 서구 기독교 세계의 중심에 대해 알지 못했던 것으로
보인다. 오히려 교황의 사절단을 접견한 몽골 궁정이 로마에 대해 훨

씬 잘 알고 있었고, 바티칸에 근거를 둔 종교적 계급제도에 대해서도 익숙했다.

서방으로의 여행을 처음에 계획했던 인물은 마르코스였다. 바르 사우마는 처음에는 이에 반대했다. 여행의 어려움과 그렇게 긴 여정에 수반되는 노고와 중앙아시아를 통과하여 중동으로 가는 여행자들이 맞닥뜨리게 될 위험(황량한 지역, 도적들, 눈사태나 눈폭풍, 갑작스러운 홍수 같은 불시의 재해)을 강조하면서 마르코스를 겁주려고 했다.[3] 그런데 마르코스는 단념하지 않았다. 그는 성지에서 영적 충만감을 얻을 것이며, 영적으로 중요한 무언가가 여행 도중과 목적지에서 자신을 기다리고 있다고 확신했다. 그의 신념은 미지의 세계에 대한 두려움과 직면하게 될 장애물에 대한 걱정을 압도했다. 그는 그러한 여행의 종교적 가치에 대해 바르 사우마를 계속 설득하고자 노력했다. 마르코 폴로가 중국에 도착한 해로 잘 알려진 1275년경의 어느 시점에 마르코스의 꾸준한 설득으로 결국 동료 수도사의 마음이 바뀌게 되었다. 바르 사우마는 자신보다 어린 친구와 함께 떠나기로 결심했고, 어떠한 고난과 어려움에 직면하더라도 항상 함께 여행하겠다고 맹세했다. 이후 그들은 이 맹세를 계속 지킬 수 없는 상황을 맞이하게 된다.

두 명의 네스토리우스교 수도사는 출발하기 전에 할 일이 많았다. 우선, 그들은 남은 소유물을 자신들처럼 가난한 빈민들에게 기부했다. 그리고 산속의 집을 떠나 대도로 가서 호위병을 모집하고 식량을 구했다. 그들은 가난한 삶을 살겠다고 서약했기 때문에, 지역 네스토리우스교 공동체와 몽골 궁정으로부터 자금을 지원받을 수밖에 없었다. 여기에서 그들의 계획은 장애에 부딪히게 되었는데, 대도에 있는 네스토리우스교도들은 수도사들의 이 모험에 낙관적이지 않았기 때문이다. 그들은 여행의 어려움과 위험에 대해 두 성직자에게 경고했고, 심지어 그들이 목적지에 절대 도착하지 못할 것이라고 예언하기까지 했다. 게다가 성경의 "천국은 네 안에 있다"[4]라는 구절을 들어 두 수도사가 굳이 다른 곳으로 갈 이유가 없다고 주장했다. 바르 사우마와 마르코스는 이러한 반대를 물리치면서 이미 고난에는 익숙해져 있다고 힘주어 말했다. 이 둘은 위험에 직면하더라도 굴복하지 않을 것이었다. 아주 상투적으로 말하면, 두 사람은 속세에서 벗어난 뒤로는 이미 자신들은 죽은 것이라고 여겼다. 둘은 기독교 교회의 성지를 방문하는 꿈을 실현하기 위해 가는 도중에 육체적인 죽임을 당하더라도 두렵지 않았다. 두 사람은 동료 네스토리우스교도들에게 자신들을 위해 기도해달라고 부탁을 했으며, 그리고 마침내 공동체의 승낙을 얻어냈다.

그러나 그들은 여전히 재정적 지원이 필요했다. 이렇게 긴 여행에는 돈이 많이 들어갔다. 바르 사우마와 마르코스는 지원 중에서도 호위병, 짐꾼, 낙타와 말을 부리는 사람들을 확보해야 했다. 14세기 유럽의 교역 안내서에는 서방에서 중국으로 가는 길이 묘사되어 있는데, 여기에서 대상隊商은 대략 60명의 사람으로 구성된다고 언급돼 있다.[5] 두 성직자는 교역을 위한 엄청난 양의 물품을 운송하는 것이 아니었기에 그렇게 많은 사람이 필요하지는 않았다. 오히려 자신들이 대상에 합류하는 게 비용을 절감하는 방법이었다. 그러나 그들은 다양한 지역을 둘러보며 도중에 네스토리우스교 공동체에서 머물고 싶었기에 신속하게 움직여야 하는 대상들과는 맞지 않았다. 게다가 그들은 중앙아시아의 사막, 산맥, 다른 황량한 지역을 가로지르며 그들을 호위할 수 있는 지혜와 경험을 가진 사람들과 함께 가야 했다. 심지어 오랫동안 한 곳에 머무르지 않더라도, 대도에서 페르시아까지는 6개월 이상 걸릴 것이었기에, 여행을 함께하는 모든 사람을 위해 먹을 것, 마실 것, 다른 필수품을 조달할 자금이 반드시 필요했다. 보호 비용(여행자의 안전을 보장하기 위해 도중에 위치한 일부 부족과 국가가 요구하는 비정기적 세금) 또한 경비로 추가될 것이었다.[6] 뜻하지 않은 장애 혹은 지체에 직면할 가능성에 대비하여 예비 자금도 확보해두어야 했다.

네스토리우스교 공동체가 분명 비용의 주요 몫을 부담했지만, 몽골 궁정도 이들의 여행에 들어가는 자금을 기부했다. 그리고 신속하고 안전하게 통행할 수 있도록 도움을 주었다. 그런데 이상하게도 두 수도사의 여행에 관한 사우마의 기록에는 재정과 관련된 내용이 언급되어 있지 않았는데, 쿠빌라이 칸과 몽골 정부에 대한 언급 또한 없었다.

쿠빌라이가 자신을 대신해 기독교 성지를 방문할 사절의 임무를 사우마와 마르코스에게 맡겼다는 내용은 대략 동시대에 저술된 두 건의 중동 자료에서 확인된다. 바르 헤브라에우스Bar Hebraeus (1226~1286)라는 유대인 의사가 집필한 세계사 책에는 쿠빌라이가

쿠빌라이의 초상화
작가 미상. 1260년경. 타이완 타이베이 국립고궁박물원 소장.

예루살렘 참배를 위해 두 명의 위구르(사실은 옹구드이지만, 사료 원문에는 위구르라고 기록되어 있다.—옮긴이) 수도사를 보냈다고 기술되어 있다.[7] 아랍어로 된 14세기 네스토리우스교 연대기에는 쿠빌라이가 수도사들에게 자신이 준 옷을 가지고 가서 요르단강(요단강)에서 그 옷에 세례를 받고 예수의 무덤에 올려놓으라는 명령을 내렸다고 명확히 기록되어 있다.[8] 만약 쿠빌라이가 진실로 마르코스와 사우마가 이런 임무를 수행하기를 기대했다면, 그는 이 여행의 경비를 일부 지원했을 것이다. 경제적인 성과를 내지 않은 사절에 들어가는 비용은 개개 백성, 심지어는 가장 독실한 네스토리우스교도에게도 부담이 되겠지만, 궁정은 이러한 사절이 외교적 혹은 종교적 이유로 파견되는 것이라고 정당화할 수 있었다.

이러한 기록에 신빙성을 더해주는 것은 쿠빌라이의 웅대한 전략으로, 그는 자신의 영토에 있는 모든 주도적인 종교를 인정하고 보호하는 통치자라고 스스로를 대변하고자 했다. 쿠빌라이는 동생과의 권력다툼에서 성공을 거둔 이후, 정당성을 강화하기 위해 종교인의 지지를 갈망했다. 게다가 그들의 호의를 얻으면 쿠빌라이의 인망은 올라가고 최종적으로는 그의 정부를 위해 일할 성직자를 선발할 기회를 얻을 수 있었다. 몽골족은 제국 통치(호구조사 시행, 세금제도 제정 등)의 경험이 부족했기에 쿠빌라이는 자신의 통치를 도울 지식인과 숙련된 외국인 인력을 찾아야 했다. 글을 읽고 쓸 줄 알고 교육받은 사람이 대부분 성직자인 까닭에 그는 종종 고위 성직자들을 관료로 영입하려고 시도했다. 쿠빌라이에게는 또 다른 개인적인 이유도 있었는데, 자신의 어머니가 네스토리우스교도였기에 그들에게 호의를 보이고자 했던 것이다.

바르 헤브라에우스와 네스토리우스교 연대기의 서술을 지지하는 또 다른 설득력 있는 주장은, 잘 알려져 있듯이, 쿠빌라이가 비슷한 임무를 마르코 폴로의 아버지와 작은아버지에게 맡겼다는 점이다. 그 임무는 이들이 처음으로 몽골 궁정을 방문한 이후, 1269년에 서방으로 귀환할 때 부여되었다. 우선 쿠빌라이는 예루살렘에 있는 예수의 무덤 위에서 빛을 내는 램프의 기름을 가지고 돌아올 것을 요구했다. 그리고 100명의 박식한 기독교도들과 같이 돌아올 것

쿠빌라이 칸이 폴로 형제를 맞이하고 있는 모습
마르코 폴로 사본(Reg. 19 D I)의 채색 부분에서 발췌. 프랑스 파리 국립도서관 소장.

을 주문했다. 표면적으로는 중국인과 몽골족을 기독교로 개종하는 일을 도와달라는 것이었지만, 아마도 속사정은 원제국을 통치하는 데 도움을 줄 지식인들을 얻고자 함이었을 것이다.[9] 1275년 폴로 가족은 젊은 마르코와 신성한 기름을 가지고 돌아왔지만, 쿠빌라이에게 봉사하기 위해 긴 여정을 수행할 100명의 기독교도를 설득할 수는 없었다고 보고했다. 비록 대칸은 실망했지만, 스스로 기독교도의 친구이자 후원자로 보이고자 했던 자신의 목표는 이룬 셈이었다.

한때 일부 학자에 의해 다소 근거가 약한 해석이 주장된 바가 있었는데, 이에 따르면 쿠빌라이는 바르 사우마와 마르코스에게서 얻은 정보를 예루살렘 함락을 위해 계획된 군사 원정에 활용하고자 했다.[10] 그러나 아시아의 몽골 칸국 사이에 생긴 불화를 생각한다면, 쿠빌라이는 예루살렘으로 가기 위해 수많은 적이 거주하고 있는 땅을 통과해서 그의 군대를 진군시킬 수 있다고 확신하지는 못했을 것이다(이러한 원정에 들어가는 물자 보급과 운송 문제는 언급되지도 않는다). 페르시아 혹은 중국의 공식 자료에서도 예루살렘 원정 계획을 보여주는 증거는 존재하지 않는다.

어쨌든, 대도의 몽골 궁정은 그들이 안전하게 여행하고 쿠빌라이에게 우호적이거나 혹은 쿠빌라이가 지배하는 지역의 다른 칸국들에서 환대받을 수 있도록 두 수도사에게 허가증 혹은 서신이나 패자牌子(역참 이용 허가증)를 분명 수여했을 것이다.[11] 이러한 서신 혹은 허가증을 주었다는 것은 그들의 임무를 궁정과 쿠빌라이가 지원하고 있음을 의미했다. 사우마와 마르코스에게는 이러한 보증이 필요했다. 실제로 그들은 얻을 수만 있다면 모든 가능한 편의가 필요했을 것이다.

네스토리우스교 공동체의 축복과 쿠빌라이의 지원 아래 바르사우마와 마르코스는 여행을 시작할 수 있었다. 사우마의 기록에는 그들이 출발한 정확한 날짜가 언급되어 있지 않지만, 두 수도사는 1278년 이후에 출발하지는 않았을 것 같다. 그 이유는 그들이 1279년 말에 페르시아에 도착했고, 사우마의 서술은 도중에 한 도시에서 6개월을 보냈다고 기록하고 있기 때문이다. 1275년에 신성한 기름을 가지고 폴로 형제들이 귀환한 이후, 그들이 출발했던 게 분명하다. 이 시점에서 칸은 그들이 폴로 형제들처럼 예루살렘에 도착할 것이라고 보았고, 그래서 임무를 맡긴 것에 자신감을 가졌을 것이다. 수도사들이 6개월 동안 한 도시에 머물렀고 다른 지역에서도 그렇게 체재했을 가능성이 높기 때문에, 출발 시점은 아마 1278년보다는 1275년에 더 가까울 것이다.

사우마와 마르코스는 자신들의 임무와 관련해 궁정의 허락을 받자마자 여행을 준비하기 시작했다. 낙타몰이꾼, 통역관, 짐꾼, 요리사, 호위병을 고용했고 여행의 첫 구간에 필요한 짐 싣는 동물, 음식, 기타 물자들을 구입했다. 그들이 여행에 얼마나 많은 사람을 데리고 갔는지를 정확히 알기는 어렵다. 시점에 따라 그 수는 12명에서 30~40명으로 달라질 것이다. 두 수도사가 주요 목적지에 도착해서 몇 주 혹은 몇 달을 머무를 때에는 새로운 호위대를 다시 고용할 필요가 있었다. 단순히 그들을 기다리기만 하는 사람들에게 급료를 지급할 여유는 없었기 때문이다. 게다가 호위대들은 여행의 특정 구간만을 잘 알고 있었고, 유라시아 전역의 길에 능숙했던 것은 아니기 때문에 어떠한 경우에라도 주기적으로 호위대를 바꿀 수밖에 없었다.

건장한 사람이 대상의 생존과 여행의 성공에 중요한 것처럼, 튼튼한 낙타도 그에 못지않게 중요했다. 낙타는 다른 이용 가능한 짐승들보다 더욱 무거운 짐을 운반할 수 있었다. 일반 낙타는 180~225kg을 나를 수 있었고, 장거리 여행에 낙타만큼 많이 사용되는 노새의 경우에는 대략 90~112kg을 옮길 수 있었다. 낙타는 말이나 노새보다 물이나 풀이 덜 필요했고, 이 때문에 사막 여행에는 낙타가 더욱 적합한 동물이었다. 낙타의 발굽은 모래 속으로 잠기지 않았고, 잘 알려져 있듯이 모래폭풍을 미리 알아채고 모래로 뒤덮인 지역에서 지하 샘물을 발견하기도 했는데, 이는 사막에서는 정말 귀중한 능력이었다. 대상들은 낙타의 배설물을 연료로 이용했고, 도적의 공격을 받았을 경우에는 낙타를 즉시 기마처럼 올라타고 부렸다. 그러나 낙타를 조달하고 키우고 먹이는 데에는 전문적인 기술이 필요했다. 낙타는 임신 기간이 길고, 또 대부분의 낙타는 불임이었다. 어린 낙타의 사망률이 높았기 때문에 낙타 양육에는 돈과 시간이 많이 들었다. 물론 이러한 모든 이유로 인해 동물 구매 가격이 치솟았다. 짐승을 다루는 일 또한 특별한 기술을 필요로 했고, 그래서 대상들은 경험이 많고 유능한(그리고 몸값이 비싼) 낙타몰이꾼을 보유해야 했다.

두 성직자는 한 오아시스에서 다른 곳으로 이동할 때 역참과 요새에서 숙박할 수 있었다.[12] 이전 중국 왕조들은 정부 문서를 손쉽게 전달하기 위한 목적으로 역참을 설치했고, 이것이 유지되는 상태에서 몽골-원 제국은 중앙아시아로 이 체계를 확대해 다른 곳에서도 몽골족과 합류할 수 있도록 역참의 수를 늘렸다. 비록 역참은 원래 공식적인 서신 전달을 위한 것이었지만, 여행하는 관료, 군인과 외국 사절을 접대하기도 했다. 그리고 궁정으로 공물을 운송하고, 외국 병력의 움직임을 궁정에 알리는 초소와 신호소 역할도 담당했다. 또한 상인과 다른 여행자들을 위한 여관의 기능도 수행했다. 많은 역참이 중국과 중앙아시아의 주요 교역로에 위치해서 교역을 촉진했다.

약 32km 정도 거리로 떨어져 있는 각각의 역참은 지역의 지세에 따라 일정 수의 말, 노새, 소가 끄는 수레, 낙타, 가마를 빌려주었다. 역참에 있는 안내인, 동물 사육사, 호위병과 고용인들은 인근에서 물자를 공급받았고, 일부의 경우에는 고용인들 스스로 경작하여 필요한 물자를 확보하기도 했다. 여행자들은 역참에서 식량, 물, 침대, 세면시설과 헛간에 있는 동물에게 줄 여물을 찾을 수 있었다. 또한 그들은 날씨, 지형, 위험 발생에 관한 귀중한 정보도 얻었다. 몽골제국의 영역에는 이러한 역참이 상당히 많았는데, 만주에만 무려 146개소가 있었다. 여관이나 다른 숙박소도 있었지만, 이에 대해서 알려진 것은 많지 않다.

이전의 중국 왕조들처럼, 이 시대의 몽골족은 변경을 따라 수비대를 배치했는데 이것 또한 교역을 원활하게 했다. 중국의 지배자들은 수비대의 원래 임무에 더하여 "서쪽으로 향하는 외교 사절들, 교역하는 대상들, 다른 여행자들이 사용하기 안전한 교통로를 제공"하는 역할까지 맡겼다.[13] 그들은 1~8km 간격으로 망루를 건설했고, 여기에 병력과 소수의 죄수를 배치했다. 수비대는 여행자들에게 위험을 경고하기 위해 연기와 깃발을 신호로 사용했다. 그리고 여행자들에게 식량, 물, 숙박소, 기타 필수품을 제공했으며 쉴 수 있는 다음 장소까지의 거리를 알려주기도 했다. 수비대나 망루에서 복무하는 것은 종종 불쾌한 일이었다. 병사들은 도적의 침입, 사막의 강렬한 열기, 망루 밖 위험 지역 순찰, 독이 있는 전갈과 뱀 등 힘든 상황에 직면했다. 고립과 외로움은 이러한 임무가 더욱 암담하게 느껴지도록 만들었다. 그래도 이러한 병사들 덕분에 바르 사우마와 마르코스 같은 여행자들이 더욱 안전하게 여행할 수 있었다.

역참과 수비대와 더불어 중국의 몽골족은 꽤 많은 길을 건설했다. 마르코 폴로는 다음과 같은 관찰 기록을 남겼다.

(쿠빌라이는) 카타이^{Catai}(중국) 지방과 인근 지방을 관통하는 모든 주요 도로를 정비하고, 사절들과 상인들을 비롯해 여러 사람이 지나다니는 길을 따라 두세 걸음 떨어진 길가에 양쪽으로 나무를 심었다. … 그래서 누구든지 도로를 볼 수 있었고, 상인들은 그늘에서 휴식을 취할 수 있었다.[14]

그러나 중앙아시아에서 '도로'라고 부르는 것은 잘못된 명칭이었다. 서쪽으로 가는 교역로 대부분을 지칭하는 좀 더 적합한 용어는 '흔적'일 것이다. 이러한 흔적을 통과하기란 어려웠고, 결코 따라가기 쉽지 않았다. 일부 지역에서는 기둥이나 탑이 확실히 행로를 표시하는 역할을 했지만, 대부분 지역에서는 여행자가 이러한 이정표를 발견할 수 없었다. 겨울의 폭설과 여름의 홍수는 때때로 교역로의 흔적을 가려버려서 여행자들이 길을 지나갈 수가 없었다.

바르 사우마와 마르코스는 준비를 마친 후에 대도를 떠났다. 그들이 처음으로 머무른 곳은 황허강의 큰 만곡 북동쪽에 있는, 마르코스의 고향 코성이었다. 두 수도사가 도착하자 지역 사람들은 기뻐했고, 마르코스의 가족은 아들이 완전히 집으로 돌아왔다고 생각했다.

공동체의 지도자들은 마르코스와 바르 사우마를 지역 교회로 데려가서 두 수도사가 이곳에 거주하면서 종교적 사무를 관장하고 교회의 사명을 이끌어주었으면 좋겠다는 기대를 솔직하게 드러냈다. 그래서 그들은 곧바로 예루살렘으로 떠나겠다는 바르 사우마와 마르코스의 의도를 알게 되자 너무나도 섭섭해했다.

덕망이 높은 수도사들의 도착 소식은 신속하게 퍼져나갔다. 그 지역에서 아주 영향력 있는 웅구드 기독교도 지도자 두 명이 도시에서 멀리 떨어지지 않은 초원에 거주하고 있었는데, 사절을 파견하여 바르 사우마와 마르코스를 초대해 함께 자신들의 진영으로 데리고 오게 했다. 이 네스토리우스교도 귀족들은 평범한 지도자가 아니었다. 사실 그중 한 명은 쿠빌라이 칸의 사위였다. 몽골족은 다른 민족과 연계를 맺는 수단으로 종종 혼인동맹을 활용했는데,[15] 일찍이 쿠빌라이는 자신의 막내딸 월렬月烈을 웅구드 지도자 중 한 사람인 아이 부카Ai Buqa와 혼인시켰다. 나머지 한 사람인 쿤 부카Kun Buqa는 1246년부터 1248년까지 대칸의 지위에 있었던 구육의 딸 엽리미실葉里迷失과 혼인했다.[16] 몽골 궁정과 웅구드 귀족들 사이에는 강한 유대감이 확실히 형성되어 있었으며, 두 수도사에 대한 귀족들의 태도는 그들의 사명에 대한 공식적인 견해를 반영했을 것으로 예상된다.[17]

아이 부카와 쿤 부카는 사우마와 마르코스를 환대했다. 아마 그들은 사우마와 마르코스를 조언자이자 관리자로 기용해 자신들의 위신을 높이는 데 이용하고자 했던 것 같다. 근처 코성의 일반 사람들처럼, 그들은 두 수도사가 곧바로 서방으로 향하겠다고 알렸을 때 실망감을 표시했다. 아이 부카와 쿤 부카는 그들에게 남으라고 설득하면서, 이 지역에 지식이 풍부한 서방 출신의 네스토리우스교 수도사와 신부가 절실하게 필요한데(네스토리우스교회의 진정한 중심지는 중동에 있었음을 알 수 있다), 상대적으로 수가 적은 수도사가 떠나는 것을 허락하고 이를 지원하는 것은 말이 안 되는 일이라고 강조했다. 이러한 압박에도 불구하고, 두 여행자는 자신들의 사명을 바꾸려고 하지 않았다. 웅구드 지도자들은 한동안 사우마와 마르코스가 여행을 계속하도록 허락하지 않겠다고 암시했지만, 이 귀중한 성직자들을 떠나보내는 데 대한 불안감보다 몽골 궁정의 허가가 더욱 중요했음은 틀림없다.[18]

수도사들의 여행이 불가피하다는 것을 받아들인 그들은 바르 사우마와 마르코스의 여행에 기꺼이 도움을 주려고 했다. 그들이 여행자들에게 금, 은, 옷, 양탄자, 말 등의 선물을 제안했을 때, 수도사들의 반응은 그들을 놀라게 했다. 이 사건에 관한 기록은 사우마의 원문을 번역한 번역자가 그를 성인聖人처럼 만들기 위해 과장한 내용도 들어 있을 것이다. 그의 기록에 따르면, 바르 사우마와 마르코스는 도중에 들르게 될 오아시스와 도시에 사는 네스토리우스교도들이 먹을 것과 숙소를 제공하리라고 예측하면서 귀족의 제안을 공손하게 거절했다. 그들은 자신들이 모든 소유물을 포기했고, 여분의 물건은 필요하지 않다고 설명했다. 그들의 자신감은 여행 도중에 생겨난 것이었는데, 그 이유는 그들이 들르는 거의 모든 장소에 있는 네스토리우스교 공동체로부터 큰 환영과 대접을 받았기 때문이다.

웅구드의 지도자들은 수도사들의 거절을 무시하고 자신들이 제공하는 선물을 받으라고 강요했다. 아이 부카와 쿤 부카는 두 여행자가 지나치게 고지식하다고 비난하지는 않았지만, 그들이 정말로 순수하다고 여겼던 것 같다. 웅구드 귀족들은 여정이 길고 비용이 많이 들어 두 수도사가 경비를 부담해야 할 거라며 끈질기게 지적했다. 그러면서 귀족들은 수도사들이 신세 진 것 같은 느낌을 덜 받게 하려고 자신들의 선물을 빌려주는 것으로 여겨달라고 강조했다. 만약 수도사들이 자금을 사용하지 않게 되면, 서방에 있는 네스토리우스교 수도원들에 기부할 수 있다고 말이다. 수도사들은 이 설득력 있는 주장을 받아들였다. 그들은 귀족들의 관대함에 감사를 표시했고, 다시 여정에 올랐다.

황허강을 따라 남서쪽으로 가면서 알라샨^{Alashan}산맥을 끼고 그들은 영하^{寧夏}의 도시에 도착했다. 영하는 1227년에 몽골족에게 정복된 탕구트족이 세운 서하^{西夏}제국의 옛 영역이었다. 이 여행 구간은 순조롭지 않았는데, 이곳이 고비사막의 바로 남쪽이었기 때문이다. 이곳에서 두 수도사는 다시 규모가 큰 네스토리우스교 공동체를 발견했고, 그들은 두 수도사를 따뜻하게 맞이했다. 마르코 폴로에 따르면, 이 도시의 거주자 대부분은 불교도였지만 무슬림과 네스토리우스교도들도 살았다.[19] 수도사들의 야망에 찬 순례 계획을 알게 되자, 이 지역의 많은 네스토리우스교도가 그들을 만나기 위해 몰려들었다. 거절에도 불구하고 셀 수 없을 정도로 많은 물품이 쏟아져 들어왔다. 농민과 유목민 모두 그들의 여행이 잘되기를 바라면서 수도사들에게 가져온 것이다. 영하의 네스토리우스교도들은 바르 사우마와 마르코스가 여행을 계속하는 것을 말리지 않은 최초의 기독교도들이었다.

이제 두 수도사는 오늘날 중국의 신장^{新疆} 남부를 통과해 지나가면서 여행의 또 다른 위험스러운 구간을 맞이하게 되었다. 그들은 실크로드 서역남로(잘 알려져 있듯이 공포의 타클라마칸사막의 남쪽으로 구불구불 나아가는 이 길을 대상들이 지나다녔기에 붙게 된 이름이다)를 따라 여행했다. 그러면서 실크로드의 가장 위험한 구간은 피했지만, 일부는 사막과 근접했기 때문에 여전히 횡단이 쉽지 않은 그 일대에서 대상들의 흔적을 따라가게 되었다. 타림분지에 접어들면서 수도사 일행은 먼저 곤륜산맥(산맥의 남쪽은 인도에 걸쳐 있다)의 북쪽 측면을 지나가게 되었다. 이 길을 따라 대상들은 주로 미란^{Miran}에 머물렀는데, 역사 유적이 많이 있는 곳이었다. 그리스-인도식 디자인으로 장식된 2세기의 불당^{佛堂}과 당제국 시기 티베트 요새가 아직도 남아 있는데, 이는 도시의 이국적인 성격과 이방인에 대한 호의를 확실히 보여주고 있다. 미란에서부터 여행자들은 남쪽으로 향했고, 다음 주요 중간 기착지인 호탄^{Khotan}까지 800km 구간을 이동하기 위해 체르첸강^{Cherchen River}을 따라갔다.

수도사들이 영하에서 출발하여 호탄에 도착하기까지 2개월의 시간이 지났다. 랍반 사우마의 기록은 자신들이 이 여행 구간에서 엄청난 고난을 견뎠고, "고되고 사람을 지치게 하는" 일정이었음을 암시한다.[20] 타클라마칸사막과 인접한 곳을 지나는 여행, 혹은 타클라마칸사막에서의 여행은 극도로 위험했다. 여행자들은 때때로 높이가 18~21m에 달하는 모래언덕을 걸어서 건너야 했다. 엄청난 모래폭풍에 관한 생생한 서술은 이 지역을 통과했던 수많은 사람의 기록에 등장한다. 바르 사우마와 마르코스도 이러한 갑작스러운 사태에 직면했을 가능성이 크다. 마르코 폴로 역시 타클라마칸을 여행할 때 따르는 또 다른 위험을 이렇게 전했다. "(만약 여행자가) 일행으로부터 뒤처지거나 혹은 잠에 빠지는 경우, 그가 동료들을 다시 찾으려고 할 때 어디선가 영혼들의 목소리가 들려온다. 그는 그것이 그의 동료들이라고 착각하게 된다. 때때로 영혼들은 여행자의 이름을 부를 것이다. 그래서 여행자들은 종종 길을 잃게 되고 영영 일행을 찾지 못한다."[21] 이러한 환각 증상은 특히 강렬한 사막의 열기 속에서는 드문 일이 아니었다. 게다가 수도사 일행은 물품 공급 문제에 직면했다. 마실 수 있는 물을 찾을 수 있는 곳이 도중에 여덟 군데뿐이었던 것이다. 물이 부족한 곳은 농사를 짓기도 어렵기 때문에 그 길을 따라가면 먹을 것이 드물 수밖에 없었다.

이러한 상황에서 살아남은 두 네스토리우스교도는 중앙아시아에서 가장 유명한 오아시스 도시 중 하나인 호탄에 도착해 안도감을 느꼈다. 호탄 지역은 흰색과 검은색 옥이 풍부해서 중국인들이 중시하는 곳이었다. 호탄 사람들은 일찍이 한漢제국 시기(B.C. 206~A.D. 220)부터 중국인들과 교역을 했다.[22] 호탄은 옥과 함께 중국과 인도와 가까운 지리적 위치 덕분에 교역의 중심지로 명성을 얻어 저 멀리 중동에까지 알려졌다. 게다가 남쪽 교역로를 따라 위치해 있어 인도와 접촉할 수 있었기에 이 도시는 불교의 확산에서 중요한 통로가 되었다. 불교도 순례자였던 법현法顯은 인도로 가던 도중 400년경에 호탄을 방문해 한 사원에 3,000명의 불교 승려가 있는 것을 발견했으며, 수많은 불교사원 또한 목격했다.23 6세기의 중국 정사正史에 따르면, 호탄에는 "엄청난 수의 사원, 불탑, 승려, 비구니들"이 있었다.24 크게 영토를 확장한 당제국은 이곳에 수비대를 유지했는데, 이는 당제국이 이 도시에 부여했던 가치를 잘 보여준다.

호탄은 근처 곤륜산맥에서 발원한 강에 의지했다. 호탄 사람들은 이 강(호탄다리야강)을 이용하여 정교한 관개체계를 만들었고, 밀, 기장, 귀리를 경작하고 과일나무를 길렀다. 비록 호탄의 명성은 수공업자와 상인들에게서 유래했지만, 유목민이 아닌 농부들이 이 지역에서 우세를 점했다. 유라시아의 상인들은 양탄자, 유리, 비단을 높이 쳐주었기에 교역자들은 유럽, 중동, 중국에서 교환할 상품을 가져와 이를 동쪽 혹은 서쪽으로 실어 날랐다.25

상인들의 종교적, 민족적 다양성은 호탄에 특별한 정취를 선사했다. 비록 불교가 천년을 장악하고 있었지만, 13세기의 마르코 폴로는 "그 지역 사람들은 모두 무함마드를 숭배한다"라고 기록했다.26 그러나 바르 사우마와 마르코스가 방문했을 때 호탄은 페르시아인, 위구르계 튀르크인, 한인漢人, 몽골족을 포함한 다양한 민족집단이 뒤섞여 있는 곳이었고, 이들 모두는 다른 언어를 사용하고 서로 다른 종교적 믿음을 대변하고 있었다. 이러한 측면에서 보면, 호탄은 중앙아시아와 페르시아를 지나갔던 바르 사우마, 마르코 폴로, 루브룩 같은 여행자들이 들렀던 거의 모든 도시의 특성을 가지고 있었다. 호탄을 방문한 이방인들은 자신의 선택에 따라 지역 공동체 안에서 비슷한 언어적 혹은 종교적 배경을 가진 거주자들을 만날 수 있었고, 이는 지방 사람들과의 관계 형성을 촉진했다. 물론 바르 사우마와 마르코스는 호탄에서 네스토리우스교도들을 찾았고, 이곳에 머무른 6개월 동안 그들과 함께 지냈다. 바르 사우마의 기록은 이 체류에 대해 거의 설명하지 않지만,[27] 두 사람은 거의 모든 방문지에서 수도원 혹은 기독교 공동체에 머물렀기 때문에 호탄에서도 틀림없이 그러했을 것이다.

네스토리우스교 수도사의 기록이 호탄에서 머무른 시간의 일을 짧게 고백하는 이유를 생각해보는 것은 흥미로운 일이다. 중국에서부터 페르시아까지 이동한 사우마의 여행에 관한 기록은 대체로 개략적이고, 그가 본 것은 물론이고 그들의 활동에 대한 기본적인 정보조차도 생략되어 있다. 속세의 일보다는 종교적인 일에 분명히 흥미를 가진 사우마의 번역자는 그가 이 구간을 여행하면서 쓴 기록(그가 지나갔던 도시들과 그 주변의 장대한 풍경과 거대한 건물들, 수도사들이 한 일에 대해 일부 적어놓은 것들)의 대부분을 삭제했던 것 같다. 사우마 자신이 종교적인 사안에 집중했다는 점을 고려하면, 아마 그 자신도 일기에 속세의 많은 일을 언급하지는 않았을 것이다. 그는 자신의 기록이 역사적으로 중요하다는 사실을 그가 유럽에 있었을 때도 그랬듯이 잘 알지 못했던 것 같다. 이것 역시 오늘날의 독자들이 흥미를 느낄 만한 수많은 사안에 대해서 그가 상대적으로 최소한의 정보만 알려준 이유였을 것이다.

비록 그들의 체류와 관련된 상세한 내용은 빈약하지만, 바르 사우마의 기록은 여행이 일시적으로 지체된 이유를 설명하고 있다. 몽골의 권력자 집단 내부에서 생긴 불화가 소란과 전쟁을 일으켰다. 쿠빌라이의 사촌이자 적수 카이두는 1269년에 대칸으로부터 이탈했고, 이후 수십 년에 걸쳐 두 지도자는 투르키스탄Turkistan을 놓고 전투를 치렀다. 1271년 쿠빌라이는 그 지역의 실크로드 오아시스들에 대한 통제권을 되찾고 카이두를 진압하려는 목적으로 그의 아들 노무칸Nomukhan을 파견했다. 팍스 몽골리카는 해체될 것처럼 보였다. 비록 몽골의 단합은 이미 예전에 붕괴되었지만, 이제는 그 소란이 상품과 사람, 정보의 동서교류를 위협하고 있었다.[28]

이제 바르 사우마와 마르코스는 극복할 수 없는 것처럼 보이는 장애물에 직면했다. 1276년 말 카이두의 군대가 노무칸을 사로잡았다. 아마 수도사들이 중국을 벗어나기 직전에 일어났던 일로 보인다. 이 사건으로 여행 경로에 긴장이 고조되었다. 더 서쪽으로 가는 것은 위험했다. 투르키스탄에 도착해서야 노무칸이 붙잡힌 일을 비로소 알게 된 두 수도사는 동요했다. 결국 그들은 카슈가르Kashgar(현재 중국의 사실상 국경 지역)를 향한 보름 동안의 여정에 착수했다. 카슈가르는 타클라마칸사막의 북쪽과 남쪽에서 이어지는 실크로드가 합류하는 장소였다. 두 수도사는 이 중요한 기착지의 인구가 줄어들고 황폐해진 것을 보고 섬뜩해졌는데, 특히 이곳은 네스토리우스교 대주교가 있던 지역이었기 때문이다.

몇 년 전 마르코 폴로가 이 지역을 지나갔을 때, 그는 번창하고 부유한 도시를 발견했고 이를 이렇게 묘사했다.

많은 직물과 상품이 이곳으로 온다. 이 도시는 교역과 수공업으로 살아가고, 특히 면직물을 취급하며 살아간다. 여기에는 아주 아름다운 정원, 포도나무, 과수원이 있다. 토지는 비옥하고, 삶에 필요한 모든 종류의 물품이 생산되는데 그 이유는 이곳의 기후가 온화하기 때문이다. … 그리고 이 지역에서부터 많은 상인이 전 세계로 나가 교역을 행한다.[29]

바르 사우마와 마르코스는 이런 목가적인 장소와 비슷한 그 어떤 것도 보지 못했다. 마르코 폴로와 그들의 방문 사이에, 중앙아시아를 괴롭힌 정치적 분쟁들은 카슈가르에 큰 피해를 주었고, 도적들 또한 이 도시를 약탈했다.[30] 이러한 파괴를 보고 두 수도사는 큰 충격을 받았지만, 두려움에 굴복하지 않았다. 자신들의 신념을 믿고, 계속 서쪽으로 나아갔다.

역경에도 불구하고, 그들(혹은 그들을 호위했던 어떤 사람)은 여정에서 가장 위험한 일부 지역을 피하기 위해 우회로를 선택하는 기민함과 신중함을 보여주었다. 카슈가르로부터 북서쪽의 길을 따라가서 시르다리야강Syr Darya을 건넜고, 용케 약탈을 일삼는 부대와 도적들을 피했다. 비록 이로 인해 여행이 몇 주 더 늘어났지만 말이다. 이 여행단은 전통적인 교역로에서 떨어진 지점에 멈추었는데, 그곳은 역사적인 도시 탈라스Talas(키르기스스탄 국경 내에 있는 도시)였다. 탈라스는 751년 세계사에서 가장 중요한 전투 중 하나가 벌어진 곳이다. 그때 당제국과 아랍 우마이야 왕조(우마이야 왕조는 750년에 멸망했고, 그 뒤를 아바스 왕조가 이었다. 그러므로 751년에는 당제국과 아바스 왕조가 전투를 했다고 말해야 더 정확하다.—옮긴이)라는 가장 강력한 두 제국이 전투를 치렀다.[31] 이제 이곳은 카이두가 진을 치고 있는 곳이었다. 여기에 있는 동안, 두 수도사는 그를 만날 기회를 얻었고 도움을 요청했다.

몽골 지도자와 접견하면서 수도사들은 심각한 딜레마에 빠졌다. 그들은 자신들이 카이두의 적인 쿠빌라이의 사절이라고 이야기할 수가 없었다. 또 그들은 대칸과 여전히 가까운 연맹관계를 유지하고 있는, 카이두의 또 다른 적인 페르시아의 일 칸들에 대한 우호의 표시를 드러낼 수도 없었다. 그들은 정치적 의미가 없는 용어로 분명하게 개인적인 종교적 탐구 여정에 나선 수도사들로 자신들을 묘사하는 방법을 선택했다. 이 몽골 지도자를 알현하면서 그들은 카이두의 장수를 기원했고, 그의 '왕국'을 위한 기도를 했다. 그의 신뢰를 얻은 수도사들은 카이두의 영역을 안전하게 통과할 수 있도록 허가장을 부탁했다.[32] 카이두는 안전을 보장하는 허가증을 내주었다.

이 교환은 중앙아시아를 괴롭힌 전쟁에도 불구하고, 동서교역이 용케 지속되는 방식을 대표적으로 보여준다. 두 수도사가 그랬던 것처럼, 실크로드를 따라 대상을 이끌었던 유력한 무슬림 상인들도 쿠빌라이와 거리를 두면서 정치와는 무관하게 자신들을 드러냈다. 대체로 그들은 카이두의 영역에 들어갈 수 있는 허락을 얻고, 안전하게 통과할 수 있는 보장까지 받았을 것이다.

수도사들의 다음 여행 구간은 극도로 험한 곳이었다. 남서쪽을 향해 이동하면서 위험한 지역을 여행했던 것이다. 북동부 페르시아와 현재 아프가니스탄의 일부 지역인 호라산Khurāsān으로 향하면서 힘겨운 경험을 했지만, 랍반 사우마의 기록은 이에 관해 언급만 할 뿐 자세한 내용은 거의 서술하지 않는다. 단지 이 여정에서 힘이 많이 소모되었고, 소지품 대부분을 잃어버렸다는 점만 기록하고 있다. 그들은 험한 산들, 타클라마칸과 비슷한 황량하고 위험한 사막들을 횡단했다. 산악 여행은 모진 추위와 살을 에는 듯한 바람과 얇은 얼음과 눈사태 같은 위험으로 가득 차 있었다. 20세기까지도 이 지역을 탐험한 사람들은 동상을 비롯해 심각한 부상 사례를 보고했다. 20세기 초 중앙아시아에서 불교와 네스토리우스교의 그림과 문헌을 발견한 독일인 탐험가 알베르트 폰 르코크Albert von Le Coq는 '고산병'도 또 다른 위험이었다고 증언했다. 그는 두통, 메스꺼움, 정신착란이 산에 올라가는 사람들을 괴롭혔다고 언급했다. 심지어 일부 여행자는 일시적으로 말을 못하는 장애를 겪었다.[33]

산악과 사막 여행의 혹독함에 더하여 수도사 일행은 이른바 지역 통치자라는 사람들의 통행세 징수와 도적의 괴롭힘에도 직면했다. 몽골족은 대상의 구성원이 함께 강도에 대항해야 하고, 강도를 돕는 사람 모두에게는 엄한 형벌을 내리겠다는 법률을 제정했는데, 이는 도적의 약탈에 대한 두려움이 널리 퍼져 있었다는 것을 보여준다.[34] 게다가 굶주림과 갈증은 이 지역을 여행하는 사람들을 늘 따라다니는 동반자였다. 그 시대의 많은 여행자는 이 척박한 지역을 횡단하다가 죽어간 낙타와 사람들의 유골을 목격했고, 두 수도사도 그런 처지가 될 수 있었다. 나약한 사람에게는 어울리지 않는 여행이었다.

몽골제국의 끝, 일 칸국에 도착하다

온갖 위험에서 살아남은 바르 사우마와 마르코스는 페르시아 일 칸국의 가장 동쪽 지역인 호라산에 마침내 진입했다. 몽골의 초기 공격은 호라산에 끔찍한 피해를 입혔다. 아마 일 칸국의 다른 어떤 지역보다 몽골의 침입으로 큰 고통을 겪었을 것이다. 페르시아 역사가들은 분명 이 참상을 과장했지만, 초기 몽골 침입에 대한 그들의 일반적인 관찰은 정확했다. 몽골족은 싸우지 않고 항복한 지역의 주민들은 살려주었지만, 저항한 사람들은 학살했다. 흥미롭게도 그들은 자신들이 높은 가치를 부여한 기술을 가진 수공업자들은 학살에서 제외했다.

몽골족이 이 지역을 정복할 때 보인 잔인성과 자신들이 수립한 정부의 억압적인 성격에도 불구하고, 통치를 위해 페르시아인에게 도움을 의존했다. 일 칸들은 대부분 무슬림 페르시아인을 등용했지만, 일부 저명한 유대인과 기독교도도 참여했다. 몽골 침입자들은 토지(호라산과 페르시아 다른 지역들의 경제 기반)에 대한 계획적 약탈은 역효과를 낳을 수 있다는 것을 알게 되었는데, 그것이 세금 수입의 감소를 야기했기 때문이다. 그래서 일 칸들은 농민들을 잘 대우하라는 명령을 몽골인, 페르시아인 관료들에게 반복해서 내렸다. 하지만 그 노력은 실패했다. 많은 농민이 몽골 침입 초기에 도망쳤던 것이다. 다른 이들은 세금, 역참에서의 복무, 여러 형태의 강제부역 등 과도한 요구에 직면했다. 바스칵basqaq이라고 알려진 총독, 세금징수자, 세금징수 청부업자, 지방 관료는 엄청난 액수를 강탈했고, 이 액수 중 대부분은 몽골의 금고로 들어가지 않았다.[35] 일 칸들은 월권을 제한하려 했지만, 부정부패와 무질서는 몽골 지배 초기(적어도 1295년에 가잔 칸이 즉위할 때까지)의 특징이었다. 게다가 몽골족은 가축을 방목해야 했는데, 이 때문에 농민들이 이용할 수 있는 토지가 갈수록 줄어들었다. 요컨대 무슬림 페르시아인들에게 인정을 받거나 적어도 그들의 적대감을 없앨 수 있는 건전한 정부를 조직하려고 했던 일 칸들의 계획은 실패로 돌아갔다.

　몽골족의 종교 정책도 인구의 가장 큰 부분을 차지하는 페르시아 무슬림을 소외시켰다. 가잔이 등장하기 이전의 일 칸 중에서는 오직 한 사람만이 무슬림이었는데, 그는 축출되기 전까지 단 2년간 재위했다. 그러나 일 칸들이 반反이슬람교 정책을 추구했던 것은 아니었다. 일반적인 몽골 관습에 따라, 그들은 영역 안의 여러 종교에 대

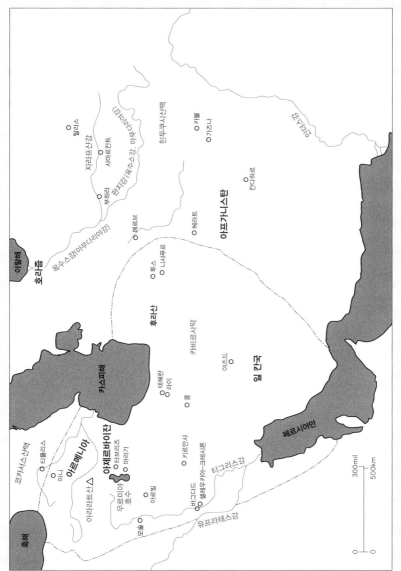

랍반 사우마의 여행 시기 페르시아의 일 칸국

© 1992, 몽고 군의 거리제

해서 공평한 접근법을 채택했다. 그들은 다양한 종교가 있는 제국의 지도자들이 다면적인 관점을 용인해야 할 필요가 있음을 인식하고 있었던 것이다. 그러나 무슬림들은 대부분 일 칸들이 외부 종교, 특히 불교와 기독교에 호의를 가지고 있다고 믿었다. 대규모 이슬람교 공동체에 둘러싸인 몽골족이 널리 교육받은 부유한 소수의 네스토리우스교도를 곁에 두고 통치와 교역 수행에 도움을 얻고 싶어 했기 때문에 무슬림들에만 의존하지는 않으려고 했다는 점을 생각한다면, 무슬림들의 믿음은 사실이기도 했다. 또한 그 지역의 무슬림들은 사우마와 마르코스가 페르시아에 도착했을 당시에 일 칸이었던, 훌레구의 아들 아바카(재위 1265~1282)가 불교도였고 그의 부인 중 한 사람인 비잔틴 황제의 딸은 정교회 기독교도였다는 점을 지적할 수도 있다. 그러나 실제로 아바카는 이슬람교 혹은 다른 종교들을 차별하지 않았고, 어떤 일 칸도 기독교로 개종하지는 않았다.[36] 그럼에도 불구하고, 무슬림들은 일 칸들이 자신들에게 불리한 정책을 펼친다며 분개했다. 몽골의 지배는 대체로 기독교도 혹은 불교도를 향해서 무슬림이 공공연히 적개심을 드러내는 것을 금지했지만(기독교도와 불교도가 무슬림에 대해 적대감을 표시하는 것도 금지했다), 잠재되어 있는 반감은 때때로 험악한 사건들로 터져나왔다.

　이방인의 지배에서 비롯된 정치적, 종교적 긴장은 두 수도사에게 중대한 영향을 끼칠 것이었다. 그들은 이제 여생의 대부분을 일 칸국에서 보내게 되기 때문이다. 그들은 몽골족과 한인 사이의 긴장이 팽배했던 몽골 지배하의 중국에서 살았기 때문에 일 칸국에 존재하는 근본적인 적대감이 그리 놀랍지는 않았다. 이러한 정치적, 종교적 적대감이 대체로 중국에서는 그들에게 악영향을 미치지는 않았다. 아마 페르시아도 비슷한 상황일 것이라고 예상했을 것이다.

거주하는 사람들이 비교적 적은 지역을 통과하고 난 후, 아마도 1280년 초에 그들은 호라산에 있는 도시 투스Tūs(마슈하드에서 북서쪽으로 대략 20km 거리)에 도착하면서 더 안전한 여행 구간으로 진입했다. 몽골족은 종종 투스를 호라산의 중심지로 취급했다. 주로 일 칸의 아들 중 한 사람이 총독으로 임명되어 거주했다. 이 유명한 도시는 페르시아의 위대한 서사시인 『샤-나마Shāh-nāma』(호메로스의 서사시가 고대 그리스를 노래한 것과 같은 방식으로 페르시아를 묘사했다)의 저자 피르다우시Firdausi(1020년 사망)와 13세기의 신학자이자 천문학자이자 정부 고문인 나시르 앗 딘 투시Naṣīr al-Dīn Ṭūsī가 태어난 곳이었다. 또한 이곳은 위대한 칼리프 하룬 알 라시드Hārūn al-Rashīd(809년 사망)의 묘가 있는 지역이었다. 그의 궁정과 통치 시기는 『아라비안나이트』에 이상적으로 묘사되어 있다.[37] 이렇게 명성을 떨치고 있었지만, 몽골 군대는 60년 전에 이 도시를 짓밟았다. 13세기의 페르시아인 역사가 주베이니Juvainī에 따르면, "투스는 이름 말고는 남은 것이 없었고, 도시 전체에 거주가 가능한 집이 50채도 되지 않았으며 그마저도 다 멀리 떨어진 궁벽한 곳 여기저기에 흩어져 있었다."[38] 1239~1240년에 쿠르구즈Körgüz라는 이름의 위구르인(몽골이 임명한 호라산 총독)은 공들인 주거지, 멋진 시장, 관개용수를 얻기 위한 잘 정비된 수로, 신중하게 계획된 정원과 공원 등 도시를 재건하기 시작했다. 1247년에 그의 후임 중 한 사람은 만수리야^{Manṣūriyya}에 있는 셀주크 튀르크 궁전을 보수해서 복구할 것을 명령했고, 이것은 투스의 장대함과 위엄을 더해주었다.³⁹

바르 사우마의 기록은 번역자에 의해 삭제되어서 이러한 광경을 묘사한 부분이 거의 없다. 재건된 투스의 중심지에 대한 정보는 보이지 않고, 도시 주변 혹은 호라산 지역에서 두 수도사가 목격했을 수도 있는 참화를 당한 흔적에 대한 언급도 없다. 사우마의 기록은 단지 투스의 동료 수도사들이 그들을 환영했고, 두 여행자가 호라산에 오기까지 고통스러운 여정 동안 자신들을 보호해준 신에 대해 감사드리기 위해 즉각 기도를 시작했다는 사실만 언급한다. 그들은 신에 대한 믿음이 자신들을 구했다고 단언했다. 또한 사우마의 기록은 그들이 도시의 변두리에 있는 수도원에서 숙박했다고 적어놓았다.

사우마의 기록이 기독교도와의 만남을 서술한 반면, 더욱 규모가 큰 무슬림 공동체에 대해서는 어떠한 언급도 없다. 무슬림들의 존경을 받는 종교 중심지인 투스에는 종종 시아파 순례자들이 도착했는데, 이곳에 위대한 수니파 지도자 하룬 알 라시드의 묘가 있을 뿐만 아니라 시아파의 여덟 번째 이맘^{Imām}인 알리 알 리다^{Alī al-Riḍā}(818년 사망)의 묘도 있었기 때문이다.⁴⁰ 유명한 아랍인 여행가 이븐 바투타^{Ibn Baṭṭūṭa}에 따르면, "시아파가 이곳을 방문하면 들어오면서 알 라시드의 묘는 발로 차고, 알 리다의 묘에는 축복의 메시지를 전한다."⁴¹ 알리 알 리다의 묘는 시아파 무슬림에게 신성한 묘 가운데 하나였다. 그리고 그 근처에 모스크가 있었는데, 한 아랍인 지리학자는 솔직하게 "호라산 전역에서 이보다 더 대단한 것은 없다"라고 말했다.[42] 이 신성한 장소들을 둘러싸고 수많은 전설이 생겨났다.

　가장 신성한 도시로 손꼽히는 투스에 소규모 네스토리우스교 공동체가 있다는 사실에 시아파는 분개했을까? 소수에 불과한 기독교도들은 무슬림을 두려워했을까? 남아 있는 기록은 답을 해주지 않는다. 그러나 실제로 몽골의 지배는 이 지역의 다양한 종교 사이에 표면적인 평화를 대체로 유지했다.

　바르 사우마와 마르코스는 수도원에 머무는 동안 따뜻한 대접을 받고 동료들과도 사이가 좋았지만, 계속 체류하지는 않기로 했다. 그들은 목표를 접지 않고, 네스토리우스교도 페르시아인들에게 성지로 가는 여행을 계속할 수 있도록 물자를 제공하여 도움을 달라고 요청했다. 그들은 다시 출발하여 아제르바이잔을 거쳐 여행했고, 약간 남쪽에 있는 카비르Kavīr사막을 피하기 위해 카스피해의 변두리를 지나갔다. 그 이후 그들은 남쪽으로 직행해 아시아와 중동의 네스토리우스교회 최고지도자인 총대주교 마르 덴하Mar Denha가 있는 바그다드로 갈 작정이었다. 그런데 이 네스토리우스교 고위 성직자는 순행 중이었고, 1280년 봄 두 수도사가 아제르바이잔 지역에 도착했을 바로 그 시기에 우연히 마르 덴하도 거기에 있었다. 그는 마라가Marāgha라는 도시에서 그들의 접견을 허락했다. 마라가는 훌레구 치하 일 칸국의 수도였고, 유명한 천문학자 나시르 앗 딘 투시를 위해 훌레구가 얼마 전에 건설한 거대한 천문대가 있었다. 도시를 내려다보는 언덕에 위치한 이 천문대를 동시대 사람들은 "경이로운 업적", "눈을 즐겁게 해주는 광경"이라고 묘사했다. 도서관에는 40만 권의 책이 소장되어 있었고, 돔 형태의 주요 건물에는 햇빛이 들어올 수 있도록 지붕에 구멍이 나 있었다. 이를 통해 태양의 일상 운행과 태양 궤도를 다양한 관점에서 본 고각高角을 측정할 수 있었다. 방문자는 혼천의渾天儀와 방위환方位環을 포함해(이들은 고각을 측정하기 위한 장치였다) 거대하고 정교한 천문학 장비들이 배치된 것도 발견했을 것이고, 중국인과 유럽인 모두가 부러워할 만한 업적을 세운 세계에서 가장 뛰어난 천문학자와 수학자들을 만났을 것이다. 부유한 무슬림 기부자들은 천문대의 활동을 위한 상설 기부금(아랍어로는 와크프waqf)을 만들었는데(모스크, 신학교, 병원이 혜택을 받는 특별자금 지원과 비슷하다), 이는 부러움을 사는 또 다른 요인이었다.[43]

　　이 세련된 도시는 두 네스토리우스교도와 교회 지도자의 첫 만남을 위한 훌륭한 공간이었다. 이 만남은 매우 감동적이었던 것으로 보인다. 바르 사우마와 마르코스는 마르 덴하를 보자마자 고개를 숙여 인사했다. 기쁨에 겨워 눈물을 글썽이던 수도사들은 교회 수장과 직접 면담을 하면서 자부심을 느꼈고, 총대주교를 거의 신처럼 받들었다. 결국 총대주교는 그들의 믿음과 복종에 마음이 움직였다. 그는 두 수도사가 대칸 쿠빌라이의 땅에서부터 이 모든 길을 거쳐왔고, 예루살렘 성지를 방문하고 싶어 한다는 것을 알게 되자 감명을 받았다. 그는 하느님의 뜻이 그들과 함께 있으며, 그들이 목적지에 도달하게 될 것이라고 장담했다. 이렇게 화기애애한 대화는 이후 며칠간 수도사들과 총대주교 사이에 이루어진 만남에서 계속되었으며, 두 여행자가 여행의 마지막 구간을 나설 수 있는 자극과 자신감을 안겨주었다.

바르 사우마와 마르코스는 자연스럽게 그 지역의 네스토리우스교 성지들을 방문하고 싶어 했다. 그들은 당시 네스토리우스교회의 중심지인 바그다드의 묘지, 교회, 수도원들과 셀레우키아-크테시폰 (네스토리우스교회의 가장 오래된 관구가 있는 지역) 근처 도시들을 둘러볼 수 있도록 허락해달라고 요청했다. 그들은 총대주교의 축복을 받으며 도시들을 둘러보기 위해 출발했다. 이제 그들은 사람들이 밀집해 거주하는 구역들을 여행하기 때문에 더 이상 대규모 수행단이 필요하지 않았고, 대신에 소규모 호위대가 그들을 인솔했다. 여기에서도 바르 사우마의 기록은 종교적 장소만 언급하고 있어 독자들은 그가 방문한 도시들의 세속적인 측면을 얼핏 확인하기도 어렵다. 하지만 실제로 도시 중 몇몇 곳은 인상적인 시장과 모스크 혹은 정원을 가지고 있었다. 심지어 그는 네스토리우스교 건물들도 상대적으로 짧게만 서술하고 있다. 건물들을 그저 언급만 하고, 자세히 묘사하지도 않는다. 아마도 그가 서유럽에서 목격하고서 서술하게 될 기독교의 유적들보다 특별하거나 위압적이지 않았기 때문이다.

아바스 칼리프 왕조의 전설적인 수도 바그다드가 수도사들의 첫 방문지였다. 하지만 그의 기록은 이 도시의 멋진 광경, 혹은 1258년에 훌레구와 몽골족이 이 도시를 약탈하면서 입힌 피해에 대한 언급을 생략하고 있다. 그저 쿠케^{Köke}의 대교회^{Great Church}와 마르 마리^{Mar Mari}(300년경)의 수도원에 대해서만 기록했다. 마르 마리는 교회의 초대 선교사 중 한 사람으로 지목되어 셀레우키아-크테시폰 관구를 건설한 인물이었다.[44] 그의 기록은 바그다드가 위치한 티그리스강도, 심지어 모스크와 목욕장, 무슬림들도 지나쳤다.[45]

이와 비슷하게, 티그리스강과 유프라테스강에 인접한 지역의 촌락으로 간 수도사들의 차후 여행에서도 단지 네스토리우스교의 수도원, 사당, 성묘의 목록들만 확인할 수 있다. 두 수도사는 주로 바그다드 북쪽 티그리스강 연안을 따라 도시에서 도시로 이동했다. 여기에서 바르 사우마와 마르코스는 예언자 에제키엘Ezekiel의 유명한 묘에서 기도를 올리기 위해 베스 가르마이Beth Garmai로 갔다. 그곳에서 잠시 머무른 후 그들은 티그리스강을 따라 바그다드의 북쪽에 있는 아르빌Arbil과 모술Mosul로 갔고, 아르메니아에서 경계를 건넜다. 이 두 도시에는 대규모 네스토리우스교 공동체와 많은 교회가 있었다.[46] 비록 마르코 폴로는 모술의 기독교도를 경멸했지만 말이다. 마르코 폴로는 이렇게 기록했다. "그들은 최악의 이교도들이다. … 그들은 설교를 해도 모든 일에 진실을 강조하는 것이 아니라 단지 이교도로서 설교할 뿐이다."[47]

이 지역들의 네스토리우스교 공동체는 두 수도사를 환영했는데, 아마 자신들과 대규모 무슬림 공동체 사이에서 발생하는 적대감 때문에 평소보다 더욱 따뜻하게 맞았을 것이다.[48] 양측은 서로를 자극하는 언급을 했고, 특히 마르 덴하는 이슬람교에 대한 증오심으로 인해 많은 무슬림과 불화를 일으켰다.[49] 1268년 그는 새로 이슬람교로 개종하며 타락해버린 네스토리우스교도를 티그리스강에 빠뜨려 죽이라고 부하들에게 명령했다. 이에 대한 대응으로 바그다드의 무슬림들은 마르 덴하를 죽이고 그의 집을 불태우려고 했다. 3년 후, 그와 무슬림들은 실패로 끝난 지역총독 암살 시도를 놓고 서로를 비난했다. 1280년 당시 바그다드는 물론이고, 아마 페르시아 전역에서 두 공동체 사이의 긴장은 최고조에 달해 있었다. 그래서 분명히 소수 집단인 네스토리우스교도들은 몽골의 대칸에 의해 파견되어 대칸의 호의를 보여주는 두 수도사의 도착에 용기를 얻었을 게 틀림없다. 비록 이러한 지지는 상징적인 것에 불과했지만, 고립되고 수적으로 열세인 기독교 공동체에 희망을 가져다주었다. 몇몇 훌륭한 교회와 수도원이 있는 모술의 네스토리우스교도들과, 두 수도사가 방문한 지역 중 가장 북쪽에 있는 도시이자 실제로 현재 터키와의 국경 지역인 베스 자브다이Beth Zabdai의 교도들도 두 수도사를 환영했다. 이에 두 수도사는 선물과 자선금을 내놓는 것으로 화답했다. 바르 사우마와 마르코스는 네스토리우스교 대주교가 있는 도시인 아르빌 근처 타릴Tarʿīl의 마르 미카엘Mar Michael 수도원에서 잠시 여행을 멈추었다.[50]

그들은 여기에서 수도사의 삶으로 돌아가 이후 예루살렘으로 계속 여행하기 위한 적절한 순간을 기다리며 여유를 가졌을 것이다. 그러나 총대주교에게는 원대한 계획이 있었다. 자신의 목적을 위해 두 수도사를 활용하고자 했던 총대주교는 바그다드로 그들을 소환했다. 그는 수도사들이 더 큰 공동체의 요구는 무시한 채 내적 평화에만 집중하고 있다고 가볍게 질책하고서는 "우리는 그대들이 한 수도원에 받아들여졌다고 들었다. 그러나 그 사실이 우리를 기쁘게 하지는 못한다. 수도원에 머무는 동안 그대들은 자신의 평화를 완벽하게 추구할 수 있을 것이다. … 그리고 그것이 그대들이 하고자 하는 일의 전부다"라고 이야기했다.[51] 총대주교는 경건함을 가장한 위선적인 태도로 두 수도사에게 세속에서 성직자의 역할을 할 것을 촉구했지만, 그가 실제로 염두에 둔 것은 근본적으로 자기 이익이었다. 그는 그들에게 몽골 조정으로 가서 일 칸에게 자신을 위한 허가장을 내줄 것을 요청하는 임무를 맡겼다. 사실상, 그를 총대주교로 승인해달라는 것이었다.[52] 소수집단이었던 네스토리우스교도들은 몽골의 후원이 필요했고, 그렇기 때문에 새로 선출된 총대주교에 대해 일 칸들의 승인을 얻고자 했던 것이다. 재위 중인 일 칸 아바카는 기독교도와 결혼한 불교도였고, 자신의 영토 내에 있는 무슬림들과 사이가 나빠지는 것을 경계했다. 그래서 불안해하는 총대주교를 아직 승인하지 않았던 것이다.[53] 때때로 총대주교가 선출된 이후 일 칸이 승인할 때까지 몇 년이 걸렸지만, 이번 경우에는 거의 15년이 흘렀다. 총대주교가 선출되고 몇 년이 지났을 때, 그의 명령으로 무슬림들을 물에 빠뜨려 죽인 일 역시 승인이 늦어지는 원인 중 하나일 것이다.

그래서 마르 덴하는 존경받는 두 수도사를 활용해서 자신의 정당성을 확보하는 일에 도움을 받고자 했다. 바르 사우마와 마르코스가 중국에서 왔고, 대칸 쿠빌라이로부터 신임장을 받았기 때문에 총대주교는 자신을 위한 두 수도사의 허가장 요청을 아바카가 받아들일 것이라고 믿었을 것이다. 두 수도사는 확실히 그의 계획을 알아챘다. 그들은 공손하게 이에 대한 대가를 요청했다. 즉, 두 수도사가 예루살렘을 향해 길을 재촉하는 동안 신임장을 가지고 돌아올 호위병을 지원해달라는 것이었다. 사우마와 마르코스는 총대주교가 일 칸국, 아마도 바그다드에 머물러 있으라고 주장할까봐 두려워했다. 그래서 결국 총대주교가 그들이 여행을 계속할 수 있도록 편의를 봐준다면 그들도 총대주교에게 호의를 베풀겠다는 전략을 짰다. 총대주교에 대한 대응에 실용적이면서도 현실 정치적인 요소가 들어간 것이다. 일 칸의 승인에 목매고 있던 총대주교는 그들의 조건에 동의했다. 이제 사우마와 마르코스는 자신들의 종교적 사명을 실현하기 위한 길에 오르게 될 것이었다.

두 수도사는 일 칸국의 이전 수도인 마라가에서부터 약 112km 떨어진 새로운 수도 타브리즈로 빠르게 이동했다. 아제르바이잔의 변두리로 수도를 옮긴 사람은 일 칸 아바카였다. 남쪽에는 아바스 왕조의 수도였던 바그다드가 있었지만, 몽골족은 이곳을 정부의 본거지로 사용하지 않았다. 이러한 결정은 부분적으로는 킵차크 칸국에 있는 동료 몽골족과의 갈등에 영향을 받은 것이었다. 마라가(아랍어로는 '말을 위한 목초지'의 의미)와 그 이후 타브리즈에 수도를 건설하면서 그들은 대규모 군대를 영토 최북단 지역에 확실히 주둔시킬 수 있었고, 그래서 킵차크 칸국의 침입을 즉각 물리칠 채비를 할 수 있었다.[54] 이러한 방식으로 그들은 두 몽골 칸국 사이에 일어난 분쟁의 주된 핵심인 아제르바이잔의 풍부한 목초지에 대한 소유권도 주장했다. 게다가 사하드Sāhād산이 우뚝 솟아 있는 평원에 위치한 타브리즈는 페르시아의 몽골 지배자들에게 매력적인 생활양식을 제공했다.[55] 몽골 유목민들은 높지만 방어가 가능한 무간Mūghān 평원의 계곡에서 겨울을 보내고, 여름에는 그나마 더위가 약한 (아르메니아에 있는) 알라탁Alatagh의 산악 지역으로 이동할 수 있었다. 이에 더해 타브리즈의 이점은 그 위치가 페르시아에서 가장 큰 수역인 우르미야 호수Lake Urmiya로부터 48km 정도밖에 떨어져 있지 않다는 사실이었다.[56] 이 덕분에 도시에 물을 풍부하게 공급할 수 있었다.

몽골족이 타브리즈를 그들의 수도로 선택한 또 다른 이유는 필사적으로 자신들과 싸웠던 바그다드와는 달리, 타브리즈는 동쪽에서 온 침입자들에게 저항하지 않았다는 점도 있었다. 실제로 타브리즈의 거주자들은 몽골족이 때때로 도시를 처리하는 방법인 노략질을 하지 않도록 막는 데 세 번이나 성공했다. 그 결과, 정복자들은 타브리즈에 심각한 피해를 주지 않았다.

두 수도사가 도착했을 때 타브리즈는 일 칸국의 정치적 중심지는 물론, 상업 중심지로서 바그다드의 역할을 대체했다. 이전에는 바그다드를 통해 이동한 무역 대상들이 이제 타브리즈에 머물렀으며, 이로 인해 페르시아 북서부가 핵심적인 경제 중심지가 되었다. 새로운 수도에서 시장도 번영을 누렸다. 1327년 타브리즈에서 잠깐 숙박했던 아랍인 여행가 이븐 바투타는 특히 중앙시장에 깊은 인상을 받았다. 그는 "내가 세계에서 보았던 것 중 가장 훌륭한 시장"이 이 도시에 있다고 기록했고, 거기에서 본 장면을 이렇게 묘사했다.

다양한 종류의 귀금속 때문에 눈이 부셨다. 비단 허리띠를 두른 비싼 옷을 입은 아름다운 노예들이 상인들 앞에 서서 귀금속을 진열하고 있었다. 상인들은 튀르크인(페르시아인들은 일부 튀르크족들과 좋은 관계를 유지했다) 부인들에게 보석을 보여주고 있는데, 여자들은 엄청난 양을 구매하고 남들보다 더 많이 사려고 한다.[57]

이 도시의 상업적 성장 대부분은 일 칸 가잔(재위 1295~1304) 시대에 일어났기 때문에 가잔 시대 이전에 타브리즈를 방문한 바르 사우마와 마르코스는 이븐 바투타보다는 덜 번성한 도시를 목격했다. 그러나 두 수도사가 도착하기 몇 년 전 이 도시에 들른 마르코 폴로 또한 시장에서 번창하는 국제무역 장면을 묘사했다. 그는 금과 비단으로 된 훌륭한 직물, 보석, 진주를 생산하는 지역 수공업자들에 대해서도 기록했다.[58] 당대의 아랍인 지리학자가 "부자와 가난한 자 모두 사업에 뛰어들었다"라고 말할 정도로 상인들이 이 도시를 지배하고 있는 것처럼 보였다.[59]

광대하고 다양한 교역품의 종류는 유럽인을 포함하여 기존 세계의 상인들 모두를 유혹했다. 일찍이 1264년에 피에트로 벨리오네 Pietro Veglione(혹은 빌리오네 Vilione)라는 베네치아 상인이 타브리즈에 살았고, 그는 유럽인 상인집단을 대표했다.[60] 1280년이 되면 제노바 상인들의 조그만 거류지가 도시의 임시구역에 세워졌다. 1291년에는 루찰롱고의 피에트로 Pietro of Lucalongo라는 또 다른 이탈리아인 상인이 중국으로 서방 기독교 세력을 형성하기 위해서 떠나는 프란체스코회 선교사 몬테 코르비노의 존John of Monte Corvino을 호위하려는 목적으로 타브리즈에 있는 그의 상업 근거지를 떠났다.[61] 유럽인 상인들이 타브리즈에 온 것처럼, 기독교 선교사들 역시 타브리즈에 왔다. 바르 사우마와 마르코스가 타브리즈를 방문했을 때, 그들은 이 도시에서 도미니크회 사람들과 프란체스코회 수도원 두 곳을 발견했다.

비잔틴과 아르메니아 교회를 포함해 다양한 동방 기독교 교회 또한 도시에 점점이 흩어져 있었다. 적어도 네스토리우스교회 한 곳이 이미 1262년에 건설되었다.[62] 마르코 폴로는 타브리즈에 거주하는 사람들로 아르메니아인과 조지아인 기독교도, 네스토리우스교도, 야콥파를 열거했다. 야콥파와 네스토리우스교는 그리스도의 두 가지 인격(신과 인간) 교리에 도전하면서 자주 연결되었고 어떤 경우에는 총대주교를 공유하기도 했지만, 야콥파는 네스토리우스교와는 달랐다. 야콥파의 관점은 이른바 단일성령론으로, 두 가지가 하나의 인격으로 융합된다는 것이었다. 비잔틴제국의 황제 유스티니아누스Justinianus의 아내인 황후 테오도라Theodora는 이 교리를 퍼뜨리기 위해 야콥파 창설자인 야콥 바라데우스Jacob Baradeus(578년에 사망, 시리아어로는 야쿱 바르-아다이Ya'qub Bar-Addai)의 노력을 지지했다. 열렬한 단일성령론자인 그녀는 교회를 건설했고, 성직자를 임명했다. 야콥파는 오늘날 시리아와 이라크 지역에서 중점적으로 활동했고, 제한적이나마 페르시아에서도 활약했다.[63] 네스토리우스교와는 달리 그들은 더 멀리 동쪽으로 퍼져나가지는 못했다.

이 세계적인 도시(수많은 기독교 종파와 무슬림 교단이 있고, 유럽인과 중동 사람들, 동아시아인들이 섞여 살고 있었다)에서 두 수도사와 일 칸 아바카의 만남이 이루어지는 것은 적절해 보인다. 몽골의 군주는 두 수도사가 무사히 도착하자 그들이 태어난 곳과 어떤 사명을 받아서 이곳에 왔는지 물었다. 그들은 분명 쿠빌라이 칸으로부터 받은 신임장과 총대주교로부터 얻은 허가장을 보여주었을 것이다. 아바카의 큰아버지 쿠빌라이의 승인은 물론 두 수도사에 대한 아바카의 대접에 영향을 끼쳤다. 아바카는 마르 덴하를 총대주교로 승인해달라는 그들의 요청을 거의 즉각적으로 시행했다. 그는 총대주교의 지위를 인정하는 서신을 그들에게 주고, 예루살렘으로 계속 여행하는 것을 허락했을 뿐 아니라, 그 여행이 순조롭게 이루어질 수 있도록 관료들에게 명령을 내렸다.[64]

무모한 기대 이상의 성과를 거둔 알현 이후, 바르 사우마와 마르코스는 페르시아의 몽골 지도자들로부터 강력한 지원을 받으면서 일 칸국을 떠났다. 그들이 머문 첫 기착지는 당연히 아니Ani였는데, 이곳은 아르메니아의 아라케스강Araxes River 지류를 따라 위치해 있었다. 아니는 기독교의 중심지와도 같은 곳이었고, "1,001개의 교회가 있는 도시로 알려져 있었다."[65] 이곳은 9세기 말부터 11세기 초까지 아르메니아를 지배했던 바그라트 왕조Bagratid dynasty의 수도였다. 886년 아쇼트Ashot 대왕은 이슬람의 아바스 왕조 지배자들로부터 아르메니아의 독립을 확보하고 왕조를 건설했으며, 상업과 문학, 예술의 부흥을 후원했다.[66] 무슬림으로부터의 해방을 상징하는 이 도시의 아르메니아 교회들은 이러한 짧은 번영의 혜택을 누렸다. 그러나 바그라트 가문의 내부 분쟁으로 왕조가 약화되어 11세기 말에서 13세기 초에 이르기까지 셀주크 튀르크와 몽골의 지배에 결국 굴복하고 말았다. 소아르메니아로 알려진 서부 지역은 1080년부터 1375년까지 독자적인 왕국을 보유했고, 대체로 그 독립을 용케 유지했다. 몽골족은 1230년대 말과 1240년대에 일시적으로 소아르메니아를 점령했지만, 이들이 저항하지 않았기 때문에 왕국이 상대적인 독립을 지속하는 것을 허용했다.

정치적 혼란에도 불구하고, 상업은 상당 기간 지속되었다. 부유한 상인들은 교회와 수도원 건설을 위한 자금을 댈 수 있었고 실제로 자금을 지원했다.[67] 1240년대부터 대략 1260년까지 이 지역이 안정되고 평화로웠기에 동서교역에서 중요한 통로가 될 수 있었다. 이후 일 칸들과 킵차크 칸국 사이의 분열은 간헐적으로 교역을 방해했고, 곧 두 수도사의 계획에도 영향을 미치게 된다.[68]

어쨌든 바르 사우마와 마르코스는 아니에 체류하는 기간 동안 도시의 종교시설을 방문했다. 그 시설에는 대성당, 구세주의 교회, 신성한 사도의 교회, 가긱Gagik 왕의 성 그레고리 교회가 포함되어 있었다. 이 유명한 도시는 뛰어난 건축물이 무수히 발견된 곳인데, 10세기 말의 왕이 훌륭한 건축가를 초빙했기 때문이기도 하다. 이 건축가는 콘스탄티노플Constantinople(지금의 이스탄불)의 하기아 소피아Hagia Sophia 대성당(비잔틴교회로 지어졌다가 15세기 이후엔 모스크, 그 이후에는 미술관이 된 이스탄불의 건축물─옮긴이)을 복구하기도 했다. 높은 돔, 교회당 끝 벽에 자리한 균형이 잘 잡힌 반원 형태의 아치, 아름다운 외부 기둥들이 있는 아니 대성당을 설계한 사람 역시 이 건축가였다. 한 전문가의 말에 따르면, 이 대성당은 "중세 건축물의 한층 중요한 예로 분류될 가치가 있다."[69]

두 수도사는 아주 특별한 건축물들을 본 후, 아니를 떠나 흑해의 항구로 향했다. 그러나 조지아에 접근했을 때, 항구로 가는 길이 강도 때문에 위험하다는 것을 알게 되었다. 게다가 킵차크 칸국과 그들의 동맹인 맘루크 왕조(예루살렘과 성지를 지배하면서 십자군 국가의 기독교 성채도시들을 위협했다)에 의한 위협도 위험 요소였다. 기독교도 아르메니아인과 조지아인들은 수도사들이 더 이상 여행하는 것을 말렸는데, 아마 이러한 위험들 때문이었을 것이다. 바르 사우마와 마르코스는 여행 상황에 대한 식견 있는 이들의 충고를 받아들일 수밖에 없었다. 그래서 그들은 안전한 일 칸국으로 되돌아왔다.

1280년 말 그들은 마라가로 돌아왔지만, 때를 기다리고자 했기에 낙담하지는 않았다. 총대주교는 그들의 귀환을 반기며 또다시 자신의 목적을 위해 이 유명한 사절단을 이용하고 싶어 했다. 총대주교가 그들을 만났을 때, 그는 위로의 말을 전하면서도 아르메니아와 조지아에서 두 선교사를 대접했던 사람들의 판단과 같은 이야기를 했다. 그는 성지로 가는 여행은 위험하고, 그 길은 중동을 괴롭히고 있는 전쟁과 도적들로 단절되었다고 지적했다. 자신은 두 수도사의 안락을 위해 애쓰고 있다고 하면서, 자신의 주교구에 있는 신성한 유적과 성지에 대한 진심 어린 순수한 숭배는 예루살렘으로 가는 종교적 순례와 똑같다고 단언했다. 그는 음흉하게도 두 선교사에게 목표를 포기하라고 조언했는데, 이런 행동을 취한 동기는 두 수도사가 영적 사명을 완수하는 일과는 별로 연관성이 없었다.

그의 진정한 동기는 이후 두 수도사와 논의하던 중에 드러났다. 그는 마르코스를(이제부터 '랍반' 마르코스로 언급한다) 동아시아의 대주교 혹은 네스토리우스교회를 이끌어갈 대표자로 임명하기를 원하며, 바르(이제부터 '랍반') 사우마는 중국의 "방문대표 Visitor-General" 로 지명하고 싶다고 말했다.[70] 이 임명은 신속하면서도 극적인 승진을 의미했다. 네스토리우스교 내에서 총대주교는 교회와 세속적 권위 두 부문의 수장으로, 자신의 주교구에서 정치적 역할을 수행하면서 금욕과 독신의 삶을 이끌었다. 대주교는 총대주교 바로 아래 계급으로, 아주 강력하고 저명한 지위를 보유했다. 총대주교의 대리인으로서 대주교는 그에게 할당된 영역 내에서 아주 영향력 높은 교회지도자였고, 그 영역은 대개 광대한 지역을 망라했다.[71] 운송시설이 열악하던 그 시대에 대주교는 총대주교로부터 비교적 독립되어 있었다. 자신의 교구에서 주교들을 관리했고, 수도사와 사제, 부주교, 부제들을 관할했다. 방문대표의 지위는 네스토리우스교회의 자료에 잘 정의되어 있지는 않지만, 이 칭호를 가진 사람은 자신의 지역에서 대주교의 주요 조력자 역할을 수행했던 것으로 보인다.

그러므로 총대주교는 마르코스와 사우마에게 중요한 책임을 부여하면서 교회 내 고위직으로 승진시킨 것이다. 왜 그는 이렇게 황급한 결정을 내렸을까? 1년 전, 그는 시몬 Simon이라는 이름의 주교를 중국의 대주교로 임명했는데, 중국으로 떠나기도 전에 그의 불성실

함이 드러났다. 그는 일 칸에게 총대주교를 비난하고, 중국에 도착해서는 쿠빌라이 칸에게도 총대주교를 비난하려는 계획을 가지고 있었다고 알려졌다. 마르 덴하는 그의 임명을 철회했고, 시몬에게 수도원으로 들어가라고 명했다. 시몬은 수도원에서 탈출했다가 다시 사로잡혔다. 이후 시몬과 몇몇 그의 추종자들은 불가사의한 상황에서 수도원에서 사망한 채로 발견되었다. 총대주교는 한편으로는 이렇듯 잠재적으로 해로운 사건으로부터 시선을 돌릴 필요가 있었고, 또 다른 측면에서는 몽골족과 한인에게 잘 알려지고 존경받는 두 수도사를 자신의 중국 사절로 선발할 기회를 얻게 된 것이다.[72]

랍반 사우마와 마르코스는 총대주교의 제안을 어떻게든 피해보려고 했다. 우선 그들은 총대주교의 말은 그리스도의 명령과 같고, 그에게 복종하지 않는 행위는 계율을 어기는 것과 같다며 비위를 맞추는 식으로 대응했다. 그러나 그들은 이미 중국에서부터 길고 힘든 여행을 해온 데다 자신들은 이러한 직위를 받을 만한 자격이 없고, 새로운 책임은 자신들 같은 평범한 사람들에게는 너무 큰 부담이라고 토로했다. 그들은 죽을 때까지 그리스도를 섬기며 수도원에서 수수하게 살아가고 싶어 했다. 총대주교는 그들이 지나치게 겸손하며, 자신이 부여한 임무를 수행할 자질이 그들에게 충분하다고 답했다. 그의 어조는 거절을 인정하지 않겠다는 의사를 암시했고, 랍반 사우마와 랍반 마르코스는 이를 받아들이지 않을 수 없었다.[73] 그러나 그들이 고향으로 돌아가기 전, 교회 당국은 쿠빌라이 칸과 카이두 사이의 전쟁이 상당히 고조된 상황임을 알게 되었다. 따라서 중앙아시아를 거쳐 중국으로 가는 여행이 불가능하지는 않겠지만 매우 위험하다고 인지했다. 팍스 몽골리카는 또다시 혼란을 겪고 있고, 교역과 여행은 제한되었다. 두 수도사는 이렇게 위험한 여행을 감당할 수 없었다.

그럼에도 불구하고 마르 덴하는 종교적 계서에서의 진급수행 의식을 진행했다. 총대주교는 새로 선임된 대주교에게 적절한 시리아식 이름이 필요하다는 것을 강조하면서 종잇조각에 좋은 이름들을 써서 제단에 가져다놓았다. 랍반 사우마의 기록에 따르면, 신의 중재를 통해 "야발라하 Yaballaha"('신이 주신'이라는 뜻)라는 이름이 적힌 조각 하나가 다른 조각들 사이에서 떨어져 나왔다. 마르 덴하는 존경을 표시하는 용어 "마르 Mar"('너의 주군'이라는 뜻)를 이에 덧붙였다. 그래서 마르코스의 이름은 마르 야발라하 Mar Yaballaha로 바뀌었다. 이 이름이 우리에게 일반적으로 알려져 있다.[74] 두 수도사는 임명장을 받았지만, 할당받은 지역으로 갈 수 없어서 타릴의 마르 미카엘 수도원 은거지로 되돌아왔다. 처음부터 그들이 하고 싶었던 일이기도 했다.

수도원에서 누린 수수하면서도 금욕적인, 하지만 분명 만족스러웠던 생활은 1281년 2월 마르 덴하가 사망하면서 갑작스럽게 끝났다. 사우마의 기록은 마르 야발라하가 총대주교의 죽음과 자신이 교회에서 미래에 맡을 역할을 예감했다고 주장한다. 교회의 다른 고위 성직자들도 꿈을 꾸었고, 지도자의 죽음이 임박했다는 징조를 보았다고 알려져 있다. 그러나 야발라하는 분명 처음에는 이러한 신호들을 진지하게 받아들이지 않았다.

이후 바그다드의 총대주교구에서 대주교 지위를 상징하는 목회자의 외투와 지팡이를 받기로 결심했을 때, 여정 도중에 그는 마르 덴하가 정말로 죽었다는 소식을 전하러 온 친구를 만났다. 그는 서둘러 총대주교의 교회로 가서 시신 앞으로 걸어가, 외투를 벗고 자신의 옷을 찢으며 슬픔에 잠겨 눈물을 흘렸다. 번역자가 전한 사우마의 정형화된 서술에 따르면, 마르 야발라하는 죽은 사람처럼 땅에 쓰러졌고, 다소 감정을 절제하고 있던 다른 조문객들이 그를 부축해야 했다. 조문객들이 예식을 마친 후 총대주교의 매장이 이루어졌다.

격변의 시기, 총대주교가 된 마르코스

그다음 날 교회 지도자들은 새로운 총대주교를 선출하기 위해 바그
다드에 모였다. 그 자리에 모인 지도자들은 제안된 몇몇 후보자들의
공적을 심의하고 그들의 동기를 공정하게 해석한 후, 만장일치로 마
르 야발라하를 선택했다. 정치 권력이 몽골족의 손에 있었기 때문에,
몽골어를 말할 줄 아는 마르 야발라하 같은 총대주교가 아시아의 대
부분을 정복한 몽골 통치자들을 상대하는 데 확실한 강점이 있을 것
이었다. 또한 마르 야발라하는 몽골의 관습, 절차, 법률에 익숙했고
그에 대해 잘 알고 있어 교회의 이익을 보호하고 진전시키는 데 이
론적으로 도움을 줄 수 있었다.[75]

　사우마의 기록에는 마르 야발라하가 자신이 지명된 것에 매우
놀랐다고 쓰여 있다. 그는 자신이 교회에서 주요한 필수 언어인 시리

아어를 구사하지 못하고, 네스토리우스교도의 주요 지도자로서 필요한 웅변술을 가지고 있지 못하며, 교회 교리의 세부적인 내용을 충분히 숙달하지 못하고 있다며 지명에 이의를 제기했다. 교회 당국은 그의 대응을 총대주교에 어울리는 칭찬받을 만한 겸손의 표시라고 간주했고, 그가 가장 적합한 후보자라고 주장했다. 그는 다소 걱정했지만 결국 지명을 받아들였다. 그 뒤, 그는 자신이 선출되었다는 소식을 스승에게 알리기 위해 타릴의 마르 미카엘 수도원으로 돌아갔다. 이 소식에 들뜬 랍반 사우마는 자신의 예전 제자이자 여행의 동반자에게 그의 선출은 신의 뜻이라고 이야기했다. 그리고 연장자인 그는 정치적 감각을 발휘해 가능하면 일 칸 아바카의 승인을 얻으라고 마르 야발라하에게 충고했다.[76]

　　마르 야발라하는 그의 친구이자 스승인 랍반 사우마는 물론이고, 교회 수도사와 교부로 이루어진 대표집단의 호위를 받으며 아제르바이잔의 타브리즈 근처에 있는 산의 휴양지로 향했다. 이곳은 일 칸이 여름을 보내는 장소였다. 아바카 칸은 그동안 마르 덴하의 반이슬람교적인 태도 때문에 난처했는데, 새로 임명된 총대주교가 이슬람교에 대한 뚜렷한 편견이 없는 데다가 대도에 있는 대칸과도 연결된 인물이라 틀림없이 안도했을 것이다. 수도사들이 지명자에 대한 아바카 칸의 의견을 물었을 때, 그는 재빨리 총대주교를 승인하면서 "생각과 양심의 이러한 순수함(혹은 진실함)은 칭찬할 만하다. … 이 사람과 그의 동료는 예루살렘에 가기 위해 동방에서 왔다. 이는 신의 바람이 그들에게 일어난 것이다"라고 말했다.[77] 그는 새로 선출된 네스토리우스교 총대주교에게 외투, 조그만 왕좌와 비슷하게 생긴 의자, 왕실 가문에 하사하는 것과 동일한 산개傘蓋, 금으로 된 허가장을 주었다. 이전에 마르 덴하가 소유했던 큰 도장도 수여했는데, 이는 총대주교의 권위를 상징했다. 또한 그는 관례대로 총대주교의 명령은 네스토리우스교 공동체의 법과 동등하다는 점을 확인해주었다. 마지막으로, 아바카 칸은 기독교도들의 환심을 더욱 확실하게 얻기 위해 마르 야발라하가 총대주교로 취임하는 데 드는 비용을 충당할 자금도 제공했다.[78]

이제 마르 야발라하는 이 이름을 가진 세 번째 총대주교인 마르 야발라하 3세로서 새로운 역할을 맡을 준비를 했다. 그와 랍반 사우마는 바그다드로 돌아왔고, 이곳에서 취임식이 진행되었다. 1281년 11월, 사마르칸트Samarkand와 소아르메니아, 트리폴리Tripoli에서 온 대주교들이 취임 예식에 참석하여 이 모습을 목격했다.

마르 야발라하는 고향에서부터 먼 길을 떠나와 36세의 나이에 교회의 가장 높은 지위에 올랐다. 두 수도사의 사명은 이번 임명과 함께 정점에 도달한 것처럼 보였다. 만약 이후에 다른 진전이 이루어지지 않았다면, 역사는 둘 중 마르 야발라하를 더 유명한 사람으로 기억했을 것이며, 랍반 사우마는 단순히 동방에서 온 총대주교의 스승으로만 서술되었을 것이다. 그러나 이 나이 든 성직자에게는 또 다른 모험이 닥쳐올 예정이었다. 한편, 중앙아시아의 정치적 혼란으로 인해 랍반 사우마는 여전히 중국으로 돌아가서 방문대표로서의 임무를 수행할 수가 없었고, 마르 야발라하는 총대주교의 권속을 관리하기 위해 이미 그를 영입한 상태였다.

　마르 야발라하는 재위 중인 일 칸과 계속 좋은 관계를 유지했다. 아바카 칸은 1281년 가을에 힘스Ḥimṣ전투에서 맘루크 왕조에게 일 칸국의 군대가 치명적인 패배를 당했음을 알게 되었고, 1281년 말 혹은 1282년 초에 남쪽으로 내려가 바그다드에 이르렀다. 무슬림과 의 이러한 갈등으로 아바카 칸은 일 칸국의 영역에서 가능한 한 많 은 비무슬림의 지원을 받아야 한다는 것을 깨달았다. 이런 연유로 아 바카 칸은 마르 야발라하가 별다른 요청을 하지 않았는데도 네스토 리우스교도에게 호화로운 선물을 제공했다. 또 교회와 수도원, 사제, 수도사들을 지원하기 위해 교회가 매년 세금을 징수할 권한을 주었 다. 그러나 세금을 실제로 거둘 수 있게 되기 전에 아바카 칸이 사망 했다. 그는 후원을 베푼 다음 아제르바이잔의 혹독한 환경이 아닌 남 쪽의 바그다드 지역에서 유쾌한 겨울을 보냈으며, 초봄에 네스토리 우스교회(그리고 마르 야발라하)의 중심지를 떠났다. 아마 맘루크에 대 한 복수 원정을 계획하기 위해서였을 것이다. 그런데 페르시아와 중 국의 많은 몽골 지도자들처럼, 아바카 칸은 알코올중독까지는 아니 더라도 술을 많이 마셨다. 그는 음주로 인한 지속적이고 심각한 병마 에 시달리다 쓰러졌다. 그리고 1282년 4월 1일 세상을 떠났다.[79]

　아바카 칸의 죽음은 초기 몽골 지배층을 괴롭혔던 것과 같은 종 류의 계승분쟁을 촉발했다. 아바카의 동생 테구데르Tegüder와 아바 카의 아들 아르군Arghun이 주요 경쟁자였다. 몇 번의 성급한 논의 끝 에 1282년 6월 몽골 귀족들은 테구데르를 일 칸으로 선정했다. 이는 아르군의 지지자들과 맞서는 장기적인 무력충돌을 불러일으켰다. 이 갈등은 테구데르의 재위 내내 지속되었다. 테구데르는 훌레구의 아들이었지만, 맘루크 왕조와의 갈등 때문에 무슬림들로부터 멸시 받았던 지도자였는데 그는 무슬림이 되어 스스로 이름을 아흐마드 Aḥmad로 개명했다.[80] 이제 그는 술탄 칭호를 채택하여 일부 몽골족과 네스토리우스교도들을 실망시켰다.

　일부 학자들은 몽골족과 네스토리우스교도들이 그 일의 영향을 두려워했다는 것은 사실무근이라고 주장했는데, 그 이유는 새로운 일 칸이 광범한 반反기독교 정책을 시행하지는 않았기 때문이다.[81] 그러나 테구데르는 명백히 이슬람교를 지지했고, 이는 당연히 페르시아 내 소수집단의 우려를 불러일으켰다. 테구데르가 역사학자 알라 앗 딘 아타 말릭 주베이니‘Alā al-Dīn ‘Atā’-Malik Juvainī의 형인 샴스 앗 딘 주베이니Shams al-Dīn Juvainī를 재정부 장관으로 복직시킨 것은 이슬람교를 향한 편애를 드러내는 일로 여겨졌다. 1280년 아바카가 재위하던 당시, 샴스 앗 딘은 맘루크 왕조와 은밀하게 반역을 모의했다는 고발을 당해 좌천되었고, 곧 엄한 처벌을 받을 예정이었다. 그런 그가 복귀하고 총애를 받자, 큰 불안감이 조성되었다. 기독교도들이 더욱 우려한 점은 맘루크 왕조와의 호의적 관계를 육성하기 위해 아흐마드가 사절단을 두 차례 파견한 일이었다. 역설적이게도 두 번의 사절은 맘루크 술탄의 궁정에서 냉소적인 대접을 받았다. 실제로, 술탄은 두 번째 사절로 온 사신들을 옥에 가두었다. 그러나 네스토리우스교도들은 아흐마드의 예비적이고 시험적인 노력을 큰 의심을 품고 바라보았다.

이 새로운 일 칸의 짧은 통치 기간(1282~1284)은 확실히 총대주교를 위협했다. 두 수도사의 여행 기록은 마르 야발라하가 아흐마드와 그의 주변에 있는 참모와 각료들을 두려워했음을 알려준다. 야발라하는 샴스 앗 딘 주베이니, 그리고 아흐마드의 막역한 동료인 압둘라흐만'Abd al-Rahmān(이 사람이 결국 맘루크 왕조로 향한 두 번째 사절단을 이끈다)이 네스토리우스교의 주요 적수이자 박해자라고 지적했다.[82] 야발라하에 따르면, 이 관료들은 아흐마드에게 자신을 경쟁자인 아르군의 지지자라고 고발했다고 한다. 게다가 이들은 자신이 쿠빌라이 칸에게 아흐마드의 죄를 입증해 충격을 가할 수 있는 자료를 몰래 서신으로 보냈다며 비난했다고 한다.[83] 또 다른 저명한 네스토리우스교도인 모술 총독도 일부 공모했다는 고발을 당했다. 일 칸의 궁정에 있는 무슬림 각료와 아첨꾼들은 야발라하와 그의 협력자들에 대한 간사한 비난에 합류했다.[84] 야망에 찬 네스토리우스교 고위 성직자로, 영하 지역에서 온 대주교와 시리아의 아르니Arni에서 온 주교도 그랬다. 이들은 총대주교와 총독의 지위를 탐냈는데, 이러한 비난 행렬에 가담했다.

이렇게 날조된 비난은 속아넘어갈 정도로 설득력이 있었다. 사우마의 편견이 반영되었음이 분명한 서술에 따르면, 무지한 일 칸이 속아넘어가서 그들을 믿게 되었다고 한다. 그 결과, 1283년 봄 아흐마드는 야발라하의 임명장을 회수했다. 그리고 총대주교, 랍반 사우마, 모술 총독은 소환되어 급하게 열린 재판정으로 호송되었다. 세

사람은 즉시 해명을 요구했다. 그들을 호송하러 온 사람은 몇몇 네스토리우스교 주교, 서기, 고문이 일 칸에게 와서 그들이 쿠데타를 계획하며 쿠빌라이 칸에게 서신을 보내 일 칸을 이슬람교로 개종한 배신자라고 비방한 사실을 고발했다고 했다. 각각의 고발자는 한 명씩 따로 소환되어 재판에 참석했고, 이들은 세 네스토리우스교도에 대해 똑같은 고발 내용을 반복했다. 그때 야발라하는 아마도 그가 총대주교로 선출되는 데 한몫했을 법한 재치를 발휘해 단순하면서도 기발한 제안을 했다. 그는 쿠빌라이에게 서신을 전하기 위해 중국으로 향하는 사신을 귀환시킬 전령을 파견하라고 당국에 촉구했다. 그러면 이 소동의 증거가 되는 문서를 신중히 살펴볼 수 있을 게 아닌가.[85] 이 제안에 만족한 재판장은 일 칸에게 이 방식을 따르기를 요청했다. 전령이 사신을 가로막고, 서신을 판독했는데, 어떠한 선동 혹은 비방의 문구도 발견되지 않았다.

그러나 사우마의 명백히 일방적인 서술에 따르면, 일 칸 아흐마드는 사로잡은 이들에 대해 여전히 분노에 가득 차 있었다. 아흐마드는 그들을 40일간 구금했고, 엄벌에 처할 구실을 찾았다. 그는 일부 영향력 있는 고문과 각료, 그리고 자기 모친의 열띤 노력 때문에 겨우 그들에게 처형 명령을 내리는 일을 멈출 수 있었다.[86] 일 칸의 모친은 열렬한 네스토리우스교도였는데, 일 칸에게 기독교 고위 성직자들을 전혀 두려워할 필요가 없다고 설득했다. 또한 갇힌 세 명을 풀어주고 야발라하의 임명장도 돌려줄 것을 촉구했다. 풀려난 야발라하는 감사의 마음을 간직한 채 조용히 비옥한 아제르바이잔 지역의 우르미야호수 근처 조그만 네스토리우스교 공동체가 있는 우르미야 마을로 길을 떠났다. 그는 그 교회에서 기도하던 중 다시는 일 칸을 볼 수 없으리라는 종교적 환상을 경험하게 되었다.

한편, 일 칸 아흐마드는 그의 조카 아르군이 주도한 반란을 진압하기 위해 원정을 추진했다. 1284년 1월 그는 자신을 몰아내기 위해 아르군과 은밀히 계획을 짜던 동생 중 한 명을 우선 사로잡아 처형했다.[87] 1월부터 7월까지는 페르시아 전역으로 아르군의 군대를 추격했고, 마침내 따라잡아 포위하여 7월 11일에 아르군을 생포했다. 아흐마드는 즉각 아르군을 처형하는 대신, 자신의 궁정과 새 부인이 있는 곳으로 되돌아가면서 부하들에게 그의 조카를 넘겨주었다.

결국 이 결정은 치명적인 오판이었음이 드러났다. 아흐마드의 성격과 정책은 그의 병사들에게도 상당한 반발을 불러일으키고 있었다. 그가 시도한 맘루크 왕조와의 친선 정책, 그의 고압적인 태도, 몇몇 핵심 관료의 후방과 그로 인해 빚어진 관료들의 소외감, 동료 무슬림들에 대한 공감, 다른 종교에 대한 억압 정책이 곧 나올 것이라는 의혹의 확산 등은 주요 각료들에게도 분노를 양산했다. 아흐마드가 전선에서 급하게 떠난 지 며칠 되지 않아, 전에 추방되어 불만을 품은 관료 중 한 사람이 쿠데타를 일으켰다. 이 관료는 아르군을 석방해 전쟁을 재개했다. 이제 아흐마드는 수세에 놓였다. 아흐마드의 적들은 그의 협력자들과 각료들마저 배신한 사태에 용기백배했고, 즉각 일 칸을 추격하기 위해 대규모 군대를 준비했다. 아흐마드는 자신에게 저항하기 위해 잘 조직된 부대가 배치되고 있다는 것을 알게 되자, 일 칸국의 전통적 경쟁자인 킵차크 칸국의 영역에서 은신처를 찾으려고 했다. 그러나 때는 너무 늦었다. 위험한 상황을 인식하는 데 너무 둔했던 탓에 그는 불행한 운명을 맞이했다. 부하들은 그가 탈출하는 것을 막고, 그를 아르군에게 넘겼다. 엄청난 압박 속에서 8월 10일, 아르군은 어쩔 수 없이 자신의 작은아버지를 처형했다.[88]

아르군의 승리와 그 이후 이뤄진 신속한 즉위는 야발라하와 사우마 두 사람의 삶과 생애에 극적인 변화를 가져왔다. 총대주교는 재판으로 혐의를 벗고 우르미야에서 잠깐 휴식을 취한 후, 이전에 그와 대립한 일 칸국 초기 네스토리우스교의 중심지이자 마르 덴하의 거주지가 있던 마라가로 이동했다. 그런데 야발라하는 무언가 꺼림칙해 했다. 사우마의 다소 미심쩍은 기록은 그가 두려워한 이유를 언급하고 있다. 사우마의 기록은, 어떤 단서는 없지만, 아흐마드가 야발라하에 반대했던 주교들에게 아르군의 처형을 알게 되는 즉시 야발라하를 죽이라는 지시를 내려두었기 때문이라고 서술한다.[89] 아흐마드에게 부여된 이러한 혐의를 독자적으로 확인할 수는 없다. 그의 패배와 사망으로 인해 사우마의 기록을 입증하기 어렵게 되었고, 아마 실제로 그런 조치를 취할 필요가 없었을 것이다. 입증할 수 없는 것이 하나 더 있다. 야발라하의 꿈에 대한 랍반 사우마의 이야기이다. 야발라하는 아흐마드의 사망을 알기 전, 한 젊은 남자가 천으로 덮인 삶은 머리를 담은 접시를 들고 나타나는 악몽을 꿨다. 이 정체불명의 남자는 천을 벗기면서 야발라하에게 머리를 먹으라고 명령했다. 야

마수디 우스만 이 쿠히스타니(Masudi b. Usman-i Kuhistani)가 그린 아바카 칸의 즉위식
우즈베키스탄 타슈켄트 소재 우즈벡과학원 아부 라이혼 베루니 동양학연구소에 소장된 『아불 하이
르 칸의 역사(Abu-l-Khair-Khan's History)』에서 발췌.

발라하가 머리를 거의 다 먹자 젊은 남자는 이것이 아흐마드의 것이
라고 털어놓았다.[90] 사우마의 기록은 며칠 후 총대주교가 아흐마드
의 죽음을 알게 되었다는 언급으로 이 이야기의 끝을 맺는다.

　야발라하의 인생과 경력은 구원받았다. 그는 새로운 일 칸인 아
르군에게 경의를 표하기 위해 수행원을 모아 이동했다. 지도자를 알

현한 그는 아르군이 오래 통치할 수 있도록 기도를 올렸다. 이에 아르군은 큰 존경심을 가지고 야발라하를 대우했는데, 특히 야발라하가 아흐마드 통치 시절 재판을 받고 고난을 겪었다는 것을 알게 되면서 더욱 큰 경의를 표시했다. 그리고 야발라하에 대한 음모를 계획한 네스토리우스교의 종교 성직자들에게로 시선을 돌려, 그들을 처형하라고 명령했다. 그러나 야발라하는 길을 잘못 선택한 두 명의 기독교도를 교회 내에서 처벌하겠다며 죽이지 말라고 일 칸을 설득했다.

야발라하는 음모를 꾸민 사람들의 목숨을 구해준 후, 이제 사건의 진상을 조사하기 위해 교부 모임을 소집했다. 교부들은 음모를 꾸민 자들로부터 교회에서 수여한 칭호와 직임을 박탈하고 그들을 파문하라고 조언했다. 총대주교는 이 조언을 즉각 시행했다.

고향을 떠나온 뒤 여행하면서 수많은 모험을 겪은 야발라하와 랍반 사우마는 이제 그들의 종교적 사명을 자유롭게 추구하면서 여생을 보내게 될 것이었다. 그들은 이미 역사에 한 획을 그었다. 아시아를 가로지르는 대담하면서도 위험한 여행, 당시의 여행에 관한 사우마의 기록(미래의 역사가들에게 매우 귀중한 자료이다), 네스토리우스 교회의 지도자 지위에 임명된 일, 1282년에서 1284년 사이에 일 칸국의 정치적, 군사적 혼란에 연루되었던 일이 모두 그랬다. 그들은 종교적 관심사와 의무에 집중하면서 평화로운 삶을 살아갈 자격을 얻었다. 그러나 곧 정치와 외교관계가 개입하여 랍반 사우마는 민감하고 중요한 임무를 수행할 기회를 맞게 된다. 유라시아 역사의 미래를 형성할 잠재력을 지닌 임무였다.

3

13세기 말의
몽골족과 무슬림, 유럽인

성지를 둘러싼 국제정세

랍반 사우마의 새로운 임무는 수십 년 전으로 거슬러가는 유럽인과
아시아인의 갈등에서 비롯되었다. 아르군이 즉위했던 시기에 일 칸
국은 여전히 적대적인 이웃 국가들에 둘러싸여 있었다. 무슬림인 맘
루크 왕조는 시리아에서 페르시아 몽골족에게 저항하고 있었고, 몽
골의 지배를 무너뜨리기 위해 페르시아의 동료 무슬림들을 선동할
수 있는 잠재력을 보유했다. 킵차크 칸국은 아제르바이잔에서 일 칸
국에 도전하고 있었다. 중앙아시아의 지배자인 카이두는 세금과 영
토를 놓고 일 칸들과 전투를 치르고 있었다. 1260년대 말부터는 카이
두의 통제를 받는 차가다이 칸국의 칸이 간헐적으로 같은 일을 수행
했다. 이슬람교의 대표자였던 맘루크 왕조는 중동에 자리한 유럽 기
독교 공동체의 마지막 잔여 세력인 십자군 국가를 격퇴하려고 했다.[1]

예전과 마찬가지로 이러한 갈등의 핵심에는 영토와 세금, 공물에 대한 통제가 자리하고 있었고, 종교적인 분열 또한 일 칸들을 고립시키는 데 큰 역할을 했을 것이다. 맘루크 왕조는 일 칸들이 페르시아 내에 머무르게 압박하면서 중동에서 이슬람교의 지배를 유지하고자 했다. 더 나아가서는 페르시아에서 일 칸국을 물러나게 하여 더 동쪽으로 진출하고자 했을 것이다. 여기에 더하여 차가다이 칸국 영역 내의 인구 대부분은 일 칸들에게 적대적인 무슬림들로 구성되어 있었다.

훌레구의 사망 이후 일 칸국과 이웃 국가들 사이의 곤란한 관계가 크게 변하지 않았다면, 이 문제를 다룰 방도 또한 바뀌지 않았을 것이다. 무엇보다도 일 칸국은 동맹국의 도움이 필요했다. 그러나 쿠빌라이는 여전히 너무 멀리 떨어진 곳에서 자신의 일에 열중하고 있었고, 기독교도인 소아르메니아는 비록 도움을 줄 의지는 있었지만 군대가 너무 약해서 별 소용이 없었다.[2] 그렇다면 동맹을 맺으려는 훌레구의 노력이 실패했음에도 불구하고 기독교 유럽이 가장 가능성이 컸다.

1265년에 아바카가 훌레구를 계승해 일 칸이 되었을 때, 그는 맘루크 왕조에 대항하여 서유럽과 협력을 추구하려는 아버지의 정책을 이어나갔다.[3] 즉위한 지 1년도 채 안 되어 아바카는 협상과 동맹에 대한 관심을 표시하기 위해 교황 클레멘스Clemens 4세(재위 1265~1268)에게 사절단을 파견했다. 이때 파견된 사절과 이후 몇 차례 보내진 몽골의 사절단들은 '이교도'를 개종시키려는 교황의 관심사를 잘 알고 있었기에 기독교도 고위 성직자들로부터 세례를 받아 개종하고 싶다는 일 칸들의 희망을 교황이 확신하도록 거듭 전했다. 이에 대한 응답으로 교황은 동맹에 대해서는 이의를 제기했고, 무슬림 맘루크 왕조에 대항하는 협력에 대해서는 언급하지 않았다.[4] 교황은 일 칸의 모친과 그의 아내가 기독교도라는 것을 알았고, 그래서 아바카가 기독교로 개종했다고 잘못 믿고 있었지만, 여전히 몽골족에게 유럽의 군사적 지원을 약속하려고 하지는 않았다.

교황이 지원을 꺼린 이유 중 일부는 유럽 자체 내의 갈등과 이웃한 이탈리아 도시국가들이 통합하지 못한 데서 비롯되었다. 이탈리아의 주요 상업 중심지인 베네치아와 제노바는 서로 적대하는 라이벌이었고, 둘 다 지중해 무역을 장악하고자 혈안이 되어 있었다. 비잔틴제국과 십자군 국가에 대한 첨예하게 다른 정책들은 두 도시 사이의 갈등을 고조시켰다. 4차 십자군 원정에서 비잔틴제국의 수도 콘스탄티노플을 함락하고 1204년부터 1261년까지 그곳을 점거했던 베네치아는 제노바가 비잔틴제국에 재정적, 군사적 지원을 한 것에 분개했다. 또한 베네치아는 제노바를 무역에서 배제하고, 십자군 국가와 정치적으로 연관되는 시도를 차단하려 했다.[5] 십자군 국가에 있던 기독교도 기지들은 이러한 갈등의 결과로 고통을 겪었다. 기독교 유럽의 일치된 지원을 받지 못했기 때문이다. 여전히 몽골족을 두려워했던 그들은 결국 일 칸들과의 동맹을 시도하지 않았다. 기독교도 기지들과 몽골족의 연합 공격이 있었다 해도 성지 주변에 대한 맘루크 왕조의 팽창을 막지는 못했겠지만, 십자군 국가가 모두 붕괴

앙주의 샤를
이탈리아의 건축가이자 조각가인 아르놀포
디 캄비오(Arnolfo di Cambio)가 13세기
말에 제작한 조각상으로 이탈리아 로마의
콘세르바토리궁전에 위치해 있다.

하는 것을 막을 수는 있었을 것이다.

　이탈리아의 불안과 통합 실패에 기여한 사람은 앙주의 샤를Charles of Anjou이었다. 생 루이(프랑스의 왕 루이 9세)의 동생 샤를은 1265년에 교황의 승인과 지원을 받고 나폴리와 시칠리아Sicilia의 왕으로 즉위했다. 샤를은 성지를 탈환하고 '해방'시킨다는 십자군의 목표에는 별다른 관심이 없었다. 그의 주된 목표는 비잔틴제국을 장악하여 지중해 무역을 자신의 관심과 이익에 맞게 형성하는 것이었다. 그는 아바카가 비잔틴제국의 공주와 혼인한 것은 일 칸국이 비잔틴제국과 연합했음을 확인시켜주는 것이라 믿었기에 페르시아의 몽골족과 협력하는 것을 경멸했다. 그래서 샤를과 베네치아는 제노바의 지원을 받는 비잔틴제국에 대항하기 위해 종종 함께 행동했다.[6]

이 시기에 가장 열정적으로 십자군을 옹호한 사람은 잉글랜드의 왕자 에드워드Edward였다. 또한 에드워드는 유럽 대륙의 정치에 깊숙이 휘말려 있었다. 아키텐의 알리에노르Eleanor of Aquitaine 여공작의 손자였던 에드워드의 아버지 헨리 3세는 가스코뉴Gascogne의 관할권을 가지고 있었기에 프랑스 왕에게 충성을 맹세했다. 그래서 1272년 왕위를 계승한 에드워드를 포함해 이 시기 잉글랜드 군주들은 유럽 대륙의 이해관계에 얽혀 있었다. 게다가 에드워드는 프랑스 왕 필리프 3세(용감왕으로 불렸다. 재위 1270~1285)의 사촌이었다. 에드워드 모친의 여동생이 생 루이의 아내이자 필리프 3세의 어머니였다. 생 루이가 그랬던 것처럼, 십자군에 참여하려 했던 에드워드의 소망은 종교적 열정에서 생겨난 것으로 보인다.

그러나 에드워드는 모순된 동기에 의해 움직였던, 알기 어려운 사람이었다. 그가 사망했을 때 당시 사람들은 그를 위대하고 숭고한 애국자라고 묘사했지만, 생애 초기의 그는 불안정하고 폭력적이었다. 특별히 불쾌한 한 사건의 예를 들면, 어린 왕자는 그의 동료들에게 자신을 공격한 청년의 귀를 자르고 눈을 도려내라고 명령했다. 왕이 된 이후 에드워드는 자신의 왕국에서 행정과 재정 절차를 개선하고 명령보다는 법령을 통한 조치를 강조했지만, 그의 왕국은 스코틀랜드, 웨일스, 프랑스와의 전쟁에 시달렸다. 이는 국고國庫에 심각한 부담을 가져다주었다. 약 188cm의 장신인 에드워드는 "행동하는 인물"이었고, "편안하게 설득하고 지원하는 기술을 사용하지 않았다. 그가 선호한 스타일은 대결과 강요였다."[7] 그럼에도 불구하고 그의 신앙심은 매우 깊었고, 그의 왕국과 세계 전체에 기독교를 퍼뜨리려는 희망을 가지고 있었다. 그는 다른 사람을 개종시키는 일에 열렬한 신도였다.[8] 그의 독실함은 더욱 불미스러운 모습으로 나타나기도 했다. 1290년에 그는 잉글랜드에서 유대인들을 추방했는데, 그들의 재산을 빼앗아서 그들에게 진 빚을 없애려는 의도가 일부 있었다. 그의 종교적 신념과 그로 인한 유대인에 대한 편견이 빚은 결과였다.

13세기 초부터 그와 잉글랜드 왕실 가문의 구성원들은 십자군 공동체들로부터 적대적인 이웃 국가들에 대항하기 위한 원조를 요청하는 서신을 많이 받았다.[9] 이에 대한 응답으로 에드워드는 십자군에 참가하고자 했다. 십자군 국가의 안전 확보를 돕겠다는 것은 고립된 기독교 십자군 공동체에 더욱 가까이 다가가고 있던 맘루크 왕조와 그들의 술탄 바이바르스Baybars와 대적하겠다는 것을 의미했다.

1270년, 에드워드가 아직 잉글랜드의 왕세자였을 때, 그는 몇 년 전 교황 클레멘스 4세의 허가로 소집된 십자군에 가담했다. 그러나 실제로 이 십자군은 생 루이가 시작했는데, 그는 성지보다 더 취약한 적들이 있는 튀니스Tunis를 공격하자는 동생인 앙주의 샤를에게 설득당한 것이었다. 그런데 샤를에게는 숨겨진 정치적 의도가 있었다. 그는 튀니스의 에미르Emir(이슬람권에서 귀족, 족장, 대공 등을 가리키는 칭호―옮긴이)에게 직접 복수하고 싶었던 것인데, 이 튀니스의 에미르는 시칠리아를 놓고 벌어진 전쟁에서 샤를에 대항하는 신성로마제국의 호엔슈타우펜Hohenstaufen왕가를 지지했다. 샤를이 승리를 거두었을 때, 에미르는 시칠리아에 세공歲貢을 납부하기를 거부했다.

십자군의 앞길은 순조롭지 못했다. 더위와 비위생적인 환경과 전염병은 결국 원정군을 궤멸시켰고, 생 루이 자신도 1270년 늦여름에 질병의 희생자가 되었다.[10] 그러는 동안 에드워드는 튀니스로 갔는데, 샤를과 에미르가 적대관계를 끝내고 튀니스가 시칠리아로 조공을 다시 바치기로 협약을 맺었다는 것을 알게 되면서 분노에 휩싸였다.

에드워드는 물질적인 보상을 대가로 샤를이 십자군을 냉정하게 중지시킨 것에 환멸을 느꼈다. 여기에 더하여 그의 아버지의 병세가 심각하다는 소식에 괴로워했지만, 그는 십자군을 지속하기로 결심했다. 1271년 5월 십자군 국가의 남아 있는 성채도시 아크레에 도착한 그는 베네치아 상인이 맘루크의 적과 광범하게 교역하고 있다는 사실을 알고서 크게 실망했다. 그는 십자군을 계속 지원하는 문제를 다른 유럽인에게 의지할 수 없었기 때문에, 페르시아의 몽골족에게 시선을 돌렸다. 그는 시리아에 있는 맘루크 왕조의 진지에 대한 합동 원정을 제안하고, 일 칸국의 군대가 동쪽에서부터 공격할 것을 요청하기 위해 아바카에게 사절단을 파견했다.[11] 그러나 당시 일 칸은 차가다이 칸국과의 갈등에 온통 신경이 쏠려 있었다. 아바카는 그의 동쪽 국경에 집중해야 했다.[12] 1270년 7월 아바카는 중앙아시아에 대해 큰 승리를 거두었지만, 에드워드의 제안에 성심성의껏 응할 수가 없었다.

솔로몬의 심판

미국 뉴욕 모건라이브러리가 소장한 「시편(詩篇)」 '풍차(Windmill Psalter)'에서 발췌. 글자 E 안의 왕은 그 대상이 에드워드 1세일 수 있음을 암시하고 있다.

에드워드는 싸움에 헌신할 수 있는 동맹을 얻지 못하고 휘하에는 상대적으로 적은 병력밖에 없었지만, 그럼에도 약 1년간 원정을 계속했다. 몇 차례의 교전과 대치 끝에 양 진영 모두 전쟁에 지쳤다. 1272년 5월 그들은 십자군 공동체의 안전을 10년 동안 보장한다는 정전협정을 맺었다. 이렇게 되자 맘루크 술탄은 십자군 국가에 대한 훗날의 공격을 준비하면서 몽골족에 집중할 수 있었다. 에드워드는 한 이스마일리교파 무슬림이 벌인 6월 16일의 암살 시도로 부상을 입고 본국으로 귀환했다. 그는 오점을 남기고 돌아온 것이다. 최근의 전기작가는 에드워드에 대해 이렇게 썼다.

> 그는 제대로 된 정치력을 거의 보여주지 못했다. … 튀니스에서의 실패 이후, 그는 아주 불충분한 병력으로 동쪽으로 진군하는 데 집착하면서 완강한 태도를 보였다. … 팔레스타인에서 몽골족의 협력을 얻고자 했던 에드워드의 외교적 노력은 별다른 성과를 거두지 못했고, 군사적 측면에서도 그의 군대는 수가 너무 적어서 많은 것을 이룰 수가 없었다.[13]

한편, 아바카는 맘루크 왕조를 압박하여 몽골의 목표였던 성지를 점령하고 중동의 다른 지역을 차지하기 위해서는 서유럽과의 협조와 일치된 노력이 필요하다는 것을 인지했다. 1272년에 새로운 교황 그레고리우스Gregorius 10세가 선임되었고, 아바카는 교황이 맘루크 왕조에 대한 합동작전에 관심을 가지기를 바랐다.[14] 이 목표를 위

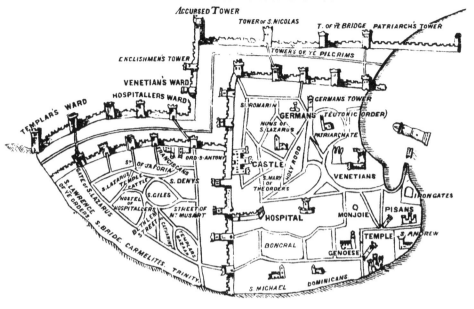

현대에 복원된 아크레 지도

병원기사단과 템플기사단의 거주지 위치는 물론이고, 도시에 주둔하고 있는 다양한 유럽인 집단의
구획 위치와 시설을 보여준다. 출처 미상.

해 1273년 아바카는 애쉬비의 다비드와 함께 사절단을 파견했다. 다
비드는 1260년에 일 칸 훌레구에게 파견된 서유럽 사절단의 일원으
로서 임무를 수행한 후 페르시아에 머물러 있던 인물이었다. 사절단
은 1274년 리옹에 도착했는데, 이때 그레고리우스 10세가 공의회를
소집해 리옹에 교회 지도자와 정치 지도자가 모여 있었다(비록 칸의
사절들은 교황만 만났지만 말이다).

 아크레에 잠시 머문 적이 있었던 그레고리우스 10세는 성지를
탈환하고 십자군 국가들을 보호할 수 있기를 간절히 열망했다. 그

는 맘루크 왕조에 대한 대대적인 공격을 위해 유럽 지도자들의 단합을 설득하고자 했다. 이때 잉글랜드의 왕이 된 에드워드 1세는 서유럽의 군주 중에서 십자군을 열정적으로 지지하는 유일한 사람이었는데, 이 공의회에 참석하지 않았다. 십자군의 튀니스 원정에서 1274년 8월이 되어서야 돌아왔기 때문이다.[15] 비잔틴 황제 미카엘 팔라에올로구스Michael Palaeologus가 파견한 사절은 앙주의 샤를이 계획하고 있던 침략을 취소하도록 교황이 설득해줄 것을 요청하기 위해 공의회에 참석했다. 교황은 샤를에게 무기를 내려놓으라고 종용했고, 그의 말은 분명히 설득력이 있었다. 샤를은 일시적으로 비잔틴제국에 대한 모든 공격을 연기했다.[16] 이에 대한 보답으로 미카엘은 동방정교회와 가톨릭교회의 연합에 동의했고, 이는 교황이 거둔 주요한 성공이었다. 그러나 모든 환호는 시기상조였음이 드러났다. 연합은 결코 이루어지지 않았다. 교황은 십자군 원정에 대한 지원을 끌어내는 데 그다지 성공을 거두지 못했다. 교황은 1276년에 사망했고, 맘루크 왕조에 대항하는 합동작전을 위한 아바카의 요청에 긍정적인 대답을 해줄 수 없었다.

아바카는 앞서 자신의 아버지 훌레구가 그랬던 것처럼, 유럽이 다양한 측면에서 분열된 몽골 세계와 닮았다는 것을 처음에는 깨닫지 못했다. 그는 유럽 기독교도들과 동맹을 맺기 위해 계속 노력했다. 1276년 그는 제임스와 존 밧살리James & John Vassalli라는 두 명의 조지아인 기독교도를 바티칸에 보내 협력 제안을 되풀이했는데, 그해에 교황이 된 요한네스Ioannes 21세는 십자군에 대한 열정이 교황

그레고리우스 10세에 미치지 못했다. 교황 요한네스 21세의 치하에서 교황청은 몽골족이 기독교로 개종하기를 바라면서 일 칸의 사절을 환대했던 정책으로 복귀했지만, 정치적 동맹에 대해서는 입장을 밝히지 않았다.[17] 따라서 아바카 입장에서는 1276년의 사절은 절망적인 실패였다. 이와 비슷하게 1277년에 그가 유럽의 여러 궁정으로 파견한 사절단은 런던에 도착했지만, 확실히 에드워드 1세는 접견하지 못했고(혹은 실제로 유럽의 어떠한 다른 군주도 만나지 못했다), 동맹 서약을 끌어내는 데도 실패했다.

　이탈리아의 수많은 도시국가, 비잔틴제국, 그리고 십자군 국가는 각자 자신들의 관심사를 계속 수행하고 있었고(몽골족과의 동맹을 위한 여지는 없었다), 페르시아와 성지에서 더욱 멀리 떨어져 있는 유럽의 국가들은 아바카의 요청에 호의적으로 응답할 수 없었다. 에드워드 1세는 여전히 십자군 원정의 열렬한 지지자였지만 1277년에 웨일스에서 일어난 정치적 도전과 전쟁에 시선이 쏠려 있었다. 프랑스의 왕 필리프 3세는 그의 아버지 생 루이와는 상당히 달랐는데, 혼인동맹과 사망한 지방 지도자들의 땅을 몰수하는 방법을 통해 프랑스의 영토를 늘리는 일에 몰두하고 있었다. 1270년대 내내 그는 성지 혹은 일 칸들과의 동맹에 별다른 관심을 드러내지 않았다. 그저 프랑스의 발전과 그의 작은아버지인 앙주의 샤를이 나폴리와 시칠리아에서 성공을 거두는 데 더 많은 관심을 보였다.[18]

　유럽-몽골의 외교관계에 대한 이러한 검토는 유럽인들 사이의 불화로 인해 아바카의 제안이 받아들여지지 못했다는 것을 보여준

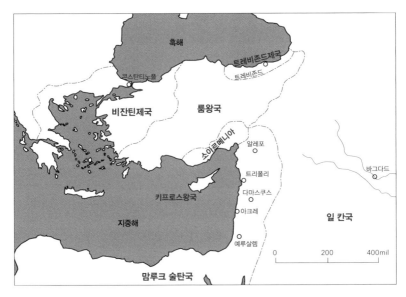

1280년경 성지와 그 주변
© 1992, 모리스 로사비

다. 물론 이러한 주장은 그 시기의 경제와 정치 발전의 복합성, 세속 권력과 종교 지도자들에 의해 형성된 유럽 내부의 수많은 압력과 혼란을 공평하게 평가한 것은 아니다. 유럽의 지도자는 제각기 다른 목표와 관심을 가지고 있었고, 이것이 단합된 행동의 가능성을 감소시켰다. 심지어 그들 중 극소수는 이론적으로는 경멸받는 무슬림들과 대개는 은밀하게, 그러나 때로는 공개적으로 교역을 했다.

협력을 이루는 것이 확실히 불가능함을 알게 된 아바카는 대규모 전쟁을 피하는 것 외에는 의지할 데가 없었다. 예를 들면, 아바카는 1277년에 술탄 바이바르스가 사망한 사건을 이용할 수 없었다.[19] 그는 맘루크의 주력 부대가 셀주크 튀르크족에 대항한 성공적인 원정 이후 시리아로 철수한 것을 알았지만, 공격하게 되면 이미 시리아에 있는 또 다른 맘루크 왕조 부대가 당연히 도우러 올 것이고 이들과 주력 부대를 모두 쫓아가서 상대할 정도로 큰 규모의 부대를 자신의 휘하에 전혀 보유하지 못했다. 또한 아바카는 바이바르스의 허약한 아들 바라카Baraqa의 계승과 이후 1279년에 술탄 콸라운Qalawun에 의해 바라카가 축출되면서 드러난 맘루크 왕조의 혼란을 활용하지도 못했다.

아바카는 1281년이 되어서야 시리아에서 무슬림을 몰아내려는 혼신의 노력을 수행하게 되었다. 이해에 그는 동생 뭉케 테무르Möngke Temür에게 4만 명의 군대를 이끌 권한을 부여하고 서쪽으로 파견했다. 아주 유능한 아바카가 지휘하지 않는 상황에서 원정대는 어려운 시간에 직면했다. 10월 30일 맘루크 왕조와 일 칸국의 군대가 힘스(현재 레바논 바로 북쪽에 위치한 시리아의 도시)에서 만났는데, 날이 저물기 전에 뭉케 테무르는 부상을 입었고 그의 군대는 참패했으며, 그와 나머지 병력은 겨우 탈출했다.[20] 이 굴욕적인 패배에 대해 복수도 하지 못한 채 아바카는 몇 달 후 사망했다.

아바카의 계승자인 아흐마드는 이슬람교에 호의적인 인물이었기 때문에 그의 짧은 치세 동안에 맘루크 왕조에 대한 원정은 전혀 시행되지 않았고, 동맹을 맺기 위해 기독교 유럽에 사절을 파견하지도 않았다. 이로 인해 성지를 탈환하려는 목적으로 맘루크 왕조에 대항하는 동맹을 맺으려던 아바카의 계획은 잠시 방기되었다.

반가운 유럽의 변화

이 시기 유럽에서 일어난 사건들은 초기에는 유럽 대륙의 분열을 악화시켰지만, 결과적으로는 몽골족과의 동맹 가능성을 높였다. 1280년대 초가 되면 일 칸의 오랜 적인 앙주의 샤를이 권력을 상실하는 상황에 처하게 된다. 1281년 10월 샤를은 프랑스인 교황 마르티누스 Martinus 4세(재위 1281~1285)를 설득해 비잔틴 황제를 파문하고, 리옹 공의회에서 협상했던 가톨릭교회와 동방정교회의 연합을 포기하게 했다. 이로써 그는 비잔틴제국에 대한 침략을 이교도에 대항하는 십자군이라고 말할 수 있게 되었다.[21] 그러나 비잔틴제국에 대한 성공적인 공격을 위해서는 물자와 재정적 자원이 필요했는데, 일부는 시칠리아에서 얻어내야 했다. 시칠리아인들은 이미 프랑스인(특히 샤를)의 지배를 받는 것에 분노하고 있었는데, 여기에 세금 부담이 더

해지자 마침내 '시칠리아의 저녁기도Sicilian Vespers'로 알려진 반란을 일으켰다. 1282년 3월 30일, 그들은 들고일어나 재빨리 섬의 통제권을 장악했는데, 이는 샤를은 물론, 그를 지원한 교황에게도 치명적인 타격이었다. 시칠리아인을 지지했던 아라곤Aragon의 페로Pero 3세는 1284년에 샤를의 아들을 사로잡았다. 이듬해에 샤를은 노쇠하여 세상을 떠났다.

샤를이 더 이상 유럽의 정치에 간여하지 않게 되면서, 유럽인은 물론이고 일 칸국에도 새로운 기회를 제공할 가능성이 만들어졌다. 이는 남아 있는 유럽의 지도자들이 샤를이 그랬던 것보다는 일 칸국을 의심하지 않아서 몽골족과 함께 맘루크 왕조에 대항하는 동맹을 만들 의지를 갖췄기에 가능했다. 샤를의 죽음은 또한 베네치아가 비잔틴제국을 공격하려는 계획을 포기하게 했고, 1285년 이 동방의 기독교제국과 협상이 체결되면서 아드리아해의 항구에서 콘스탄티노플 항구에 이르는 교역이 재개되는 결과를 낳았다. 이탈리아의 주요 세력(제노바, 베네치아, 나폴리와 시칠리아)과 비잔틴제국 사이의 평화는 더욱 단합된 남유럽과 지중해 국가들이 탄생할 가능성을 창출했다.

이 사이에 잉글랜드에서는 반란이나 다른 문제들이 있었지만, 에드워드 1세는 여전히 십자군을 강력하게 지지하는 사람으로 남아 있었다. 그의 종교적 열정과는 별개로, 몽골족과 좀 더 가까운 관계를 맺기 위한 새로운 정치적 동기 역시 가지고 있었던 것 같다. 그는 페르시아의 몽골족 중에서 기독교 지도자로 파악된 사람과의 혼인동맹을 고려하고 있었다.[22] 또 다른 정치적 고려 사항은 그 당시 맘루크 왕조가 상대적으로 취약해져 있었다는 점이다. 병원기사단 Knights Hospitaller(원래는 질병에 걸린 순례자를 치료하기 위해 설립된 군사적, 종교적 조직이었다)의 지도자는 힘스전투가 맘루크 왕조를 약화시켰기 때문에 특히 몽골족이 공격에 합류할 수만 있다면, 새로운 십자군을 위한 적절한 시기가 왔다고 보고했다.[23]

그럼에도 불구하고 현실 정치는 에드워드 1세의 최우선 과제가 내부의 통제력을 유지하는 것임을 알려주었다. 1283년 그는 십자군을 위해 할당해둔 자금을 웨일스의 반란 진압을 위해 쓰는 것으로 전환할 수밖에 없었다.[24] 하지만 성지를 회복하려는 그의 진실한 소망은 일 칸들에게 기회의 가능성이 있다고 기대하게 만들었다.

교황이 있는 바티칸 역시 1280년대에 변화를 겪었다. 이는 페르시아의 몽골족과의 협력 가능성을 시사했다. 앙주의 샤를을 지지했기 때문에 일 칸들과 친밀하지 않았던 교황 마르티누스 4세가 1285년에 사망하고, 뒤를 이어 교황 호노리우스Honorius 4세(재위 1285~1287)가 선출되었다. 그는 반몽골anti-Mongol 성향이 강하지 않은 로마인으로서, 취임 이후 정책 변화가 나타났다. 새로운 교황은 마르티누스 4세가 샤를에게 강한 호의를 보이면서 소외시킨 이탈리아의 도시국가에는 회유하는 태도를 보였다. 호노리우스는 비잔틴 제국과 몽골족에 대한 샤를의 적대감을 거의 공유하지 않았기 때문에 맘루크 왕조에 대항하는 십자군을 더욱 적극적으로 지지했으며, 이는 일 칸의 계획과도 자연스럽게 조화를 이룰 수 있을 것이었다. 교황은 십자군 원정을 위한 모금과 실제 참가를 확보받기 위해 기독교가 성지를 통제하는 꿈에 가장 헌신적이던 군주 에드워드에게 호소했다.

에드워드는 자신이 훌륭한 협상 위치를 확보했다고 믿고서 답장을 보내 교황에게서 양보를 얻어내려고 했다. 첫째로는 십자군 병력의 주요 군사령관으로 자신을 임명하고, 둘째로는 십자군에 소모되는 비용을 감당하기 위한 십일조를 거둘 권한을 부여해달라고 교황에게 요청했다.[25] 교황 호노리우스 4세는 다른 귀족이나 군주들과 사이가 멀어질 것을 염려해 십자군을 이끄는 지도자에 에드워드를 임명하는 제안을 미루면서도 그에게 1285년 크리스마스까지는 중동으로 향할 것을 주문했다. 이에 대한 에드워드의 답변은 애매했다. 그는 여전히 십자군 원정에 참가하고 싶었지만, 만약 필요하다면 웨일스와 스코틀랜드의 반란까지 진압하는 데 쓸 가능한 한 많은 수입을 원할 정도로 충분히 현실주의적이었다. 이렇게 기회주의적인 자세를 취했음에도, 큰 반란이 영국 내에서 발생하지 않는다면 에드워드가 일 칸의 제안에 우호적으로 대응하리라고 예상된다.

계속된 몽골과 유럽의 교류는 맘루크 왕조에 대항하는 새로운 협력 가능성을 높여주었다. 1278년 교황 니콜라우스Nicholaus 3세는 대칸 쿠빌라이에게 기독교를 알리려는 목적으로 프란체스코회 수도사를 사절로 파견했다. 그들은 일 칸국의 궁정에 머물렀다. 그래서 페르시아의 몽골족은 아마 이 사절단이 자신들을 위해 왔다고 생각했을 것이다.[26] 일 칸 아흐마드의 통치 시기에 발생한 혼란 이후인 1285년 초, 아르군도 교황 호노리우스 4세에게 서신을 보냈다. 그해

5월에 교황에게 도착한 서신에서, 아르군은 일 칸국의 기독교도는 공물 납부를 면제받고 있고, 자신의 가족은 조부 훌레구 시기부터 오랫동안 기독교도를 관대히 대하고 실제로 호의를 보이는 전통을 보유하고 있다고 밝혔다. 이러한 태도를 강조하면서 그는 시리아에 대한 합동공격을 제안했다.[27] 예전 1260년대의 선임자들처럼, 호노리우스는 페르시아의 몽골족과 정치적 서약을 맺는 것을 꺼렸다. 게다가 교황은 단합된 십자군 운동을 위해 유럽의 군주들을 설득하느라 이미 힘겨운 시간을 보냈다. 그러나 교황은 아르군의 제안을 묵살하지 않았고, 적어도 아르군의 눈에는 합동공격을 수행할 수 있는 약간의 희망이 남아 있었다.

그러는 사이에, 일부 시민들이 유럽 외부의 민족과 대규모로 관계를 맺고 협력하는 것을 옹호했다. 라몬 룰은 영향력 있는 인물 중한 명이었다. 1235년경 마요르카에서 태어난 그는 신학은 물론, 외국어 교육을 강조하는 선교사 양성 대학을 세우고 싶어 했다. 비록 동시대 사람들은 종종 그를 몽상가 혹은 미친 사람이라고 낙인 찍었지만, 그는 자신의 견해를 고수했다. 그리고 중요한 시기였던 1283년에서 1285년 사이에 그는 자신의 '선교 정신'을 구체화한 소설 작품을 만들어냈다.

그의 '13세기 모험담'인 『블란퀘르나』에서는, 교황이 "여기에서 배우는 모든 수도사에게는 다양한 언어를 가르치기 위한 수도사들이 배정되어야 한다고 명령"하는 것을 보여준다.[28] 사절들은 "이교도"의 땅으로 가서 그들 중 일부를 유럽으로 데려오도록 파견된다.

이때 데려온 사람들은 유럽인들에게 그들의 언어를 가르칠 수 있다. 라몬 룰은 50명의 '타타르족'(몽골족)과 10명의 수도사가 서로 자신의 언어를 각각 가르칠 수 있는 집단을 조직하는 가능성도 서술했다. 그는 타타르족이 칸의 궁정에 귀환해서 기독교와 기독교도들을 찬양할 수 있다는 희망을 가지고, 그 이방인들이 고향으로 돌아가기 전에 유럽인들이 공들인 선물을 할 것을 조언했다. 그는 타타르족의 각 집단에서 약 30명이 기독교로 개종할 것이라고 예측했다. 그의 시나리오에 따르면, 교황이 새로운 개종자들과 신중하게 선택한 5명의 수도사에게 함께 기독교의 가르침을 전파하기 위해 대칸의 궁정으로 돌아가라는 지시를 내린다.[29]

라몬 룰의 낙관적인 선교 계획과 이와 같은 생각을 가진 유럽인들의 계책은 아르군에게 기회를 제공했다. 아르군은 기독교에 대한 몽골족의 관용을 과시하고 '타타르족' 사이에서 기독교가 침투하고 있다는 것을 넌지시 알리면서, 스스로가 유럽인들의 환심을 살 수 있고 맘루크 왕조에 대항하는 동맹에 그들을 끌어들일 수 있으리라 생각했다.

4

몽골제국의 사절단,
서유럽으로 출발하다

사절단의 대표가 된 랍반 사우마

1286년 아르군은 맘루크 왕조를 패배시키고 그들을 시리아와 성지 밖으로 몰아내는 데 도움을 구하기 위해 서유럽으로 사절단을 파견할 준비를 했다. 그는 특히 맘루크 왕조뿐 아니라 자신의 영역 내에 있는 네스토리우스교도와 다른 기독교도 공동체를 공격하기 위해 맘루크 왕조와 종종 협력한 튀르크족, 쿠르드족, 기타 무슬림에게서도 강한 압박감을 느끼고 있었다.[1] 그는 유럽인의 지원을 확보하고자 노력했고, 실제로 십자군 결성에 착수하라고 이들을 설득하려 했다. 그에 대한 보답으로 아르군은 예루살렘에 대한 통제권을 유럽인에게 주고, 십자군 공동체의 안전을 보장할 것이었다. 아르군은 자신의 사절단이 유럽에서 인상을 확실히 남기면, 유럽인들이 협정을 맺으러 올 것이라 믿었다. 그래서 사절단의 구성이 중요했다. 만약 여행 경험이 많고, 지성을 갖추고 있으며 여러 외국어에 능통하고, 존경받는 사절을 영입할 수 있다면 아르군은 최선의 도움을 받을 것이다. 비록 필수조건은 아니지만, 사절이 기독교도라면 이 또한 유용했다. 가능하다면 사절은 명문가 출신이거나 적어도 존경받는 직업을 가지고 있어야 했다.

모든 점에서 랍반 사우마가 이상적인 선택지였다. 그는 대도에서 타브리즈까지 아시아의 광범한 지역을 여행했고, 성지와 다양한 종교 유적과 유물을 보기 위해 힘들고 어렵고 위험한 여행을 수행하는 담력과 대담한 정신을 보여주었다. 그가 중국에서 한인과 몽골족을, 중앙아시아에서 튀르크족을, 중동에서는 아르메니아인과 페르시아인을 상대했던 것을 보면 확실히 지성도 갖추고 있었다. 그는 교육받은 인물로, 연구와 명상에 초기 생애의 대부분을 보냈다. 어린 시절과 막 성인이 되었을 무렵부터 신앙에 대한 헌신과 학문적인 업적으로 웅구드 공동체로부터 찬사를 받았고, 페르시아의 세속 군주들은 물론이고 네스토리우스교 지도자들에게도 깊은 인상을 남겼다.

다양한 언어를 사용하는 능력은 그의 명성을 높이는 데 분명히 기여했다. 그가 가장 먼저 사용한 언어는 튀르크어와 백화문白話文(중국어의 구어체)이었다. 또한 시리아어를 읽을 수 있고, 아마 몽골어도 알았을 것이다. 페르시아에 체류했던 기간 동안 그의 페르시아어는 더욱 유창해졌다. 실제로 그는 자신의 유럽 여행 기록을 페르시아어로 저술하게 된다. 일 칸들의 궁정에 온 몇몇 이탈리아 상인과 유럽인 사절단들은 페르시아어에 능숙했고, 그래서 랍반 사우마는 자신의 페르시아어를 유럽의 언어로 통역할 수 있는 통역관들을 곧바로 찾을 수 있었다. 아르군은 서방 기독교 세계에 기독교도를 보내기를 원했기 때문에, 중동의 네스토리우스교회 지도자였던 랍반 사우마의 지위도 주요 추천 요인이 되었다. 이러한 사절이 가면 분명히 기독교 유럽에서 반향을 일으킬 것이다. 게다가 총대주교와 친밀한 관계에 있던 점도 그가 매력적인 후보자가 되는 데 도움이 될 것이며, 유럽인들에게도 깊은 인상을 남길 것이었다.

그래서 아르군이 총대주교인 마르 야발라하에게 적절한 네스토리우스교 사절의 지명을 요청했을 때, 총대주교의 선택은 명확했다. 야발라하는 자신의 스승이면서 오랫동안 함께 여행했던 동료이자 좋은 친구인 랍반 사우마를 "(이러한) 사절 임무를 수행할 수 있는 현명한 사람"으로 추천했다.[2] 그러나 야발라하는 자신에게 없어서는 안 될 동료가 떠나는 것을 내키지 않아 했다. 그는 랍반 사우마가 없으면 "나의 직무는 혼란 상태에 빠지게 될 것이다"라고 말했다.[3] 이는 총대주교로 선출되었을 때부터 그의 권속을 잘 관리했던 동료와 떨어지는 것에 대한 자연스러운 걱정이었다. 랍반 사우마 또한 이 임무를 수행하기 위해서는 확신이 필요했다. 그에게 이 임무의 확실한 매력 중 하나는 비잔틴제국과 서유럽에 있는 신성한 장소 중 몇 군데를 방문하고 기독교 유물을 볼 수 있다는 가능성이었다. 또한 가톨릭교회의 지도자들을 만날 기회는 긴급한 외교적 목적만큼이나 그에게 아주 중요했다.

이러한 매력 요소를 인식한 랍반 사우마는 서방으로 가는 사절단을 이끄는 것에 동의했다. 이 임무는 약 10년 전 중국에서 출발할 때는 전혀 예상하지 못했던 일이었다. 그는 일 칸국에서 유럽의 군주를 만나기 위해 파견한 첫 사절이었다. 또한 최초로 서방으로 가는 여행에 대한 기록을 저술한 사람이었으며, 중국에서 온 사람으로는 최초로 유럽에 관한 기록을 남겼다. 아르군은 그에게 교황, 비잔틴 황제, 프랑스의 왕, 잉글랜드의 왕에게 전달할 서신과 구두 지시 사항을 내렸고, 아울러 교황과 각 군주에게 보내는 선물도 건넸다. 또한 그는 랍반 사우마에게 여행 비용을 충당할 금과 타고 갈 훌륭한 동물 30마리, 안전한 통행을 보장할 허가장을 내주었다.

랍반 사우마의 여행 기록에는 서방 지도자들에게 보내는 서신의 내용이 실려 있지 않다. 또한 사우마에게 내린 일 칸의 지시사항도 서술되어 있지 않다.[4] 교황과 비잔틴의 황제, 유럽의 군주들이 일 칸을 지원하겠다고 한다면 그에 대한 보답으로 그는 무엇인가를 제공할 권한이 있었을까? 용납하기 어렵다고 여겨야 할 조건은 무엇이었을까? 여행 지역의 경제적, 사회적, 군사적 상황에 대한 보고서를 가져오라는 명령을 받았을까? 아르군과 일 칸국 궁정에 있던 관료들은 틀림없이 그에게 가능한 한 많이 관찰해서 페르시아의 몽골족이 활용할 수 있는 것은 무엇이든 기록하라고 말했을 것이다.

우리는 사우마가 유럽에서 돌아와 사절단으로서 겪은 외교 정세에 관한 보고서를 일 칸에게 제출했으며, 지금은 이 문서가 소실되었음을 알고 있다. 아마 이 문서에 그는 외교 사안에 대한 관찰 사항을 모아놓았을 것이다. 한편 여행하면서 썼던 또 다른 기록, 즉 동료 네스토리우스교도를 위한 일반적이고 포괄적인 보고와 그의 일기 등 (시리아인 번역자는 이 두 가지로 작업했다)은 제외했을 것이다. 번역자는 이런 내용 중 일부를 삭제했던 것 같다. 어쨌든 원래의 기록에서 생략이 이루어졌고, 그 생략본이 우리에게 전하기에 랍반 사우마 사절단의 정확한 의의와 성공을 판단하려는 노력은 좌절스러울 수밖에 없다. 그럼에도 불구하고 여전히 그의 기록은 이 여행이 가진 외교적 측면에 대해 많은 정보를 담고 있다. 그의 여행기를 자세히 조사하고 그가 경험한 사람들, 관습, 상황을 검토하면서, 우리는 그의 태도와 소명에 대한 통찰을 일부나마 얻을 수 있다.

1287년 초 랍반 사우마는 큰 희망을 품고, 통역관, 가축몰이꾼, 그리고 다른 조수들을 동행해 비잔틴제국과 서유럽을 향해 출발했다. 이번 여행은 중국에서 페르시아로 왔던 여정보다는 위험하지 않을 것이다. 지형이 실크로드를 따라 위치한 고비사막, 타클라마칸사막, 높이 치솟은 산맥처럼 위험하지 않았기 때문이다. 그리고 사우마가 지나갈 곳들은 중앙아시아보다 사람들이 밀집해 있기 때문에 목마름과 굶주림에 직면할 위험도 적었다. 지중해가 가장 중대한 장애물이었는데, 그 이유는 폭풍이 발생할 수 있기 때문이었다. 이번 여정이 이전 여행과 유사했던 점은, 길을 따라 도적이 널리 분포하고 있어 방어 비용이 든다는 것이었는데, 흑해와 지중해를 돌아다니는 해적들도 또 하나의 불안 요소였다. 그가 유럽에 도착하면 겪을 또 다른 변화는, 낙타보다는 말이나 나귀를 타게 될 것이라는 점이었다.

랍반 사우마와 동행한 사람 중에는 우게토Ughetto라는 이탈리아

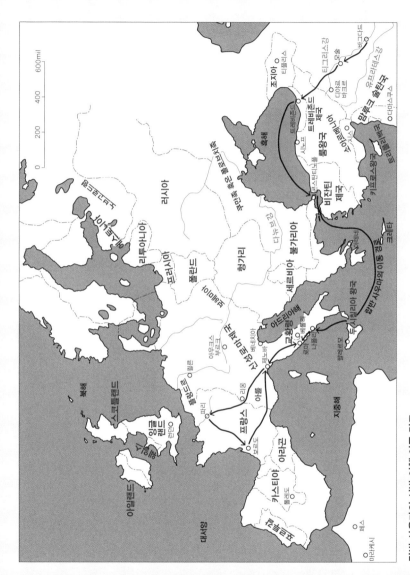

랍반 사우마의 서방 여행 이동 경로

© 1992, 모리스 로사비

인 통역관, 안포시의 토마스Thomas of Anfossi라는 상인 겸 통역관이 있었다. 이들은 아마 중국에서부터 페르시아를 거쳐 서유럽으로 돌아가는 길이었을 것이다.5 제노바의 금융가문 출신인 토마스는 일 칸국으로 종종 무역을 위해 사업차 방문한 결과, 분명히 페르시아어를 알고 있었다. 신원이 불분명한 사바디누스Sabadinus라는 이름의 네스토리우스교도 역시 랍반 사우마를 수행했는데, 그가 통역 역할을 했는지 아니면 상인이었는지 혹은 단순히 조수로 따라간 성직자였는지는 명확하지 않다.

사우마는 콘스탄티노플로 가는 배를 타기 위해 흑해의 항구를 향해 이 다민족 집단이 여행한 노선을 기록하지는 않았다. 아마도 그들은 메소포타미아에 위치한 모술, 자지라트 이븐 우마르Jazīrat ibn-'Umar, 디야르바크르Diyārbakr를 거쳐 잘 정비된 여행 도로를 따라 북쪽으로 가서 흑해와 트레비존드Trebizond에 있는 기독교 세계에 도착했을 것이다. 여행은 무난하게 진행되었고, 여행 방식과 속도가 특별히 힘들었던 것은 아니었다.

카라반사라이caravanseray로 알려진 중동의 독특한 대상 숙소가 그 지역의 교역로를 따라 대략 28~32km 간격으로 떨어져 있어 사절단은 여행 기간 동안 이 시설을 이용했다. 카라반사라이는 종종 샘물 혹은 개울 근처에 들어섰는데, 그 이유는 중간 기착지에서 물은 중요한 필수조건이기 때문이다. 카라반사라이는 사람과 동물을 위한 양식과 휴식처를 제공했다. 전형적인 카라반사라이는 주변이 벽으로 둘러쳐진 커다란 중정中庭과 숙박, 목욕, 기도를 위한 여러 개의 방으로 구성되었다. 더 잘 꾸며진 카라반사라이에는 한쪽에 모스크, 또 다른 쪽에는 유곽과 목욕장이 포함되어 있기도 했다. 또 어떤 카라반사라이는 유대인, 기독교도와 다른 비무슬림을 위한 기도실을 보유했다. 카라반사라이 건설에서 우선적으로 고려한 것은 방어였다. 아마 건물들이 중정 주변에 건설된 것은 방어를 위한 것으로 보인다. 이야기꾼, 무용수, 다양한 예능꾼들이 지친 여행객을 위해 휴식과 오락을 제공했다. 아랍의 많은 민간설화는 아마 이러한 환경에서 생겨났을 것이다. 상인들, 낙타몰이꾼들, 호위병들이 이 공간에서 만나서 고상한 정치적 사안은 물론이고, 세속의 일에 대한 온갖 정보를 교환했다.

카라반사라이는, 몽골 침략이 가져온 변화 중 하나로, "비옥하기로 유명했던 오아시스들이 메마르고 방치된 상태였다. 무기, 보석, 비단, 세공품 교역은 이슬람 지역에서 유명했는데 이것도 쇠퇴"했다고 한 19세기 유럽인의 낡은 관점이 잘못된 것임을 알려준다. 랍반 사우마와 동료들은 틀림없이 이 숙박시설을 고맙게 이용했을 것이다.[6]

트레비존드에서 사우마와 그의 사절단은 흑해를 건너 여행을 계속하기 위해 배에 올랐다. 항해는 아무런 문제 없이 진행되었는데, 이는 당시 흑해의 선상 교통과 상업 활동이 활발했음을 암시한다. 사우마가 "메카의 바다"라고 언급했던 지역의 항구에서는 정기적으로 빈번하게 나룻배가 운항되고 있었다.[7] 훌륭한 뱃사람으로 명성이 높았던 아랍인과 비잔틴 선원들은 상인과 여행자들을 지중해와 흑해를 통해 서방으로, 인도양을 통해서는 동쪽으로 실어 날랐다. 이들의 선박은 인도산 티크나무와 코코넛나무 껍질로 만들어졌고, 판자는 못으로 조이는 것 대신 서로 꿰매어 연결했다. 이러한 배들이 아프리카, 아시아, 남유럽의 해안을 따라 왕복했다. 당시 유럽인들과 달리 이 선원들은 자침磁針을 나침반으로 활용했고, 그들의 항해기술은 세계의 부러움을 사고 있었다.

하지만 오랜 항해는 "고난으로 가득 찬" 것이었다. 랍반 사우마와 그의 사절단이 탄 비잔틴 선박에는 300명의 다른 승객도 있어서 굉장히 혼잡했다. 이런 상황과 조악한 시설(잠자리나 침대는 따로 없었고, 항해 중에는 음식도 얻기 어려웠다)로 인해 여행은 아주 불편했다. 강풍과 큰 파도를 동반한 폭풍은 흑해의 여행객들에게는 커다란 위험이었다. 게다가 암초와 여울의 위험까지 더해져 "선장과 선원"이라고 해도 "상인들보다 아주 약간 나은 수준이다"라고 느끼게 했다.[8] 빠르게 움직이는 선박을 보유한 흑해의 해적들도 위협 요소였다. 사우마는 운 좋게도, 콘스탄티노플로의 여행이 단 며칠 만에 끝이 났다.

그는 배 위에서의 시간을 매일 신앙교리를 강연하는 일로 보냈다. 사우마의 번역자에 따르면, 그의 설명은 대부분 비잔틴 정교도인 승객들을 매혹시켰고, 그들의 존경을 받았다. 이러한 묘사는 사우마를 성인으로 이상화한 것으로, 틀림없이 대중연설가로서의 능력을 과장했을 것이다. 그러나 훗날 그가 가톨릭 고위 성직자와 유럽의 정치 지도자와의 대화에서 관심을 끌었던 점은 그가 복잡한 신학 문제를 명료하고 간결하게 설명할 수 있었다는 것을 보여준다. 적어도 승객들은 바다 여행의 지루함에서 벗어나기 위해 그의 강연을 들었던 게 분명하다. 이 짧은 바다 여행과 여행 후반부에도 랍반 사우마는 계속 일기를 썼고, 이것이 그의 여행 기록의 중심이 되었다.

비잔틴제국에서의 여정

1287년 초 배가 콘스탄티노플에 도착하자, 랍반 사우마는 앞서 여행하면서 지나는 지역의 지도자들과 접촉을 시도했던 것처럼 유럽에서도 그 방식을 따랐다. 비잔틴제국의 수도에 도착했을 때, 사우마는 두 명의 젊은 조수에게 명령을 내려, 황제궁 입구로 가서 페르시아의 몽골 궁정으로부터 사절단이 도착했다고 알리게 했다. 황제 안드로니쿠스Andronikos 2세(재위 1282~1328)는 사절단을 궁전으로 호위하기 위해 궁정 관료들을 재빨리 파견했다.

안드로니쿠스 2세는 네스토리우스교도 사절단을 매우 성대하게 맞이했고, 큰 존경심을 가지고 대우할 것을 지시했다. 환영 예식은 랍반 사우마에게 깊은 인상을 남겼지만, 아쉽게도 그의 기록은 이에 관해 많은 것을 언급하지 않는다. 또한 예식이 거행된 황제의 대궁전에 대해서도 별다른 설명이 없다. 궁전은 베네치아가 콘스탄티노플을 점령했던 기간에 심하게 파괴되었다. 1261년 베네치아인을 몰아낸 이후, 안드로니쿠스 2세의 아버지 미카엘 팔라에올로구스 황제는 부서진 성벽을 재건하고 내부의 모자이크화(농촌 생활, 사냥, 그 밖의 세속적 소재)와 가구를 수리하면서 궁전을 복구하기 시작했다.[9] 대궁전은 서유럽의 궁전과 달리 하나의 건축물이 아닌 분리된 건물들로 구성되어 있어서 그렇게 위압적으로 보이지는 않았다. 건축가는 단순한 설계에 따라 궁전을 지었다. 비잔틴제국의 궁전 중에서도 대궁전은 현대 예술사가들의 관점에서 보면, "비잔틴 고유의 중요한 건축학적 특징이 없는" 건물이었다.[10] 그럼에도 불구하고 랍반 사우마 같은 당시 사람들에게 환영 예식과 궁전 건물은 인상적이었음이 틀림없다. 예식이 끝난 후 황제는 사우마와 수행원들이 방문 기간 동안 머물 장소를 배정했다. 사절들은 황제의 거주구역을 떠나 자신들이 머물 궁전으로 갔고, 좀 더 실질적인 대화가 재개되기 전까지 며칠 동안 그곳에서 휴식을 취하게 되었다.

랍반 사우마와 안드로니쿠스 2세의 대화는 실제로 기록된 것은 물론이고 생략된 것을 통해서도 짐작할 수 있다. 사우마의 기록에는 '맘루크 왕조에 대항하기 위한 동맹'이라는 화두를 꺼내려고 시도했던 일에 관해서는 언급되어 있지 않지만, 자신의 임무를 염두에 둔 랍반 사우마가 이 주제를 완전히 회피했을 것 같지는 않다. 그 제안에 대한 안드로니쿠스 2세의 반응이 비록 전적으로 부정적이지는 않았다고 하더라도 고무적인 것도 아니었던 게 분명하다. 이것이 랍반 사우마의 기록에서 정치적 논의, 혹은 안드로니쿠스 2세에게 준 선물과 서신에 관한 언급이 생략된 이유일 것이다. 물론 번역자의 삭제 또한 이와 연관이 있을 수도 있겠지만 말이다.

어쨌든 사우마와 황제의 대화 결과는 별다른 것이 없었다. 두 사람의 첫 대화는 대체로 공손한 발언과, 랍반 사우마가 길고 힘든 여행 이후 충분히 휴식을 취했는지 황제가 걱정하면서 안부를 묻는 것으로 이루어졌던 것 같다. 그러나 황제의 배려는 형식적인 공손함과 비잔틴제국의 기독교 유적 방문을 허가하는 것 외에는 아무것도 없었다. 종교 성소들과 성골함을 보고 싶어 한 랍반 사우마의 요청은, 현대의 한 학자가 "아주 신앙심이 깊은 사람"[11]이라고 묘사한 안드로니쿠스에게 깊은 인상을 남겼다. 안드로니쿠스 2세는 정교회 신앙에 대한 종교적 열정과 헌신을 바탕으로 활동적이고 파란만장했던 그의 아버지 미카엘 팔라에올로구스 황제와는 아주 다른 방향의 종교 정책을 펼쳤다. 1274년의 리옹공의회에서 결정된 가톨릭교회와의 연합을 원한 사람은 미카엘이었다. 안드로니쿠스 2세는 이러한 연합을 결코 지지하지 않았다. 이제 정교회와 가톨릭교는 별개의 종교로 경쟁하게 되었고, 이는 전체 기독교 세계와 동맹을 맺으려는 랍반 사우마의 임무를 어렵게 만들었다.

사우마를 더욱 힘들게 한 것은 비잔틴 황제가 한동안 일 칸국 궁정과의 관계에서 모호한 입장을 취했다는 것이다. 미카엘은 비록 그의 딸 마리아^{Maria}를 1265년에 아바카에게 시집보내기는 했지만, 일 칸의 적국까지 공유하지는 않았다. 그는 한쪽에는 일 칸국, 다른 쪽에는 킵차크 칸국과 맘루크 술탄국이 서로 충돌하는 상황에서 중립적인 입장을 취하고자 했다. 예를 들면, 미카엘은 1263년 늦여름 맘루크 왕조의 사절단이 콘스탄티노플에 도착했을 때 환대했지만, 그의 영토를 여행하는 것은 허락하지 않았다. 그의 궁정에 와 있던 훌레구의 사절단이 그의 그런 행동을 알아챌 수도 있었기 때문이다.[12] 미카엘은 동쪽으로는 아나톨리아에서 튀르크멘족Turkmen이, 서쪽에서는 앙주의 샤를이 공격해올 것을 예상하고, 이에 저항하기 위한 도움을 원했기 때문에 일 칸국과 불화를 일으키려 하지 않았다. 당시 샤를은 비잔틴제국의 진지를 공격하라고 불가리아인들을 부추겼다. 그러나 1282년 시칠리아에서 반란이 일어나 샤를이 자신의 영토에서 곤경에 빠졌기 때문에 서쪽으로부터의 침략 위험은 완화되었다.

그해 말에 미카엘이 사망한 이후 안드로니쿠스 2세는 이집트의 무슬림 통치자들에 대항하는 일 칸들과 동맹을 맺지 않은 상태에서 킵차크 칸국, 맘루크 왕조와 상업적이고 외교적인 관계를 유지했던 아버지의 정책을 지속했다. 그는 맘루크 이집트로 사절단을 계속 보냈고, 때때로 킵차크 칸국에서 온 사신들과 동행할 사절단을 파견하기도 했다. 이 세 국가 사이의 교역 또한 계속되었다. 안드로니쿠스 2세와 그의 아버지가 직면한 문제 사이의 중요한 차이점은, 시칠리아 반란 이후 서쪽으로부터 비잔틴제국에 대한 위협이 줄어들면서 일 칸과의 동맹이 가진 중요성이 다소 감소했다는 것이다. 안드로니쿠스 2세는 페르시아의 몽골족과 좋은 관계를 구축하려 했지만, 일 칸과의 군사적 혹은 정치적 동맹을 선호하지는 않았다.

반면 랍반 사우마의 종교적 사명은 비잔틴 황제에게 분명한 호소력을 지녔다. 콘스탄티노플과 그 주변에 있는 신성한 장소들을 여행하고 싶다는 성직자의 소망을 들어주지 않을 이유가 없었다. 사우마는 여행지에서 본 광경에 넋을 빼앗겼다. 특히 하기아 소피아 대성당이 그의 시선을 끌었는데, 6세기에 건설된 이후 이곳을 방문한 많은 이들의 주목을 받았던 곳이었다. 유스티니아누스 황제는 532년에 불에 타서 소실된 원래 교회 자리에 이를 대신하는 더욱 웅대한 규모의 건물을 지었다. 랍반 사우마가 방문한 이 장엄한 성당을 건설하는 데 1만 명의 노동력이 투입되었다. 55m 높이로 치솟아 있는 돔은 교회당 중심부의 네 개의 아치가 떠받치고 있고, 40개의 창문은 바깥쪽 가장자리를 두르고 있었다. 랍반 사우마는 돔의 높이와 광대함을 언급하면서 이를 잘 묘사하는 것이 어렵다고 적었다.[13] 비록 그의 기록은 성당의 밝기와 광채(이곳을 방문한 다른 많은 사람이 언급한 특징)에 관해서는 주목하지 않지만, 건물 전체에 분포하고 있는 360개의 기둥은 언급하고 있다.

기둥에 사용된 대리석의 다양한 색깔과 높은 품질은 사우마의 상상력을 자극했다. 실제로 이 재료가 실내장식을 지배하고 있었다. 천연 녹색, 흰색, 붉은색 대리석이 교회의 기둥과 벽, 마루를 이루고 있었다. 이 아름다운 석판은 종종 훌륭한 예술적 장면을 만들어냈는데, 한 예술사가의 말을 빌리자면, "때로는 … 단일한 대리석 덩어리에서 잘린 일련의 조각이었고, 이것들이 서로 반복되면서 연속적이면서도 대칭적인 디자인을 만들었으니 자연과 예술이 결합된

하기아 소피아 대성당의 돔

6세기 유스티니아누스 황제의 명령으로 콘스탄티노플에 세워진 하기아 소피아 대성당은 '신성한 지혜'라는 뜻을 지니고 있다.

6세기에 제작된 하기아 소피아 대성당의 성모 마리아 모자이크화

것이다."[14]

    랍반 사우마는 하기아 소피아 같은 장대한 대성당을 결코 본 일이 없었던 게 분명하다. 이것은 기독교 세계의 건축학적 기적 중의 하나였다. 게다가 사우마가 살았던, 혹은 여행하며 지나온 지역에서는 기독교도가 소수집단이었고, 그렇기 때문에 정교한 건물을 건설할 자원이 없는 경우가 많았다. 예를 들면, 마르코 폴로는 몇몇 네스토리우스교회를 언급했지만[15] 그 규모가 크지 않았다고 기록했고, 어느 유명한 역사가의 말에 따르면 교회들은 "아마도 장식물이 부족했을 것이다."[16] 중국 남송제국의 수도이자 아마 세계에서 가장 인구가 많은 도시였던 임안臨安(지금의 항저우)에는 네스토리우스교회가 단 한 곳밖에 없었고,[17] 랍반 사우마가 여행하면서 방문했던 대부분의 마을 혹은 도시에는 한 곳 혹은 두 곳이 있었을 뿐이다. 그리고 이런 교회들은 위압적이지도, 화려하지도 않았다. 그러니 하기아 소피아 대성당에 감탄하지 않을 수 없었다. 비록 지나오면서 본 몇몇 수도원과 교회를 언급했고 바그다드의 한 교회도 간략하게 이야기했지만, 그의 기록에서 상세하게 묘사된 첫 번째 교회는 하기아 소피아 대성당이었다.

    성당 내부에 있는 것들 역시 사우마를 압도했다.[18] 그는 수많은 그림과 성물聖物을 직접 보고서 유물 목록을 길게 열거했다. 1204년 베네치아인이 콘스탄티노플을 침략했을 때 진품은 거의 약탈당했고, 사우마가 목격한 것은 대부분 모조품이었다. 그러나 그는 이른바 신성한 유물들이 진품이 아니라는 것을 알지 못했거나 혹은 개의

치 않았다. 그는 성모 마리아의 모자이크화에 전율했는데, 자신의 기록에 성 루크St. Luke가 그린 것이라고 주장했다. 사우마를 호위한 그 지역 사람들은 자신들이 세례자 요한John the Baptist의 손, 라자로(라자루스)Lazarus와 마리아 막달레나Maria Magdalena의 신체 일부라고 알고 있는 것들을 그에게 보여주었다. 또한 사우마는 요한네스 크리소스토무스Joannes Chrisostomus(초기 기독교 교부이자 콘스탄티노플의 대주교였다.—옮긴이)와 황제 콘스탄티누스와 유스티니아누스의 묘를 보았다고 주장했다. 그의 기록에 따르면, 콘스탄티누스의 묘는 붉은 대리석으로 지어져 있고 유스티니아누스의 묘는 녹색으로 만들어져 있었다. 그러나 콘스탄티누스는 실제로 하기아 소피아에 묻히지 않았기 때문에 랍반 사우마는 잘못된 정보를 접했던 것 같다.[19]

아마도 그가 방문한 가장 독특한 장소는 도시 바로 외곽에 위치한 성 미카엘 수도원에 있는 니케아교부교회Church of Nicean Fathers 안의 정교회 주교 318명이 묻힌 묘지였을 것이다. 사우마는 그들의 시신이 신앙에 대한 헌신 때문에 부패하지 않고 원래 상태로 보존되고 있다는 전설을 믿고 있는 것처럼 보였다. 교회에서 그가 보았다고 알려진 또 다른 유물에 관해서는 이렇게 기록하고 있다. "요셉이 … 그리스도를 십자가에서 내려놓았을 때, 우리 그리스도의 무덤에 놓여 있던 돌이다. 마리아가 그 돌 위에서 눈물을 흘렸고, 그녀의 눈물이 떨어진 곳은 지금도 젖어 있다. 이 물기가 종종 없어지곤 하지만, 그곳은 다시 젖어 있다."[20] 이것들은 랍반 사우마가 콘스탄티노플에서 관찰하고 언급한 수많은 놀라운 것 중 극히 일부에 불과하다.

콘스탄티노플에서, 그리고 이후에 간 곳에서도 사우마의 여행 기록은 페르시아에서 유럽으로 가는 길이나 유럽에서 머문 동안 목격한 일상생활에 관해서는 거의 언급하지 않는다. 후대의 역사가들은 그가 마주친 사람들은 물론 관습, 의복, 물건에 대한 그의 관점을 분명히 알고 싶어 했다. 그는 공적 영역에서 눈에 띄는 여성의 출현에 호기심을 느꼈을까? 교회의 높은 위상과 정치 영역에서의 역할에 깊은 인상을 받았을까? 그가 본 물건과 세속의 건축물에 압도되거나 혹은 관심을 가졌을까? 서구의 혼례, 장례, 목욕 관습, 사회의 하위 계급과 상위 계급 사이의 대화 예절이 그의 출신 지역인 동방과 현저하게 차이나는 것에 놀랐을까? 시리아인 번역자가 임의로 삭제해버린 탓에 우리는 이러한 질문에 대한 명확한 답을 얻을 수 없다.

랍반 사우마 또한 자신이 쓰는 기록의 본래 독자를 위해 스스로의 관찰을 재단했을 확률이 높다. 앞에서 언급했듯이, 그는 일 칸을 위해 준비하고 있던, 현재는 소실된 보고서를 위해서 외교 임무의 세부 사항에 집중했다. 유럽으로의 여행에 관한 더욱 총괄적인 보고서를 저술한 것은 동료 네스토리우스교도 성직자들을 위해서였다. 그들은 당연히 사우마가 목격한 종교 건축물, 유물, 예식에 가장 큰 관심을 가졌다. 그들은 무슬림 왕조의 성장세에 두려움을 느꼈고, 그래서 맘루크 왕조에 대항하는 동맹을 결성하는 정치적 목표를 지지했으므로 그의 외교적 사안에 대해 어느 정도 알고 싶어 했을 것이다. 그들은 또한 그가 대체로 어떻게 생활했는지 적어도 어느 정도는 궁금했을 것이다. 반면 외국의 문화와 사회에 관한 세부적인 내용은 아마도 그들의 관심을 별로 끌지 못했을 것이다. 심지어 랍반 사우마가 일기에 적었던 내용도 독자들의 선호에 대한 고려를 감안해 작성되었을 텐데, 그 이유는 그가 일기에 보고서의 초안을 기록했기 때문이다.

그러나 종교와 외교에 대한 사우마의 강조는 단순히 자신의 관심을 반영한 것일 수도 있다. 페르시아까지의 그의 여행 기록은 방문한 도시들의 일상생활에 그가 특별히 관심을 가졌다는 점을 보여주지 않았다. 물론 번역자의 삭제 때문일 수 있고, 혹은 랍반 사우마에게는 그리 흥미를 자아내는 환경이 아니었다고 설명할 수도 있다. 그럼에도 서방에 있는 동안 랍반 사우마의 관심은 다른 것은 모두 제외하고 그가 오랫동안 보고 싶어 했던 유명한 종교 장소들과 기독교 군주들과의 중대한 협상에 집중되었다고 보는 게 자연스러울 것 같다. 어쨌든 그가 맡은 임무의 특성상 그는 대부분의 시간을 권력자, 성직자들과 보냈고, 그렇기 때문에 상대적으로 일반인들과 접촉할 기회가 적었다.

게다가 콘스탄티노플과 서유럽에서 그를 안내했던 사람들은 아마 교회와 수도원으로 데리고 가려 했고, 다양한 지역 사람들과의 접촉을 제한했을 것이다. 첫째, 그들은 사우마에게 보여주어야 하는 장엄한 장소들에 자부심을 가지고 있었다. 둘째, 그들은 틀림없이 수도사가 종교 기념물에 가장 관심을 보일 것이라고 생각했다. 셋째, 그들은 일 칸이 서방에 대한 정보를 입수하기 위해 랍반 사우마를 보냈다고 우려했을 수도 있고, 그래서 세속적이고 전략적 장소들은 가능한 한 보지 못하도록 사우마의 시선을 돌리고자 했을 것이다.

그렇다면 랍반 사우마가 지역 지배층과 교회 고위 성직자와 가장 자주 만나고, 그가 방문한 도시에서 다른 직업을 가진 사람들이나 사회집단을 만날 기회가 거의 없었거나 아예 확보하지 못했다는 것은 놀랄 일이 아니다. 이런 일이 중세의 여행가들, 심지어 비공식적인 방문자들에게는 이상한 게 아니었다. 예를 들면, 서유럽에서 사절로 파견된 루브룩과 카르피니 그리고 베네치아 출신의 상인 마르코 폴로는 몽골과 중국에 도착했을 때 주로 몽골 엘리트와 만나서 대화했다.[21] 이와 비슷하게 14세기 아랍인 여행가 이븐 바투타는 아시아와 아프리카를 여행하는 동안 대체로 무슬림 지배층에 속한 사람들과 이야기를 나누었다.[22] 사실 랍반 사우마가 서방에서 일반 사람들과 아주 형식적인 접촉 이상의 무언가를 했다는 사례를 찾는 것이 더 놀라운 일이라고 할 수 있다.

지금까지 랍반 사우마는 자신의 종교적 목적을 상당히 많이 이루었다. 중국 서쪽에 있는 성지들을 자유롭게 방문하는 것은 그가 여행 초기부터 바라던 바였다. 그러나 그는 콘스탄티노플에서 자신의 외교적 목적까지 달성하고자 노력하는 것은 헛된 일이라는 점을 깨달았다. 안드로니쿠스 2세는 맘루크 왕조에 대항하기 위한 일 칸국과의 동맹을 맺으려 하지 않았다. 실제로 그는 랍반 사우마가 떠난 뒤에도 예전처럼 이집트의 무슬림 지도자들과 교역과 외교관계를 유지했다. 이제는 네스토리우스교 사절단이 이동해야 할 시간이었다.

랍반 사우마는 안드로니쿠스 2세와 마지막 회견을 하면서 황제의 환대에 감사를 표시했고, 자신은 이제 일 칸 아르군의 명에 따라 프랑크족Franks(사우마가 서유럽인을 지칭할 때 쓴 용어)의 영토로 갈 것이라 설명했다. 황제가 떠나도 된다고 허락했지만, 앞으로 치를 비용을 충당하는 데 필요한 금과 은을 지원받기 전이라 바로 떠날 수는 없었다. 이 선물들은 그와 소규모 수행원들이 긴 항해길에 나서는 데 유용하게 쓰였다. 사우마는 일 칸이 준 보조금을 아껴가며 뱃삯을 내고 물건을 구매해야 했는데 황제의 선물로 이를 충당할 수 있었다.

1287년 4월 중순 랍반 사우마와 그의 사절단은 서유럽을 향해 떠날 채비를 했다. 처음 방문할 항구는 나폴리였다. 그런데 그들은 출발하기 전에 성지 한 곳을 더 방문했다. 배를 막 타려고 했을 때, 랍반 사우마는 성 세르기우스와 바쿠스 성당Church of Saints Sergius and Bacchus에 사람들이 숭배하는 유물이 소장된 것을 알게 되어 그것을 직접 보기로 결심했다. 그는 성당에서 요한네스 크리소스토무스와 콘스탄티누스 황제에게 세례를 준 것으로 알려진 교황 실베스테르Silvester 두 사람의 머리로 알려진 유물들을 보았다. 사실 요한네스 크리소스토무스의 이른바 '진짜 머리'는 한참 전에 서유럽으로 옮겨졌기 때문에 랍반 사우마가 본 것은 다른 머리였음이 틀림없다.[23] 게다가 콘스탄티누스에게 세례를 준 사람이 교황 실베스테르였다는 증거는 없다. 또다시 랍반 사우마의 고지식함이 그를 엉뚱한 곳으로 이끌었던 것이다.

이를 보면, 종교 유물과 이른바 성물을 조사하고 평가하는 데 비판적이지 않았던 중세 서유럽의 많은 기독교도와 사우마는 크게 다르지 않았다. 중세 여행가들도 자주 속았다. 마르코 폴로는 꼬리 달린 인간들에 관해 쓰기도 했다.[24] 랍반 사우마의 이방인으로서의 처지를 감안하면 의심하지 않는 그의 태도를 이해 못할 것도 아니다. 그는 처음으로 기독교에서 가장 성스러운 장소 중 몇 곳을 방문했으며, 이는 감정적으로 황홀한 경험이었음이 분명하다. 그런 경이로운 경험을 하는 동안 의심은 뒤로 미루어놓았을 것이고, 혹은 의심을 느꼈다고 하더라도 거의 표현하지 않았을 것이다. 기독교의 중심지에서 상대적으로 멀리 떨어진 지역에서 온 기독교도로서 사우마는 자신이 들은 것 대부분을 의심하지 않았다. 게다가 그는 순교자들에 대한 숭배와 그들과 관련된 성소 순례를 강조하는 기독교 종파를 믿고 있었다. 순교자들의 묘, 그들의 유체遺體, 그들의 소유물은 숭배의 대상이었다.[25] 그래서 서유럽의 성물과 순례지에 마음을 빼앗겼던 것이다. 실제로 그가 그러한 유물을 보고 묘사하는 일에 중점을 둔 것은 무언가를 얻고자 하는 소망이 반영된 행동일 수도 있다. 그 소망은 아마도 일 칸국의 네스토리우스교도를 위한 선물이었을 것이다. 그는 사절단의 외교적, 정치적 책임을 수행하는 것만큼 유물들을 보는 것을 분명히 즐기고 있었다.

유물들을 보느라고 우회한 후, 랍반 사우마는 스스로 "나폴리로 가는 위험한 항해"였다고 묘사한 길을 가기 위해 배에 올랐다. 그는 많은 여행자가 유럽으로 가는 바다를 건너려다가 죽었다고 기록했는데, 아마 조난사고와 폭풍 때문이었겠지만, 항해자에게 위험을 안겨주는 "거대한 악마" 때문이기도 했다. 항해 도중 그는 화산이 폭발하는 것을 보고 깜짝 놀랐다. 그의 기록에는 화산의 위치가 바다로 둘러싸여 있었다(그러므로 이는 조그만 섬이었다)고 나와 있는데, 아마 티레니아해^{Tyrrhenian Sea}에서 시칠리아 북쪽 리파리제도^{Lipari Islands}에 위치한 스트롬볼리^{Stromboli} 화산인 것으로 확인된다. 그러나 시칠리아섬에 있는 에트나화산이 1287년 6월 18일 월요일에 폭발한 적이 있고, 랍반 사우마의 서술에 그가 활화산을 본 것으로 나와 있다. 그렇다면 "낮에는 종일 연기가 피어올랐고, 밤에는 그 위에 불꽃이 보였던"[26] 그곳이 틀림없이 에트나화산일 것이다.

이탈리아에 도착하다

2개월의 여정 이후, 랍반 사우마는 녹초가 된 채 나폴리에 도착했다. 여행이 상당히 길었다는 점이 호기심을 불러일으킨다. 콘스탄티노플에서 나폴리까지의 거리는 1,500해리(약 2,778km)가 조금 안 된다. 상대적으로 느린 속도인 2.0~2.5노트(약 3.7~4.6km/h)로 항해했다고 가정하더라도 1개월이 채 걸리지 않을 거리다. 배가 도중에 지중해의 항구에 정박했던 것일까? 아니면 밤에는 멈추었던 것일까? 랍반 사우마의 기록에는 자세한 설명이 없다.

도시에 도착했을 때, 틀림없이 그는 로마로 계속 이동하기 전에 위험에서 벗어나 잠시 쉬었다 가려고 했을 것이다. 그런데 실제로 나폴리에 머무르면서 확실한 위험에 직면할 수도 있었다. 그 이유는 얼마 전에 사망한 나폴리 통치자 앙주의 샤를이 일 칸국의 지지자가 아니었기 때문이다. 그러나 나폴리는 페르시아의 몽골족과 전쟁을 하지는 않고 있었고, 게다가 몽골족과 유럽인 모두 외교 사절은 해칠 수 없는 사람으로 간주했다. 어쨌든 사우마는 6월 24일에 나폴리만에서 벌어진 파괴적인 전투에 대비할 수는 없었다. 그는 앙주의 지배 가문이 그의 일행을 위해 따로 마련해준 저택의 지붕에서 이 전투를 목격했다.

이 전투는 앙주의 샤를에 대항하는 시칠리아 저녁기도 반란에서 시작된 앙주 왕가와 아라곤인 사이의 분쟁 중에 일어난 또 다른 사건이었다. 샤를은 1285년에 사망했고, 그의 아들 샤를 2세(살레르노의 샤를Charles of Salerno이라고 불린다)는 아라곤에 투옥되었기 때문에 이 전투에 나섰던 사람 중 하나이자, 랍반 사우마를 맞이한 인물은 샤를 2세의 아들인 샤를 마르텔Charles Martel이 분명하다. 비록 사우마의 기록은 앙주 왕가 군대의 지도자 이름을 살레르노의 샤를이라고 잘못 적고 있지만 말이다. 아라곤인들은 샤를 마르텔의 군대를 완전히 압도했고, 사우마는 샤를의 병사 1만 2,000명이 죽었다고 기록했다.[27] 이 숫자는 하루에 발생한 사망자 수로 보기에는 불가능할 정도로 높은 수치다. 어떠한 경우라도 사우마가 그 수치를 판단할 수는 없었다. 그는 성직자였고, 당연히 극소수의 전투만을 목격했기 때문에 그가 제공하는 군사적인 세부 사항은 의심스러운 면이 있다. 그러나 병사들이 민간인은 공격하지 않았다는 그의 관찰은 조금 더 중요한 가치를 지닌다. 랍반 사우마가 잘 알고 있던 몽골족은 종종 전면전을 벌일 때 전투원과 비전투원을 구별하지 않았다. 몽골의 공격에 완강하게 저항한 도시를 완전히 파괴하는 행위는 중앙아시아에서 보기 드문 일이 아니었다. 그래서 이 전투에서 일반 백성을 위한 보호가 이루어지고 있다는 점에 랍반 사우마가 놀랐던 것이다. 그는 전투에 나선 군인들의 자제력이 훌륭하고 인상적이라는 점을 발견했다. 그와 그의 수행원들은 떨어진 거리에서 전투를 보았기에 결코 위험에 빠지지는 않았지만, 이 경험은 분명 마음을 혼란스럽게 했을 것이다.

사우마의 기록은 나폴리에 관해서 언급한 것이 아무것도 없다. 심지어 그가 지나온 유럽의 다른 도시들이나 마을들을 여행하면서 항상 언급했던 교회, 수도원 등의 장소에 관한 서술조차 없다. 그러므로 이탈리아에서 가장 중요한 목적지인 바티칸으로 출발하기 전에 나폴리에는 아주 잠깐 머물렀다고 볼 수 있다. 그의 일행과 이탈리아인 호위병들은 말을 타고 북쪽으로 이동했는데, 그는 메마른 지역이 없다는 사실에 충격을 받았다. "건물들이 없는 지역이 없다는 것을 발견한" 일행은 놀라움을 금치 못했던 것 같다.[28]

이러한 상황은 그가 여행했던 아시아의 많은 지역(특히 중앙아시아)과는 확연한 대조를 보여주었다. 실크로드를 따라 위치한 지역들을 포함해, 그가 페르시아로 여행하면서 거친 지역 대부분은 황량하고 사람도 없었으며, 며칠 심지어 몇 주를 여행해도 건물 하나 보지 못할 때도 있었다. 경작이 가능하지만 그렇게 넓지 않은 지역인 이탈리아는 완전히 다른 풍경을 보여주었다. 사우마가 남유럽을 여행했을 때, 광대하면서 텅 빈 공간의 존재는 이 지역의 특색이 아니었다. 중앙아시아에서처럼 여행을 방해하는 큰 사막도 이곳에는 없었다.

이 네스토리우스교 성직자는 몽골의 맘루크 왕조 공격에 찬성하는 십자군 창설을 유럽의 군주들에게 촉구해달라고 교황을 설득할 수 있기를 바랐다. 그러나 바티칸으로 가는 도중, 그는 자신의 임무에 지장을 줄 수도 있는 사건에 대해 알게 되었다. 랍반 사우마가 나폴리에 도착하기 대략 2개월 반 전인 4월 3일, 교황 호노리우스 4세가 사망했다는 것이었다. 이 소식을 들은 사우마는 로마에 빨리 도착하고 싶은 마음이 그 어느 때보다 간절했을 것이다. 당연히 그는 막 선출된 교황과 가장 먼저 대화하게 되기를 희망했다.

그러나 랍반 사우마는 큰 실망에 빠지게 되었다. 7월의 어느 날 로마에 도착하자마자, 아직 교황이 선출되지 않았음을 알게 되었던 것이다. 비록 그의 목적을 위해 12명의 추기경을 만나기는 했지만 말이다. 만약 사우마가 앞의 여러 교황이 맘루크 왕조 문제에 연루되는 것보다는 로마와 근접한 지역의 정치 문제에 더 몰두했다는 사실을 알았다면, 십자군 결성을 위해 교황의 지원을 끌어내는 임무에 대해 그렇게 낙관적이지는 않았을 것이다. 그러나 사우마는 그가 몽골족의 일 칸 아르군의 궁정에서 온 공식 사절단이라고 추기경들에게 이야기를 전달했을 때, 다행히도 이 모든 상황을 모르고 있었다.

추기경들은 접견 장소로 그를 초대하는 것으로 응대했는데, 추기경의 보좌들 이외의 모든 외부인에게는 출입이 제한된 곳이었다.[29] 아주 얄궂게도, 랍반 사우마에 대한 접대는 몇몇 방식에서 중국이 외국 사절에게 행하는 것과 비슷했다. 예부禮部를 대표하는 사람이 사절에게 중국 황제를 접견하는 예절을 가르쳐주었던 것처럼, 사우마의 이탈리아인 호위대들은 추기경들을 만날 때 지켜야 할 올바른 예법을 그에게 지도했다.[30] 예를 들어, 그들은 추기경들이 모여 있는 방의 제단 앞에 무릎을 꿇고 교회 지도자들 각각에게 인사할 것을 지시했다.[31] 또한 그들은 사우마보다 더 높은 지위에 있는 추기경들은 그가 들어갈 때 일어서지 않을 것이며, 무시당했다고 생각할 수도 있는 일에 화를 내지 말라고 충고했다.

랍반 사우마는 추기경들을 만났을 때, 좋은 인상을 심어줄 준비가 제대로 되어 있었다. 바티칸의 고위 성직자들은 산타 사비나 성당Church of Santa Sabina(바티칸에서 좀 떨어진, 테베레강 건너편에 여전히 자리하고 있다) 근처에 있는, 최근에 사망한 교황의 관저에 소집되었다. 교황 호노리우스 3세(재위 1216~1227)는 얼마 전에 이 성당을 성 도미니크에게 주었고, 성당은 도미니크회 교단의 수도원과 수녀원으로 변모했다.[32] 이곳은 바티칸에서 다소 떨어져 있어서 논의하는 동안 추기경들이 남들의 시선을 피할 수 있었다. 그러나 비교적 조용하고 한적한 환경에도 불구하고, 추기경들은 의견일치를 보지 못했다. 동시대의 한 자료에 따르면, 교황 선정이 연기된 것은 "어쩌면 추기경들 모두가 교황의 위계를 원했기 때문이었다."[33] 이 폐쇄적인 환경에서 긴장이 고조되었다. 길고 무더운 여름이 끝나갈 무렵 추기경 대여섯 명이 세상을 떠나게 될 것이었다. 그런 차에 랍반 사우마의 도착은 이듬해 초까지 지속될 논쟁과 괴로운 교착 상태에서 시선을 돌릴 좋은 기회를 제공했다.

랍반 사우마가 이동한 거리를 알게 된 추기경들은 그가 너무 피로해서 병이 날까 걱정했다. 사우마는 휴식을 취했다고 안심시키려고 했지만, 그들은 계속 염려를 표시했다. 다소 다급하게 사우마는 교황을 만나서 예루살렘의 해방과 관련된 서신을 전달하려는 목적에서 몽골족과 마르 야발라하가 자신을 파견했다고 설명했다. 그러나 분명히 추기경들은 이 심각한 문제를 생각할 분위기가 아니었다. 대신에 그들은 랍반 사우마에게 휴식을 취하라고 고집했는데, 이는 그의 도착에 관해 숙고하고 사절단에 대한 대응 방안을 마련할 시간을 좀 더 벌어보려는 조치 과정이었다. 무엇보다도 사우마는 몽골에서 사절로 파견된 최초의 성직자였다.

네스토리우스교 수도사의 신앙심

추기경들이 그를 다시 불렀을 때, 그들은 적절한 방침을 분명히 정한 상태였다. 신학적 문제에 관한 논의를 이끌면서 정치에 관한 문의는 최대한 피하고자 한 것이다. 랍반 사우마는 이러한 상황 변화에 분명히 실망했고, 대화가 막바지에 이르렀을 무렵 주요한 문제는 거의 논의하지 않았다면서 약간의 노여움을 드러내기도 했다. 그러나 종교적 문제들은 자연스럽게 그의 수련과 성향을 드러내게 되는 사안이었고, 그는 추기경들과의 대화를 즐겼던 것으로 보인다. 그의 기록은 그가 대화에 빠져들어 청중들에게 네스토리우스교의 주요 교의를 열심히 설명했다는 것을 보여준다. 틀림없이 그는 중앙 무대에서 종교 엘리트 집단에 자신의 의견을 표현할 기회가 주어진 점도 기뻐했다.

이 토론은 질문과 대답으로 시작했다. 랍반 사우마와 그의 대화 상대들은 페르시아어와 라틴어 통역관들에게 의지해야 했다. 통역관 중 일부는 사우마의 수행원들 가운데서 뽑았지만, 바티칸 측에서는 다른 사람들을 데려왔다. 추기경들은 먼저 그의 고향과 사절단의 목적에 관해서 물었다. 그는 이에 대답했지만, 기록에는 어떤 내용을 말했는지 나오지 않는다.[34] 아주 간략한 기초적인 문답이 끝난 후, 그들은 사우마의 교회에 관한 정보를 요청했다. 그러자 사우마는 교회의 중심지는 바그다드에 있고, 그 자신은 중국의 방문대표 지위를 맡고 있으며 교회의 문하생들을 감독하고 있다고 대답했다. 랍반 사우마의 고향까지 어떻게 기독교가 전파되었는지를 알아내기 위해서 추기경들은 그 땅에서 전도한 선구자의 정체에 관해 질문했다. 사우마는 12사도 중 한 사람인 성 토마스가 팔레스타인을 떠나 순행의 삶을 살면서 파르티아인과 페르시아인에게 복음을 설교했고 인도까지 여행했음을 언급했다. 토마스가 사망하자 제자들이 그의 유물을 에데사Edessa(현재 터키의 우르파Urfa)에 돌려주었고, 그곳이 네스토리우스교 교회의 중심이 되었다.[35] 또한 랍반 사우마는 70명의 복음전도사 중 한 사람이자 성 토마스와 쌍둥이였던 아다이Addai(타대오Thaddaeus를 뜻하는 아랍어)가 메소포타미아와 페르시아에서 복음을 전파했고, 그의 제자인 마리Mari가 사산조 페르시아의 수도인 셀레우키아-크테시폰에 네스토리우스교 주교구를 창설했다고 알려져 있다고 이야기했다. 추기경들은 랍반 사우마가 교회의 초기 지도자들을 확실히 알고 있는 데 깊은 인상을 받았다. 또한 그들은 몽골족이 이렇게 지식이 풍부한 기독교도를 사절로 선택했다는 점을 기뻐했다. 그들은 이렇게 말했다. "기독교도이면서 동방의 총대주교 직위에 있는 자의 부제副祭인 당신이 몽골족 왕의 사절로 파견된 것은 기적 같은 일입니다."[36]

랍반 사우마는 자신이 만든 좋은 인상을 활용했다. 그는 네스토리우스교회의 활동에 대한 긍정적인 이미지를 전달하고자 했던 게 분명하다. 그는 네스토리우스교회의 지도자들이 멀리까지 이동해서 몽골족, 튀르크족, 중국인에게 복음을 널리 전파했다는 것을 추기경들에게 알렸다. 그의 기록은 자신들이 많은 몽골족을 개종시킨 일에 기여했다고 적고 있다. 특히 랍반 사우마는 몽골 지배층의 자식들을 개종시킨 일을 자랑스럽게 여겼다. 그는 기독교도들이 몽골 영토에서 존경받고 있고, 일부 몽골족은 군사 진영에도 교회를 건설했다고 강조했다.

몽골족이 기독교를 선호하고, 몽골의 지도자 중 일부가 열렬한 기독교도라는 점을 입증했으니, 이제 사절단의 목적을 드러내기 위한 좋은 시점이었다. 그는 총대주교 마르 야발라하의 충실한 친구인 일 칸은 팔레스타인과 시리아에서 맘루크 왕조를 몰아내고자 하고, 기독교 세계에 예루살렘을 되돌려주기 위해 유럽인의 지원을 희망하고 있다고 추기경들에게 말했다. 또한 그는 페르시아의 몽골 지도자들이 자신을 선택해 사절단을 이끌도록 한 이유를 이렇게 설명했다. "기독교도인 저의 말을 여러 분들께서 신뢰하실 것이기 때문입니다."[37]

그러나 교황이 없는 상태에서 추기경들이 그러한 계획에 서약할 수는 없었다. 게다가 그들은 맘루크 왕조에 대항하는 군사 원정의 선두에 나서라고 과연 유럽의 군주들을 설득할 수 있을지 의심했을 것이다. 사망한 교황 호노리우스 4세는 맘루크 왕조에 대한 공격을 지지했지만, 잉글랜드의 에드워드 1세를 포함하여 가장 열정적인 유럽의 군주들로부터 십자군 원정에 대한 동의를 얻어내지 못했다. 당시 교회 지도자들은 유럽의 분열 때문에 또 다른 십자군 원정에 협력하라고 유럽의 지도자들을 설득하는 데 엄청난 장애물이 있음을 알고 있었다. 따라서 일 칸국과의 합동 군사 원정의 가망성에 별로 낙관적이지 않았다. 그래서 그들은 즉각 신학적인 문제로 대화의 방향을 돌렸다.

사우마가 대변하는 동방 기독교의 교리가 가톨릭교와 많은 부분에서 같은지의 여부를 가늠하기 위해, 추기경들은 사우마의 신앙이 교황의 신앙과 비슷한지 아닌지를 물었다. 랍반 사우마는 아주 교묘하게 예전에는 동방에 가톨릭 사절이 온 적이 없었고, 기독교에 대한 동방의 지식은 앞선 대화에서 이름을 언급한 선구자들의 가르침에서 비롯된 것이라고 대답했다. 그러자 추기경들은 사우마에게 그의 신앙을 상세하게 진술해달라고 요청했다.

이제 그의 말이 통역되는 방식이 중요해졌다. 랍반 사우마의 수행원 중에서 차출된 통역관들은 랍반 사우마가 표현한 관점과 가톨릭교 관점 사이의 차이점을 말하지 않으려고 한 것 같다. 모순을 회피하면서 조화로운 관계를 유지하기를 원했기 때문이다. 랍반 사우마도 분명 그의 청중, 즉 추기경들과 공통된 관점을 가진다는 것을 보여주고자 했다. 기록은 삼위일체에 대한 네스토리우스교의 견해를 그가 모호하게 이야기했다고 암시하는데, 그 이유를 추측하기란 어렵지 않다. 만약 그가 이 부분을 강하게 주장했다면, 당연히 추기경들은 그의 다른 의견을 들을 때보다 더 괴로워했을 것이다.

기록에 나타난 것처럼, 그는 유일신 그리고 성부, 성자, 성령 개념에 대한 그의 믿음을 확인하며 대답을 시작했고, 이는 추기경들과 공유하는 관점이었다. 그는 '신의 모습'을 가진 성자는 성부로부터 비롯된 것이고, 그의 '인간 모습'은 마리아로부터 비롯된 것임을 확언했는데, 이는 청중의 반감을 사지 않는 진술이었다. 그러나 여기에는 별개의 두 '인격'(하나는 신 예수, 또 다른 하나는 인간 예수)에 대한 믿음이 넌지시 드러나 있었다.[38] 사실 추기경들은 '두 예수'라는 개념을 분명히 승인하지 않았다. 그들의 관점에서는 두 본성이 하나의 그리스도 안에 융합되어 있었다. 그러나 추기경들은 이단의 기미에 반응하지 않았다. 아마도 랍반 사우마와 통역관이 매우 모호하고 절제된 방식으로 견해를 드러냈기 때문일 것이다.

다음으로 추기경들은 성령의 기원 문제에 초점을 맞추었는데, 이는 가톨릭과 정교회를 갈라놓은 문제였다. 비록 1274년 리옹공의회에서 이견을 해결해보려는 노력이 있기는 했지만 말이다. 추기경들의 관점에서 성령은 성부, 성자와 동등한 것이었다. 그들은 랍반 사우마가 이 문제에 대해 어떤 입장을 가졌는지 알고 싶어 했다. 그는 치밀하고 상세한 분석으로 대응했고, 이는 또다시 논란을 초래할 수도 있었지만 청중의 기분을 상하게 하지는 않았다.

추기경들은 성령이 성부 혹은 성자에서 비롯된 것인지, 아니면 별개의 존재인지를 묻는 것으로 이 부문의 대화를 시작했다. 그러자 랍반 사우마는 한쪽이 상대 쪽에게 의문을 제기하면서 얻고자 하는 대답을 끌어내기 위해 유도하는 질문을 하는 소크라테스 대화법으로 추기경들과의 대화에 참여했다. 사우마가 성자와 성령을 탄생시킨 성부를 최고 존엄으로 단언하자, 추기경들은 그의 학식과 지혜에 큰 감명을 받았다. 여행 기록에 따르면, 그는 "성부는 성자와 성령의 근원이고, 성자와 성령 모두 하느님이 생기게 한 것입니다"라고 진술했다.[39] 그는 비유를 이용하여 주장을 전개했는데, 태양은 빛과 열을 발생시키지만 그 열은 빛을 발생시키지 않는다는 점을 지적했던 것이다. 그는 태양이 최초의 근원이고, 이는 마치 성부가 "성자와 성령의 근원인 것"과 같다는 점을 암시했다.[40] 본질적으로 그는 신의 세 가지 속성이 동등하지 않다고 주장했던 것인데, 이는 추기경들의 정통적 관점에 대한 도전이었다. 그러나 그의 청중들은 이 이단적 의견을 묵과하고 사우마가 정말로 기독교도인지 아닌지와 그의 신학 지식을 단순히 시험하고자 했을 뿐이라고 주장하면서 가능한 한 논쟁을 피하려고 했다. 분명히 추기경들은 논란을 원치 않았다.

랍반 사우마는 신학 토론을 끝내려고 노력하면서 그들이 모든 논쟁을 회피하는 것을 도왔다. 그는 자신의 신앙을 가르치거나 토론하기 위해 로마에 온 것이 아니고, 일 칸의 제안과 총대주교의 서신을 서방 기독교도에게 전달하고 교황으로부터 개인적으로 축복을 받고 가능한 한 많은 교회와 종교적 장소, 성묘와 유물을 보기 위해 온 것이라고 말했다.

이제 회담과 심문을 끝낼 시간이었다. 랍반 사우마는 교회 수장의 부재로 인해 자신의 주된 목표를 달성할 수 없다는 사실을 깨달았다. 게다가 대화를 지속하면 논쟁이 생길 수 있고, 이는 향후 협력을 위한 합의에 대한 희망을 위태롭게 만들 수도 있었다. 이렇게 되자 그는 조금 덜 중요한 것에 시선을 돌려서 로마에서 가장 유명한 종교 장소들로 안내해줄 사람을 선발해달라고 추기경들에게 제안했다. 분명히 교황 선임을 끌어낼 논의로 되돌아가기를 원했던 추기경들은 재빨리 허락했다. 그들은 로마의 전설적인 교회와 수도원을 이네스토리우스교 성직자가 돌아볼 수 있도록 몇몇 수도사들에게 그를 호위하라고 명령했다.

영원한 도시 로마를 여행하다

랍반 사우마가 방문한 가장 인상적인 장소는 바티칸의 산 피에트로 대성당San Pietro(성 베드로)이었다. 말할 필요도 없겠지만, 그가 본 것은 16세기와 17세기에 미켈란젤로Michelangelo, 베르니니Bernini, 브라만테Bramante가 디자인해서 건설한 그 유명한 건축물이 아니었다. 그럼에도 사우마는 몹시 놀랐는데, 그 이유는 이렇게 거대한 규모로 건설된 종교 건축물을 본 적이 거의 없었기 때문이다. 그는 "이 사원의 크기와 화려함은 묘사할 수가 없다…"라고 적었다.[41] 그는 건물의 외관을 둘러싸고 있는 모자이크화는 언급하지 않고, 대신 교회 내부에 초점을 맞추었다. 그의 관심은 대성당을 지탱하기 위해 콘스탄티누스 황제 시대에 건설된 180개의 기둥에 쏠렸다. 또한 그는 교황만이 미사를 거행할 수 있는 제단과 교황만 자리할 수 있는 긴 의자도 보았다.

또 인상적이었던 것은 성 베드로의 의자Chair of St. Peter였는데, 나무로 만들어졌으며, 예수의 제자가 사용했다고 알려져 있었다. 왕좌로도 언급되는 이 의자는 교회당 동쪽 끝 반원 형태 부분에 있었고, 이 역시 교황만 앉을 수 있었다. 의자에서 상아로 장식되어 있던 부분은 훗날 베르니니가 동으로 감싸게 된다. 이렇게 성 베드로의 의자(왕좌)가 만들어졌으며, 지금도 이곳 대성당에서 찾아볼 수 있다.[42] 랍반 사우마는 동시대 예술가인 아르놀포 디 캄비오Arnolfo di Cambio가 만든 성 베드로 동상을 보았을 텐데, 이에 관해서는 기록에 언급이 없다. 그러나 기록에서 동상이 생략된 것은 오늘날 우리는 이미 동상이 만들어진 것을 알지만 나중에서야 설치되었음을 뜻하는 것일 수도 있다.[43] 그를 호위한 수도사는 성인의 묘로 데리고 갔는데, 성 베드로의 왕좌 바로 밑에 있었다. 금으로 만들어진 관은 동으로 만든 또 다른 관에 안치되어 있었는데, 그 위에는 대략 68kg의 무게가 나가는 금십자가가 놓여 있었다. 그리고 모든 유물은 금으로 된 정교한 격자로 둘러싸여 있었다.[44] 이 성물은 네스토리우스교 성직자가 여행 중에 본 것 중 가장 중요하고 화려했다.

그러나 이 대성당에서 그를 놀라게 한 것이 이것만은 아니었다. 그는 또한 예수의 초상이 있는 놀라운 리넨 직물을 보고 충격을 받았다. 사우마의 기록에는 언급되어 있지 않지만, 이 유물의 전설은 에데사의 왕 아브간Abghan이 예수의 초상화를 만들기 위해 화가를 보냈는데 그 화가는 그리스도에게서 퍼져나오는 초자연적인 빛에

성 베드로의 무덤
현재 바티칸의 산 피에트로(성 베드로) 대성당에 안치되어 있다.

압도되어 초상을 그릴 수 없었다고 전하고 있다. 전설에 따르면, 예수가 수의를 집어들어 자신의 얼굴을 닦는 것으로 응답했는데, 수의 위에 예수의 얼굴 흔적이 남았다고 한다. 이 특별한 유물이 에데사로 돌아와 수 세기가 지난 이후 콘스탄티노플로 전해졌고 결국에는 로마로 오게 되었다.[45]

랍반 사우마가 그의 기록에서 언급한 또 다른 대상은 신성로마 제국 황제의 즉위식이 거행되는 교황의 제단이었다. 그는 흥미로운 관습을 한 가지 기록했는데, 그를 호위한 수도사들이 말해준 게 분명하다. 사우마는 교황이 왕관을 발로 집어서 새로운 황제의 머리 위에 올려놓는데, 이 행동은 종교 영역의 고위 성직자가 정치 지도자보다 우월하다는 것을 의미한다고 기록했다.[46] 예식에 관한 이 서술은 단연코 사실이 아닌데, 아마 랍반 사우마가 통역관의 설명을 잘못 이해했기 때문일 것이다. 사실 황제는 왕관을 받으면 관례상 무릎을 꿇고 교황의 발에 입을 맞추는데, 분명 이러한 예식은 세속적 지도자보다 성직자가 우위에 있음을 강조하는 의도를 가지고 있었다. 실제로는 교황과 신성로마제국 황제 사이의 적대적 관계로 인해 이러한 관습은 랍반 사우마가 로마에 도착했을 시기에는 없어진 상태였다. 심지어 이때는 프랑스 군주조차 교황의 권위에 도전하던 시기였다.[47]

산 피에트로 대성당의 여행을 마친 후, 랍반 사우마는 다른 교회로 안내해달라고 요청했다. 호위를 맡은 수도사는 로마 변두리에 있는 산 파올로 푸오리 레 무라San Paolo Fuori le Mura(성 바울의 성벽 바깥) 성당으로 그를 데려갔다. 이 장엄한 건축물은 사도 바울의 묘지가 있는 곳에 건설되었다. 사도 바울은 처형된 이후 오스티아 가도Ostian Way에 인접한 묘지에 매장되었다. 그를 추도하는 비석에 묘지의 정확한 위치가 표시되어 있어 콘스탄티누스 황제는 성인의 순교를 기리기 위해 성당을 건설할 것을 명령했던 것이다. 사도의 유물을 소장했던 이 성당은 5세기 초에 완공되었지만, 불행하게도 1823년에 화재로 대부분 소실되었다.[48] 현재 건물은 재건된 것이기에 랍반 사우마가 보았던 성당과 유물에 관한 묘사를 제대로 확인하기는 어렵다. 그가 언급한 일부 유물은 더 이상 존재하지 않고, 그것들이 진짜였는지의 여부도 단정할 수 없다.

랍반 사우마의 기록은 성당이 바울의 묘지(묘는 제단 아래에 있다) 위에 지어졌다는 내용으로 시작한다. 하지만 그의 기록에는 건물의 건축학적 양식 혹은 외관에 대한 언급은 없다. 바울의 일생을 그린 프레스코화, 교회당 동쪽으로 이어지는 일련의 위압적인 기둥들, 13세기 초에 건설된 회랑 같은 유명한 특징도 이야기하지 않는다. 또한 아르놀포 디 캄비오에 의해 디자인된 화려한 성막聖幕이 랍반 사우마가 방문하기 겨우 2년 전인 1285년에 설치되었는데, 이에 관해서도 언급이 없다.[49] 이 성당에서 가장 근래에 추가로 지어진 성막은 랍반 사우마가 틀림없이 목격했을 것이고, 안내인들과 성당에서 일하는, 분명히 자부심을 가진 성직자들이 그를 이끌었을 것이다. 현대 예술사가의 말에 따르면, 이 성막은 비록 "조각들 … 로마의 예술과 접촉한 … 흔적"을 가지고 있지만, "특유의 세련된 고딕 양식의 선"[50]을 가지고 있다. 네 개의 기둥은 모자이크화와 작은 조각상들, 심지어 꼭대기에 십자가가 장식된 모형 회당까지 가득 찬 세 개의 아치를 떠받치고 있다. 금으로 된 장식물, 검을 들고 있는 바울의 조각상, 사슴과 다른 동물들을 묘사한 모자이크화는 분명 방문객의 눈을 사로잡았을 것이다. 하지만 랍반 사우마는 그의 안내인들이 보여주었거나 이야기한 다른 성물이나 경이로운 유물에 더욱 흥미를 가졌던 것 같다.

성당은 분명히 초기 기독교의 위대한 순교자들과 존경받는 종교 지도자들의 시신을 모시는 공간이었다. 이 네스토리우스교 성직

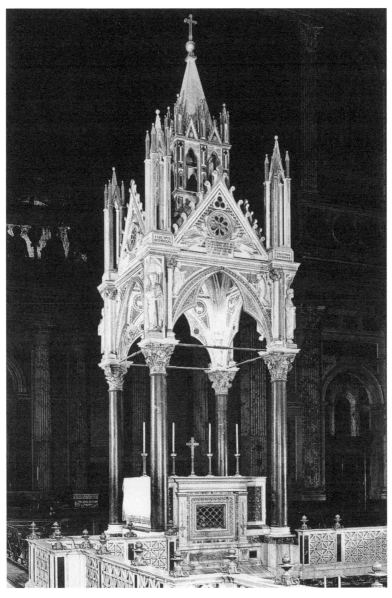

성막

1285년 아르놀포 디 캄비오에 의해 제작된 것으로, 현재 이탈리아 로마의 산 파올로 푸오리 레 무라 성당에 있다.

자를 호위한 사람들은 성 바울의 묘와 더불어 그에게 성 스테픈^{St.} Stephen의 머리로 알려진 유물을 보여주었다. 성 스테픈은 첫 부제이 자 기독교 신앙을 위해 순교한 사람으로, 모세와 구약성서의 신에 대 한 그의 이단적 관점 때문에 돌에 맞아 죽임을 당했다.[51] 5세기에 그 의 시신을 발굴해 다시 매장하기 위해 로마로 이송했다. 교회 지도자 들이 그의 머리를 사도 바울의 유물 옆에 묻었다는 것은 역설적이면 서도 기묘하게 어울리는 바가 있었다. 그 이유는 기독교로 개종하기 전에 사울^{Saul}이라는 이름으로 알려져 있던 사도 바울은 스테픈의 처 형에 찬성하고 그 장면을 목격했기 때문이다.[52]

이와 비슷하게, 랍반 사우마가 교회에서 본 또 다른 성물인 아나 니아스^{Ananias}의 손이 바울의 이름이 붙은 성당에서 숭배되는 것도 적절한 일이었다. 이 두 기독교 지도자들의 삶은 서로 얽혀 있었기 때문이다. 사울은 다마스쿠스의 기독교도들을 진압하는 임무를 수 행하기 위해 그곳으로 가던 도중 눈이 멀어버렸다. 아나니아스는 그 의 시력을 되찾아주면서 그를 기독교 신앙으로 이끌었고, 바울이라 는 기독교 이름으로 세례를 베풀었던 것이다.[53] 성당 안의 놀라운 물 건들을 열거하면서 랍반 사우마는 바울의 지팡이를 언급했는데, 아 나니아스의 손만큼 색다르지는 않았지만 분명 흥미로운 것이었다. 또한 그가 열거한 것 중에는 바울을 처형장에 보낼 때 사용된 쇠사 슬도 있었다. 여기에서 랍반 사우마는 산 파올로 푸오리 레 무라 성 당과 쇠사슬의 산 피에트로^{San Pietro in Vincoli} 대성당을 혼동했던 게 틀림없다. 팔레스타인에서 성 베드로를 묶었던 쇠사슬이 로마의 산

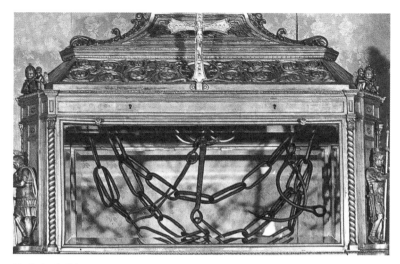

성 베드로의 사슬

이탈리아 로마에 있는 쇠사슬의 산 피에트로(성 베드로) 대성당에 안치되어 있다.

피에트로 대성당에 보존되어 있었는데, 사우마는 이것을 목격했을 것이다.[54]

산 파올로 푸오리 레 무라 성당을 떠난 후, 랍반 사우마와 그의 안내자들은 바울이 순교했던 유명한 장소로 갔다. 사우마는 안내자들이 그에게 말한 전설을 사실이라고 기록했다. 즉, 처형인이 바울의 머리를 베었을 때 "그것이 공중으로 세 번 튀어올랐고, 튀어오를 때마다 '그리스도! 그리스도!'라고 울부짖었다"라는 것이다. 그리고 그의 머리가 떨어진 세 장소에서 세 개의 샘물이 솟아올랐는데, 랍반 사우마의 안내인들은 이 샘물에서 나온 물이 치료의 힘을 가지고 있다고 주장했다.[55] 랍반 사우마의 기록에 나오는 용어 번역에 따르면, 샘물에 인접한 곳에서 그는 순교자와 초기 기독교 지도자의 뼈를 보관하는 성소, 묘지 혹은 무덤을 우연히 발견했다. 그의 일행은 여행을 계속하기 전에 이 유물들을 숭배하기 위해 잠시 길을 멈추었다.

랍반 사우마 일행이 다음으로 방문한 위대한 기념물은 산 조반니 라테라노 성당Church of San Giovanni in Laterano(성 요한 라테란)이었다. 이 성당은 로마의 주교좌 성당이자 도시의 대주교가 있는 곳으로, 4세기에 콘스탄티누스 황제에 의해 건설되었는데, 랍반 사우마가 목격한 원래 건물은 1308년에 화재로 소실되었다. 현재의 건물 일부분은 바로크 시대의 것이고, 또 일부분은 18세기의 것이다. 그래서 랍반 사우마가 열거한 물건과 성물이 실제로 이 성당에서 발견되었는지를 입증하기는 어렵다. 앞서와 마찬가지로 그의 기록에는 이 성당의 독특한 건축학적, 예술적 특성이 거의 언급되어 있지 않고, 심지어 더 놀라운 것은 입구에 있는 거대한 콘스탄티누스 조각상도 무시하고 대신에 성물들을 강조하고 있다는 점이다.

랍반 사우마는 예수가 입었던 이음매 없는 튜닉, 그리스도가 성찬을 거행하고 그의 사도들에게 주었다는 테이블을 목격했다고 기록했다. 그의 안내자들은 부활절 즈음 교황이 성당에 와서 이 테이블에서 미사를 수행한다고 랍반 사우마에게 말해주었다. 또한 그들은 기분이 좋아 보이는 이 네스토리우스교 성직자에게 윤기 나는 검은색 돌이 움푹 파여 있는 것을 보여주었는데, 여기에서 콘스탄티누스 황제가 세례를 받았다고 했다.[56] 또 사우마는 사도들에게 영적인 힘을 팔아넘기려고 설득했던 마술사 시몬 마구스Simon Magus와 성 베드로가 논쟁한 정확한 장소를 성당에서 보았다고 기록했다. 사우마의 이러한 주장 중 대부분은 사실 여부를 판단할 수가 없다. 아마 사우마의 안내자들이 그가 남의 말을 쉽게 믿는 것을 이용해서 이러한 물건들에 관해 그를 속인 것으로 짐작된다. 혹은 사우마에게 보여준 물건과 장소에 관해 이야기한 모든 것을 그들 스스로가 믿었기 때문일 수도 있다. 우리는 사우마의 성당 기록에 나오는 물건들 중 한 가지(도금한 동으로 된 네 개의 기둥에 관한 서술인데, 그 기둥들은 성찬 예배당에서 여전히 찾아볼 수 있다)가 사실로 입증된 것을 알고 있다.[57] 비록 이 기둥들이 예루살렘에서 왔다는 그의 주장은 의심스럽지만 말이다.

로마 성지 여행 일정 중 그가 마지막으로 들렀다고 기록한 곳은 산타 마리아 마조레 대성당Basilica of Santa Maria Maggiore(성 마리아 대성당)이었다. 로마의 다른 성당에 대한 언급처럼, 그의 서술은 이 대성당에 보존된 유명한 유물들에 집중되어 있다. 특히 그는 마리아의 옷 일부와 아기 예수상에서 가져온 나무 일부가 들어 있는 투명한 유물함에 감명받았다. 이 유물들과 더불어 그는 성 매튜St. Matthew의 머리, 사도 필리프의 발, 또 다른 사도 성 제임스St. James the Great(그의 동생 성 요한은 12사도 중 가장 어린 사람이었다)의 팔이 보관되었다고 알려진 은으로 된 유물함도 목격했다.[58]

랍반 사우마는 로마의 다른 종교적인 장소들도 방문했지만, 기록에는 언급되어 있지 않다. 어쨌든 성지 여행을 마쳤을 때, 그는 마음껏 교회와 성물을 구경한 듯했다. 확실히 가장 그의 흥미를 끈 것은 기적적인 물건과 유물이었다. 그의 목소리가 담긴 기록에는 건물과 그 부속물의 미적 매력, 교리에 대한 지적 관심, 그가 접한 장소와 사상에 관한 사색 같은 정신적 자극은 거의 언급되어 있지 않다. 심지어 번역자가 삭제해버렸을 가능성도 충분한데, 이 점 자체가 의미 있다. 그의 순례의 주요 목적은 분명히 지식을 추구하는 것이 아니었다. 사우마의 기록을 보면, 그의 관점에서는 성물을 관람하고 숭배하는 것이 신의 축복을 얻는 수단이고 그래서 종교적 탐색을 수행했다는 인상을 풍긴다.

그러나 랍반 사우마는 그의 외교 목적을 수행하지 못한 것에 좌절했음이 분명하다. 여전히 그는 시간이 지나면 그 임무를 수행할 수 있으리라는 희망을 가졌다. 그는 단지 교황의 부재가 맘루크 왕조에 대항하는 동맹을 결성하지 못하게 한 이유라고 잘못 생각했던 것이다. 유럽의 심각한 정치적 분열에 관한 지식이 부족했던 그는 아마 페르시아의 몽골족과 유럽인은 모두 맘루크 왕조의 적이기 때문에 합의에 도달하는 것은 시간문제라고 믿었던 것으로 보인다.

어쨌든 랍반 사우마는 자신의 정치적 임무가 교황이 선출될 때까지는 진전이 없고, 선출이 이루어지려면 몇 주, 혹은 몇 달이 지나갈 수도 있다는 점을 확실히 알았다. 그는 로마에 있는 주요 종교 유적을 보았기 때문에, 이제 이 영원한 도시에 계속 머무르는 것은 특별히 생산적이지 않았다. 게다가 선출을 기다리다가 유럽에서 체류할 수 있는 남은 시간을 모두 낭비할 수도 있었다. 그래서 랍반 사우마는 동맹과 십자군을 위해서라면 꼭 지지를 얻어야 했던 유럽 두 군주의 영토로 가기로 결심했다. 그는 프랑스와 잉글랜드의 왕을 접견하기를 희망했고, 그래서 북쪽으로 출발했다.

항구도시 제노바의 따뜻한 환대

프랑스로 가는 도중 랍반 사우마가 들른 주요 기착지는 제노바였으며, 8월 초에 도착했다. 그는 이 항구도시에서 따뜻한 환영을 받으리라는 것을 알고 있었다. 제노바는 일 칸국과 활발한 교역을 유지하고 있었으며, 제노바 상인들은 페르시아로 건너가 몽골족과 강력한 유대관계를 형성했다. 페르시아에서부터 랍반 사우마와 여행을 함께한 통역관 중 한 사람이 제노바인이었다는 사실은 친절한 접대에 대한 기대감을 높였다. 제노바 사람들은 몽골족 사절을 실망시키지 않았다. 사우마의 기록은 그가 열렬한 환영과 존경에서 우러난 대접을 받았음을 알려준다.

활발한 국제교역을 전개해온 제노바인들은 이곳이 이례적으로 세계적인 도시라고 자랑할 수 있었다. 따라서 랍반 사우마의 도착이 그들의 평정심을 무너뜨리지는 않았다. 제노바 상인들은 모로코에서부터 인도와 중국에 이르는 모든 곳을 다녔다. 나폴리 상인들과 달리, 그들은 많은 이탈리아 도시국가가 두려워하는 적국인 시칠리아와 아라곤과도 무역을 하고 있었다.[59] 다소 과장된 추정에 따르면, 제노바 항구를 통과하는 상품의 가치는 1214년에서 1274년까지 두 배로 상승했고, 1274년부터 1293년까지는 네 배로 뛰어올랐다.[60] 제노바는 유럽에서 인구가 가장 많은 곳 중 하나로, 6~7만 명이 거주했고, 번영의 정점에 올라 있었다. 제노바 상인들은 다소 탐욕스럽기는 해도 독자적이면서도 빈틈없다는 평판을 얻었고, 학식 있는 사람들은 창의적이면서도 실용적인 인물로 인식될 정도로 항해, 본초학을 비롯해 다른 실용적인 학문 분야에 공헌하였다. 1284년에 이 도시의 군대는 피사Pisa를 격파했고, 1290년대에는 베네치아군을 압도하게 된다. 그러나 1320년대가 되면, 제노바는 "통치양식의 폭력적 변화, 패배한 파벌 추방, 노골적인 내전"이라는 특징을 보인다.[61]

제노바의 정치는 번성하는 교역과는 전혀 보조를 맞추지 못했다. 1099년에 제노바에는 처음으로 집정관이 다스리는 자치체가 설립되었다. 귀족과 부유한 상인이 자치체를 장악했지만, 이 집단 내부의 다양한 파벌은 통제권을 놓고 반복적으로 다투었다.[62] 이로 인해 1191년에는 포데스타podesta(중세 후기에 이탈리아의 많은 도시국가가 사용한 특정 고위 관리의 명칭으로, 주로 최고행정관을 의미했다. ―옮긴이)로 알려진 제도가 만들어졌고, 주요 관료로 제노바인이 아닌 사람이 선임되었다. 1218년 제노바인들은 지속되는 파벌주의와 이에 수반하는 갈등을 없애기 위해 그들의 정치제도를 또다시 변경했다. 이제 카피타노 델 포폴로^{capitano del popolo}라고 불리는 제노바인이 도시의 최고행정관으로 활동하며 옛 귀족과 부유한 상인들, 소규모 상인 파벌을 중재하고 질서를 유지하는 역할을 맡았다. 여러 집단 사이의 갈등은 랍반 사우마의 방문 이후 30년 안에 이 제도를 파멸에 이르게 한다.

제노바에 랍반 사우마가 도착하자 도시의 카피타노^{capitano} 혹은 수도원장이 랍반 사우마를 맞이했는데, 그 현장에 팡파르가 울리고 상당한 규모의 인파가 줄을 지어 환영했다. 사우마는 이탈리아 도시 국가의 정부에 관한 지식이 거의 없었기 때문에, 제노바에 왕 혹은 황제가 없다는 사실에 놀라워했다. 그의 기록에는 도시 지도자들과 나눈 대화가 전혀 언급되어 있지 않기 때문에 사우마가 동맹의 가능성을 타진했다는 것을 보여주는 암시도 없다. 실제로도 그런 말을 꺼내지 않았을 것 같다.⁶³ 어쨌든 제노바는 베네치아와 무역경쟁, 적대관계에 휘말려 있었고, 그래서 제노바의 지도자들은 또 다른 갈등을 일으킬 수 있는 약속을 맺으려고 하지 않았다. 게다가 무슬림의 적들에게 호의를 보이면서 잠재적인 무역 상대가 될 수 있는 맘루크 왕조와 사이가 멀어지기를 바라지도 않았다. 그래서 랍반 사우마가 동맹을 제안했더라도 그는 분명 공손하지만 단호하게 거절당했을 것이다.

사우마의 관점에서 제노바에 체류하는 동안 생긴 가장 중요한 사건은 산 로렌조(성 로렌스) 대성당^{Cathedral of San Lorenzo}을 방문한 일이었다. 13세기 초에 건설된 이 성당의 이름은 교황 식스투스^{Sixtus} 2세와 함께 로마인의 손에 사망한 3세기의 순교자 이름에서 따온 것이다. 산 로렌조는 로마인에게 돌아갔어야 할 교회 재산을 빈민에게 나누어주었다는 이유로 사형을 선고받았다. 그는 석쇠 위에서 뜨겁게 달구어지는 방식으로 처형되었고, 기독교 예술에서는 순교를 상징하는 종려나무와 그를 죽인 도구와 함께 자주 묘사된다.[64] 제노바의 성당 문 위에 있는 부조상은 그를 정확하게 묘사해놓았다. 석쇠 위에 기쁨에 찬 표정으로 누워 있는 산 로젠조는 상상의 동물과 괴물, 그리고 애도자들에게 둘러싸여 있다.

성당은 도시의 높은 지역에 있었기 때문에 항구가 한눈에 내려다보였을 것이다.[65] 인접한 지역에서 날라온 검은색과 흰색 대리석은 건물의 외관을 매력적이면서도 우아한 격자무늬로 장식했다. 그러나 현재의 교회당 동쪽과 본당 회중석, 종탑은 모두 르네상스 혹은 그 이후 시기의 것이기 때문에, 랍반 사우마가 본 건물이 실제로 어떻게 생겼는지 알 수 없다.

현존하는 그의 기록은 또다시 여기에서 발견한 성물을 제외하고는 장소에 관해서 아무것도 언급하지 않는다. 비잔틴 모델로부터 영향을 받은게 분명한 성 조지와 용이 그려진 벽화도 서술하지 않고, 비잔틴제국과 제노바 사이의 접촉 증거인 비잔틴 십자가도 이야기하지 않는다. 그러나 랍반 사우마는 세례자 요한의 시신이 안치된 은으로 된 관을 살짝 본 일에 관해 기록하고 있다. 그 성당에는 아직도 세례자 성 요한의 예배당이 있고, 그의 유품이라고 알려진 물품이 보관되어 있다. 사우마가 서술한 또 다른 놀라운 물건은, 예수가 그의 제자들에게 최후의 만찬(사우마의 말에 따르면, 최후의 유월절)을 베풀었을 때 사용했다고 알려진 에메랄드 접시였다.[66] 성당의 금고에는 이른바 육각형의 성반聖盤이 보존되어 있었는데, 이 접시는 나중에 유리로 만들어진 것으로 12세기에 십자군이 유럽으로 다시 가져온 것으로 밝혀졌다. 아마 부도덕한 중동 상인들이 잘 속는 십자군 병사들에게 성배聖杯라고 하면서 팔아넘겼던 것이 분명하다.

랍반 사우마는 또한 잘 모르는 현지 사람들과 나눈 흥미로운 대화도 기록했다. 그는 그들이 사순절의 첫 번째 주에 금식을 하지 않는다는 것을 알게 되었다. 그는 왜 가톨릭교도의 관습에서 그들이 이탈했는지를 물었다. 그들은 자신의 선조들이 기독교로 개종했을 때 너무 연약해서 금식할 수 없었기에, 그들을 개종시킨 사람들이 '단지' 1년에 40일만 금식하도록 배려를 베풀었다고 대답했다.

이 색다른 대화에는 설명이 필요하다. 랍반 사우마와 제노바인에게 '금식'은 라마단처럼 모든 음식을 절제하는 것이 아니라 고기를 먹지 않는다는 것을 의미했을 것이다. 그들이 언급한 긴 금식 기간은 서방 기독교 전통보다는 네스토리우스교 전통과 더 연관되어 있었다. 네스토리우스교도는 사순절은 물론이고, 1년 동안 사순절 이외 여섯 번의 기간에는 고기를 먹지 않았고, 매주 화요일과 토요일에도 그렇게 했다.[67] 그래서 네스토리우스교 달력에서 금식일은 40일이 훨씬 넘었다. 그러므로 제노바인들이 금식하는 날이 별로 없다는데 랍반 사우마가 놀랐던 것이다. 그가 정규 금식 기간에 제노바에 도착한 것이 아니라서 이 주제가 언급된 것이 신기해 보일 수 있지만, 그가 방문한 8월 초가 네스토리우스교의 주요 금식 기간 중 하나와 일치한다는 사실을 고려하면 설명이 될 법도 하다.

제노바와 로마의 주요한 종교 장소를 방문하고, 일 칸의 서신도 바티칸 당국에 전달한 랍반 사우마는 더 이상 이탈리아에 머물 필요가 없었다. 그가 방문한 두 도시가 몽골족과 가장 긴밀하게 연결된 곳이었던 반면, 베네치아로 가지 않았던 것은 우연이 아니다. 베네치아는 얼마 전까지도 비잔틴제국과 충돌하면서 일 칸국과는 제한된 관계만을 맺고 있었기 때문에 사우마가 가지 않았을 것이다. 그러나 사우마가 도시를 방문하고 한동안 머문 일은 정치적으로는 별다른 성과를 거두지 못했다. 그는 방문한 곳에서 따뜻한 환대를 받았지만, 합동 군사 원정에 대한 약속을 받아내지는 못했다. 그러나 그의 임무는 끝나지 않았다. 그는 프랑스와 잉글랜드의 군주들에게 동맹을 제안하고 합류할 것을 설득할 수 있다는 희망을 여전히 품고 있었다.

5

파리에서 다시 페르시아로

파리, 필리프 4세와의 의욕적인 만남

13세기 중반, 프랑스의 지도자 생 루이는 유럽의 기독교 군주 중에서 가장 신앙심이 깊은 사람이었고 두 번의 십자군 원정에서 두드러진 소임을 수행했다. 그러나 그의 아들이자 직속 후계자인 필리프 3세(용감왕)은 십자군보다는 프랑스에 대한 통제를 확고히 하는 데 더 관심을 기울였고, 이에 나폴리와 시칠리아를 통치하는 그의 작은아버지 앙주의 샤를을 지원했다. 필리프 3세는 자신의 아들인 발루아의 샤를Charles of Valois을 아라곤왕국의 왕좌에 올리려 했지만 성공하지 못했다. 그는 자신의 아버지에 비해 종교적 열정과 광범한 통찰력이 부족했고, 아마 지성도 갖추지 못했던 것 같다.

랍반 사우마가 프랑스에 도착하기 2년 전인 1285년, 필리프 3세의 아들인 필리프 4세(공정왕)가 왕위를 계승하면서 이 새로운 군주가 성지에서 무슬림을 쫓아내는 노력을 더 잘 해내리란 희망을 불러일으켰다. 왕은 아직 20세도 되지 않았고, 그의 젊음은 새로운 진로와 정책의 가능성을 높여주었다. 그는 존경받는 할아버지의 선례를 따를 것인가? 아니면 그보다 더 계산적이고 정치적이었던 아버지의 선례를 따를 것인가? 교양 있고, 야심 찬, 이 잘생긴 필리프 공정왕은 필리프 용감왕의 미미한 업적보다는 생 루이의 웅대한 목표를 배우고 싶어 하는 것으로 보였다. 새로 즉위한 군주가 매력적이라고 여길 수 있는, 에너지와 헌신, 열정이 필요한 제안이 성사될 수 있는 적절한 시기였다.[1]

1287년 8월 말, 랍반 사우마는 프랑스에 도착했다. 그가 맡은 임무를 수행할 절호의 기회가 프랑스에 있는 것처럼 보였다. 지도자 없는 바티칸과는 달리 프랑스에는 활기차고 단호한 지도자가 있었다. 게다가 랍반 사우마에 대한 환대는 그가 성공하리라는 징조로 비쳤다. 필리프 4세는 사우마가 프랑스 경계 지역에 도착하자마자 이 네스토리우스교 성직자를 호위하기 위해 대규모 파견단을 보냈다. 일행은 9월 말에 파리에 도착했다. 그곳에서 그들은 성대하고 격식을 갖춘 환대를 받았고, 필리프 4세는 사우마에게 근사한 숙소를 제공했다.

네스토리우스교 성직자는 힘든 여정 끝에 몹시 지쳐 있었다. 잘 정비된 도로를 이용해 빠른 속도로 이동하고 호텔과 여관의 안락한 숙박시설과 먼 지역에서 온 여행자에게 입맛에 맞는 음식을 제공하는 시대에 살고 있는 우리가 그가 겪은 여행의 험난함을 이해하기란 아마 어려울 것이다. 랍반 사우마는 일 칸국에서 출발한 이후 다양한 운송 수단을 활용해 6개월 이상 여행했다. 중동에서는 말, 낙타, 나귀를 탔고, 유럽에서는 말과 나귀를 탔으며, 거친 바다를 건널 때에는 낡은 배를 탔기 때문에 그로 인한 피로는 분명 육체적 고통을 불러왔을 것이다. 중앙아시아 구간을 여행하는 동안 랍반 사우마가 횡단했던 통로는 '도로'라기보다는 '흔적'이라고 하는 것이 더 정확한 표현이었을 것이다. 동물을 타고 이동하는 사람들은 길을 뒤덮는 먼지와 진흙으로부터 스스로를 보호하기 위해 종종 얼굴 가리개와 눈을 보호하는 장치를 착용해야 했다. 지도는 거의 존재하지 않았고, 만약 지도가 있었다고 해도 대부분 신뢰할 수 없는 것들이었다.

여행자들은 길을 지나가면서 약간의 식량을 구할 수 있었겠지만, 출발하기 전에 말에게 먹일 여물과 편자를 사야 했고, 자신을 위한 음식과 의약품도 챙겨야 했다. 그들은 매우 다양한 종류의 여관이나 숙박시설에 머물렀다. 침대가 갖추어져 있고 좋은 식사가 나오는 곳은 아주 드물었다. 시골 지역에서는 단지 잠을 자기 위한 평평한 바닥과 부실한 데다 신선하지도 않은 음식을 제공했다. 대부분의 숙박시설에서 음식을 전혀 제공하지 않았기 때문에 여행자들은 자신들이 가져온 것을 먹거나 스스로 구해야 했다. 경험 많은 여행자들은 담요를 가지고 다녔는데, 그 이유는 아주 낡은 숙박시설에 침구류가 있다고 해도 거의 교체를 하지 않아서 해충이 득시글댈 것 같았기 때문이다. 뭔가 수상쩍은 시설에서는 여자들이 종종 동침자로 시중을 들기도 했는데, 아마 랍반 사우마는 그런 시중을 받지는 않았을 것이다.

사우마가 여행하는 동안 도적들도 그를 괴롭혔다. 유럽의 여러 지역과 국가 간의 갈등은 불안정한 상황을 만들었고, 악랄한 무뢰한과 강도는 이러한 상황을 이용했다.

약 10년 전 랍반 사우마가 중국에서 페르시아로 여행할 때 마주쳤던 위험과 불쾌한 경험은 이보다 더 심했다. 그러나 이제 그는 60대 초반이었고, 고난과 위험에 직면할 때마다 확실히 더 쉽게 지쳤다. 또한 그는 이탈리아의 여름 더위를 겨우 견뎠다. 가을이 되어 어느 정도 위안을 얻었지만 말이다. 그래도 여행의 어떤 면은 분명 즐거웠을 것이다. 랍반 사우마는 필시 요술사, 음악가, 곡예사 같은 떠돌이 예능꾼을 마주쳤을 테고, 상인과 순례자들도 만났을 것이다. 그 덕분에 여행의 지루함이 다소 줄어들었을 것이다.

필리프 4세는 자신의 손님이 이제 막 고된 여정을 끝냈음을 알고서 네스토리우스교 성직자를 3일 동안 혼자 쉬게 두었다. 사우마가 기운을 회복한 뒤에야 비로소 그에게 회견을 요청하기 위해 관료를 파견했다. 랍반 사우마가 궁정에 도착하자 필리프 4세는 일어나서 손님을 맞으며, 존경이나 복종을 상징적으로 표시하는 인사를 요구하지 않고 동등하게 대했다. 프랑스 군주는 곧바로 네스토리우스교 성직자가 방문한 목적에 관해 질문했다. 그는 왜 왔는가? 누가 그를 보냈는가?

랍반 사우마는 사절로서 자신의 목적을 조금도 숨기지 않고 주저없이 대답했다. 그는 페르시아의 일 칸 아르군의 궁정에서 온 공식 사절이라고 답한 뒤, 예루살렘을 회복하기 위한 동맹 문제를 꺼냈다.

일 칸의 서신을 전달하면서 그는 골치 아픈 맘루크 왕조를 진압하기 위한 위대한 원정에 프랑스 왕이 합류할 것을 권유했다. 그는 일 칸 아르군의 선물을 전달하면서 말을 마쳤다. 그 선물은 아마 귀금속 혹은 아름다운 직물, 큰 가치를 지닌 사치품으로 구성되었을 것이고, 양은 많지 않았을 것이다. 대규모 상단과 함께 이동하지 않는 여행자들은 이렇게 먼 거리를 오면서 무거운 물건을 운반할 수 없었다. 랍반 사우마는 짐과 사람들을 가득 실은 혼잡한 배를 타고 오면서 곤란을 겪을 수 있었기 때문에 무거운 것을 가져올 수 없었다.

랍반 사우마의 기록에 따르면, 몽골족의 결단은 필리프 4세를 움직이게 했다. 그는 만약 기독교도가 아닌 몽골족이 예루살렘의 탈환에 대해 큰 관심을 가진다면, 서방 기독교도는 열정을 가진 군대를 모으고 성지를 다시 얻기 위한 투쟁에 합류할 의무가 있다고 말했다.[2] 이제 신앙에 대한 필리프 4세의 헌신에 랍반 사우마가 감동할 차례였다. 네스토리우스교 성직자는 지지한다는 필리프 4세의 말에 기쁨을 표시했다. 그의 임무는 결실을 맺을 것처럼 보였다.

그러나 필리프 4세는 의욕적인 태도를 보였지만 사실 자신의 주요 목표는 숨기고 있었다. 그의 목표에는 랍반 사우마가 기대했던 십자군이 포함되어 있지 않았다. 프랑스 왕은 프랑스 내 잉글랜드 영역에 대한 통제권을 확보하거나 적어도 잉글랜드의 왕이 그를 종주宗主로 대우하는 것에 더욱 관심을 가졌다. 프랑스 왕의 종주권 아래 있는 가스코뉴 지역을 지배하던 에드워드 1세는 1286년 5월 프랑스 군주에게 신하로서의 예를 행하기 위해 파리로 왔지만 이 타협적인 태도에도 불구하고 필리프 4세는 여전히 에드워드 1세를 신뢰하지 않았다. 이 두 군주 사이의 적대감은 1294년부터 1298년까지 전면전으로 이어진다. 이들 사이의 긴장을 악화시킨 요인은 프랑스와 아라곤 사이의 갈등을 중재하려는 에드워드 1세의 시도였다. 아라곤은 필리프 4세의 종조부從祖父인 앙주의 샤를의 주요 적수였고, 필리프 4세가 자신의 동생 발루아의 샤를을 아라곤의 왕위에 올리려고 했던 아버지 필리프 3세의 노력을 실행에 옮기면서 갈등이 격화되었다.

랍반 사우마가 필리프 4세와 접견하기 불과 몇 개월 전인 1287년 7월, 에드워드 1세는 아라곤에 잡혀 있는 살레르노의 샤를(앙주의 샤를의 아들)의 석방 요청을 위해 아라곤의 왕 알폰소 2세를 만났다.[3] 에드워드 1세는 살레르노의 샤를의 사촌이었기 때문에 자연스럽게 샤를의 처지를 걱정했고, 그의 자유를 얻어내기 위해 양보할 의사가 있었던 것이다. 에드워드 1세가 올로롱 생 마리Oloron-Sainte-Marie에서 서명한 조약은 이 알폰소 2세에게 매우 유리했고, 필리프 4세를 소외시켰다. 프랑스 왕이 가장 격분한 조항 중 하나는 만약 살레르노의 샤를을 석방하고 3년 이내에 평화가 이루어지지 않는다면, 프랑스와 아라곤이 모두 관할권을 주장하던 프로방스Provence를 아라곤이 점유하는 것에 에드워드 1세가 동의한 것이었다. 물론 잉글랜드 왕은 이 지역에 대한 권한이 없었기 때문에 그러한 동의를 해줄 자격이 없었다.[4] 결국 필리프 4세와 교황 니콜라우스Nicholaus 4세(1288년에 교황으로 즉위하게 된다)는 조약을 무효로 만들었고, 이로 인해 프랑스의 남쪽과 서쪽 경계에서 각각 아라곤, 잉글랜드와의 긴장이 지속되었다.

프랑스의 북동쪽 변경도 불안정했다. 필리프 4세와 신성로마제국 황제는 플랑드르Flanders로 진출하여 이를 서로 합병하기 위해 경쟁하고 있었던 것이다. 그러나 플랑드르는 직물산업을 이유로, 영국해협 건너편에 있는 양모 상인들과의 상업적 연계를 지키기 위해 독립을 유지하기를 원했다. 그래서 필리프 4세는 변경을 지키고 프랑스의 영역을 확대하려는 시도에서 또다시 좌절을 겪었다.

그는 교회와의 분쟁에도 휘말려들었다. 프랑스의 모든 지역을 직접적인 통제하에 두기 위한 대외 원정과 노력에 필요한 자금을 마련하고자, 그는 자신의 영역 내 교회의 수입에서 십일조를 징수했다. 그의 봉신封臣들은 재정적으로 어려움을 겪고 있었기에 그들의 세금 부담을 늘려 많은 돈을 확보하기를 기대할 수 없었다. 하지만 교회는 손을 벌리기가 쉬웠는데, 그 이유는 프랑스 성직자가 거두는 수입 대부분이 바티칸으로 흘러갔기 때문이다. 필리프 4세는 프랑스의 부가 로마에 있는 교황의 금고를 부유하게 만들어주고 있다고 주장하는 것으로 민족주의적 정서를 일으킬 수 있었다. 그는 이 같은 논리를 강조하면서 결국 금과 은의 수출을 금지하고, 1294년 12월 교황으로 선출된 보니파키우스Bonifacius 8세와 세속적 권위와 성직 권위 사이의 대결로 치닫게 된 중대한 분쟁에 스스로 연루되었다.[5]

이러한 문제가 필리프 4세를 강하게 짓눌렀고 십자군에 집중하기 어렵게 만들었다. 랍반 사우마에 대한 그의 극적인 반응은 아마 거짓이 없었을 것이다. 많은 기독교도처럼, 그는 예루살렘을 통제하고 있는 무슬림을 몰아내기를 원했고, 성지를 다시 탈환하기 위한 근거지로서 십자군 국가들을 분명히 지원했다. 그러나 랍반 사우마에게 한 약속으로 관심을 돌리기 전에 그는 더 가까이 있는 긴급한 사안을 고려할 수밖에 없었다.

프랑스 군주로부터 강력한 헌신을 끌어냈다고 믿었던 네스토리우스교 성직자는 이제 그의 임무 중에서 보다 개인적인 목적으로 시선을 돌렸다. 이번에도 그의 가장 큰 관심은 그 지역에서 가장 유명한 성묘와 교회들을 안내받고, 더불어 성인의 유물을 관람하는 일이었다. 그가 자신의 관심을 설명하자 프랑스 군주는 열성적으로 응대했다. 필리프 4세는 파리의 볼만한 장소로 랍반 사우마를 호위하는 임무를 몇몇 관료에게 맡겼다. 그리고 그는 더욱 위대한 보물들을 보게 될 거라는 기대를 부추기면서 이 외국인 방문객에게 은밀하게 "나중에 내가 가지고 있는 더욱 위대한 보물들을 (그에게) 보여줄 것이오"라고 언급했다.[6]

우선 랍반 사우마는 파리 곳곳을 돌아다녔다. 그러다가 그는 이 도시에 학생들이 많다는 사실에 충격을 받았다. 그의 기록에는 3만 명의 학생이 있었다고 서술되어 있다. 중세 대학에 관한 전문가에 따르면, "학생 수나 학생을 배출한 사회적 계급을 정확히 파악하는 것은 실질적으로 불가능한데"[7] 그럼에도 3만 명은 분명 지나친 수치이다. 14세기 말의 수치로 인정되는 것이 3,000~3,500명이다. 흑사병이 퍼지기 이전인 13세기에는 그 수치가 더 높았을 수도 있다.[8] 특히 1200년대 북유럽에는 학생들을 데려오기 위해 경쟁하는 도시들이 매우 적었기 때문이다. 그러나 3만 명 근처까지 도달한 경우는 없다. 널리 받아들여지는 추산에 따르면, 14세기 파리의 전체 인구는 10~12만 명 정도였다고 한다. 이를 감안하면 랍반 사우마가 제시한 수치는 더욱 의심스럽다.[9] 흑사병 이전 세기에는 인구가 아마 조금 더 많았을 것이지만, 그렇다고 해도 도시 거주자의 4분의 1이 학생이었다는 랍반 사우마의 추산은 겉으로만 보아도 사실 같지는 않다.

사우마의 관찰(혹은 그에게 정보를 알려준 사람의 관찰을 전달한 것)은 실제로 어떤 근거가 있는 것일까? 13세기 파리의 대학제도에 대한 검토로 이 과장되어 보이는 수치가 나온 이유를 설명할 수 있을 것 같다. 대학은 초기에는 노트르담 대성당의 부속학교와 관련되었고, 교수와 학생들의 비공식적 공동체로 구성되었으며, 별다른 재산을 보유하지 않았다. 성당학교였을 시기에는 원래 신학에 초점을 두었지만, 13세기에는 이러한 공동체들이 교황으로부터 독립하려는 움직임을 보였고 교육과정에 신학과 교리 이외의 다른 학과목을 포함했다. 그들은 지원을 바라며 프랑스 군주에게로 돌아섰고, 필리프 4세는 대학의 이득을 옹호하고 보호하는 강력한 군주임을 입증했다. 어쨌든 필리프 4세는 교회의 권력을 제한하려고 했기 때문에 자연스럽게 대학의 호소를 활용했던 것이다. 그래서 그는 독립기관으로서 "대학의 특권을 인정하고 실제로 확대"했다. 그뿐만 아니라 파리를 드나드는 외국인 학생들이 도적들과 적대적인 원주민들로부터 확실히 보호받도록 조치를 취했다.[10] 대학의 학생들은 충분한 지원을 받았다. 랍반 사우마는 그들이 왕으로부터 장학금을 받는다고 기록했고, 필리프 4세는 파리에서 교사와 학생을 유지하기 위한 비용 중 일부를 보조했다. 당시에는 대학이 견고한 구조나 제도로 자리 잡은 게 아니라 단순히 지적이고 직업적인 주제를 논하는 교사와 학생들로 구성되었기에, 다른 도시로의 대규모 이주가 충분히 일어날 수 있었다. 어쨌든 파리는 북유럽 전역의 학생을 끌어당기는 곳이었고, 여기에서 몇 달 혹은 몇 년을 보내는 사람들도 꽤 많았다. 파리는 확실히 학생들의 도시로 보였을 것이다. 이런 점을 감안하면 랍반 사우마의 수치가 나온 이유를 이해할 수 있게 된다.

사우마는 또한 대학에서 가르치는 학과목에 관해서도 간략하게 언급했다. 그는 학생들이 성서와 신학은 물론이고, 철학, 수사학, 수학을 배울 수 있다고 기록했다. 게다가 교육과정에는 천문학과 치료술도 포함되어 있었다. 13세기 파리의 교육과정 발전에 관한 또 다른 자료를 보면 대체로 그의 관찰이 옳다는 것을 알 수 있다. 신학, 문법, 수사학에 대한 관심은 점차 논리학과 법학을 강조하는 방향으로 옮겨갔는데, 이는 부분적으로 아리스토텔레스의 논리학과 과학 저작들이 새롭게 번역되어 관심을 받으면서 생겨난 현상이었다. 랍반 사우마가 언급했던 의학에 대한 강조는 "13세기와 14세기의 대학은 본질적으로 직업훈련의 공간"[11]이었다고 하는 오늘날의 일반적인 관점과도 일치한다. 비록 대학에서는 계속 교양과목들을 가르치고 있었지만 말이다. 파리의 대학은 점점 조직화되면서 법학, 신학, 의학, 예술 등의 분과로 발전했는데 이는 교사와 학생의 주요 관심사를 반영한 것이다.

교육을 받은 사람으로서 랍반 사우마는 학생들에게 동경의 땅으로 보이는 이 도시의 교육제도에 자연스럽게 호기심을 가지게 되었다. 그의 고향에는 공식적인 대학이 없었지만, 부분적으로는 공자의 영향으로 중국 사회에서 유학과 학자이자 관료인 계급이 오랫동안 중요한 역할을 수행했다. 비록 당시 몽골 지도자들이 예전부터 학생의 주된 목표(이자 장애물)였던 전통적인 과거시험을 폐지하기는 했지만, 유학과 유학자는 계속 자신의 역할을 해나갔다. 중국의 교사는 유교 경전 연구에 초점을 맞추면서 의학 같은 실용 학문을 강조하지 않았기 때문에, 의사가 될 사람은 견습을 통해 이 직업에 들어왔다. 그리고 성직자 혹은 승려가 되기 위해 준비하는 학생들만이 신학을 공부했다. 랍반 사우마의 제2의 고향인 일 칸국의 무슬림 학생은 이슬람교 신학을 공부했는데, 이는 중세 유럽 학생이 기독교 신학을 공부하던 것과 같은 모습이었다. 무슬림도 유럽인처럼 특별한 기관들(예를 들면 마라가에 있는 거대한 천문대)에서 천문학이나 의학 같은 실용 과목을 강조했다. 이제 소규모 네스토리우스교 공동체가 있는 유교 및 불교의 나라인 중국, 무슬림 페르시아, 기독교 유럽 이렇게 세 곳의 세계를 여행한 사우마는 파리의 대학과 비교해볼 수 있는 적어도 두 가지 교육제도를 알고 있었다.

랍반 사우마는 이곳저곳 다니며 학생의 삶을 기록한 뒤, 프랑스 왕들이 많이 묻혀 있는 생 드니 성당Church of Saint-Denis을 방문했다. 프랑스의 관료들이 그를 이 웅장한 건물로 안내했다. 이 건물은 빠르면 7세기부터 지어지기 시작한 것으로 보이지만, 랍반 사우마가 도착하기 6년 전인 1281년이 되어서야 군주로부터 자금과 추진력을 제공받아 완공되었다. 성당은 바로 얼마 전에 완성되었고 그 시대의 건축과 장식에서 최고의 결과물로 인식되었기 때문에, 이 성당에 자부심을 느끼는 랍반 사우마의 호위대들이 그를 이곳으로 안내한 것은 너무나도 자연스러운 일이었다.

생 루이는 몇몇 묘를 제단과 인접한 중간 교차 지점에 배치하라고 명령했다. 이와 더불어 대규모의 영묘靈廟를 수용하기 위해 커다란 수랑袖廊(십자형으로 지어진 성당에서 좌우로 뻗은 부분—옮긴이)이 건설되었다. 지하실에는 예전 카페Capet 왕조 시기 왕묘들은 물론이고 사망한 생 루이의 어린 아들들을 위해 얼마 전에 조성한 무덤들도 있었다.[12] 랍반 사우마의 기록에서 먼저 언급된 것은 교차 지점에 있는 무덤과 관 위에 있는 금과 은으로 된 왕들의 조각상이다. 이 조각상들은 프랑스혁명 시기 신성모독의 분위기 속에서 녹아 없어졌고, 더 이상 현존하지 않는다.[13] 랍반 사우마는 이러한 장례 조각상들에 관해 설명할 수 있었는데, 중국에서도 통상 볼 수 있는 조각상들이었기 때문이다. 그래도 그는 성당 내부의 비교적 소박한 시설로 보이는 곳에 군주들이 매장되었다는 사실에 아마 놀랐을 것이다. 당제국 같은 거대한 왕조를 다스린 중국 황제들은 사원이나 수도원에 묻히지 않았다. 그들의 묘는 보안이 철저해서 쉽게 접근할 수 없었으며, 그렇기 때문에 프랑스 왕들의 관보다 훼손당할 가능성이 낮았다. 중국 황제의 묘들은 대부분 아주 깊은 지하에 있었고(설령 지상에 있더라도 마찬가지로 접근하기 어려웠다), 잠재적인 침입자와 무덤 도굴꾼을 막

1281년 완공된 파리의 생 드니 성당 입구 모습

기 위한 정교한 함정이 설치되어 있었다. 황제의 시신과 함께 무덤에 들어간 것은 황후의 관은 물론이고, 황제가 소중히 여겼던 물건(보석, 도자기, 가구)들이었다.[14] 이러한 무덤들과 비교했을 때, 일부 프랑스 왕들의 무덤은 관 위에 있는 조각상(그리고 몇몇 왕의 의복, 무기, 왕관)을 제외하면 생 드니에 있는 프랑스 왕들의 무덤은 화려함과는 거리가 멀었다.

성당을 묘사한 사우마의 기록에는 아쉽게도 중세 예술의 영광스러운 장면 중 하나(크고 장엄한 장미 창문을 포함해 세련된 스테인드글라스 창문들을 통해 건물로 다량의 빛이 들어올 수 있게 한 것)가 언급되어 있지 않다.[15] 그러나 그의 기록에는 생 드니 성당의 많은 수도사에 대한 이야기가 실려 있다. 랍반 사우마는 프랑스 군주들의 무덤에서 500명의 수도사가 기도를 올리고 있었고, 왕들은 그들을 위한 비용을 지급했다고 기록했다.[16] 성당 근처에 수도원이 있었는데, 당연히 이 500명 수도사의 거주지였을 것이다. 그러나 무덤을 참배하는 데 이렇게 많은 수도사가 필요했을 것 같지는 않다. 틀림없이 왕들은 묘지를 관리하고 자신들의 조상과 이전 왕실 가문에 계속 기도를 올리도록 수도사들에게 보조금을 지급했을 것이다.

랍반 사우마는 도시를 여행하면서 1개월을 보냈는데, 흥미롭게도 그의 기록에는 노트르담 대성당에 대한 언급이 없다. 심지어 그 근처에 있는 생트 샤펠Sainte-Chapelle 성당(호화로운 보석상자를 연상케 하는 예배당으로, 콘스탄티노플에서 가져온 성물 일부를 보관하고 있다.—옮긴이)은 언급하고 있는데 말이다. 확실히 파리에서 가장 웅장하고 이목을 끄는 노트르담 대성당을 빠뜨렸다는 것은 의외이다. 파리 주교가 약 한 세기 이전부터 이 대성당의 건축을 시작한 이래 이곳은 프랑스인들에게 국가적 자부심을 불러일으켰으며, 이미 파리의 중요한 상징물이었다. 랍반 사우마는 적어도 성당 외관, 특히 도시 대부분 지역에서 보이는 탑을 분명히 목격했을 것이고, 그를 호위한 사람들은 아마 이 위압적인 건축물로 그를 안내했을 것이다.

그렇다면 사우마는 왜 침묵했을까? 마르코 폴로가 빠뜨린 것(예를 들면, 중국의 많은 여성이 전족을 하고 있다는 것을 베네치아에서 온 이 여행가는 언급하지 않는다)처럼,[17] 사우마 또한 더 많은 설명과 추측을 불러일으킨다. 랍반 사우마가 기록하면서 이 건축물을 단순히 까먹었을 수도 있지만, 그다지 설득력이 없는 설명이다. 혹은 번역자가 사우마의 서술을 삭제했을 수도 있는데, 이 역시 가능성이 희박한 시나리오이다. 왜냐하면 우리가 알고 있는 한, 번역자는 다른 종교적 장소에 관한 언급을 지워버리지는 않았기 때문이다. 혹은 마지막으로, 성실한 네스토리우스교 기독교도인 사우마가 성모 마리아에게 관심을 주는 것을 난처하게 여겼을 수도 있다. 특히 그녀를 기리며 성당의 이름(노트르담은 성모 마리아를 가리킨다.—옮긴이)을 지었기에 그러했을 것이다. 이 설명은 아주 그럴듯하다. 하지만 그의 기록 전체에서, 사우마의 신앙은 계속 절제되어 있고, 그는 네스토리우스교와 서방 기독교 사이의 뚜렷한 차이를 드러내기를 회피한다. 서유럽 사람들을 호의적인 시선으로 묘사하고 동방과 서방 사이의 동맹 체결을 위해 파견된 사절의 임무를 수행하는 과정에서 두 가지 형태의 기독교 사이에 존재하는 불일치를 왜 강조하겠는가? 활용할 만한 정보가 거의 없어서 랍반 사우마의 의도를 알아내기는 어렵다. 노트르담 대성당에 대해 그가 주목하지 않았던 것은 계속 수수께끼로 남을 것 같다.

1개월간의 파리 여행을 마친 그는 유명한 생트 샤펠 성당에서 필리프 4세와 마지막 회견을 했다. 왕은 사우마가 파리에 머무르는 동안 그를 위해 화려한 연회를 베풀고 공들여 축제를 마련하는 등 아주 정중하게 대접했다. 이제 필리프 4세는 랍반 사우마를 위해 준비한 마지막 선물을 가지고 있었다. 바로 네스토리우스교 성직자와 첫 회견을 할 때 마무리 발언에서 언급했던 "더욱 위대한 보물들"을 보여주는 것이었다. 그는 랍반 사우마에게 보고 싶은 것을 다 보았는지 물었고, 랍반 사우마는 감사를 표시하며 도시의 주요한 종교 건물로 안내를 받았으며, 중요한 성물들을 보았다고 대답했다. 그러자 필리프 4세는 생트 샤펠 성당의 매우 아름다운 위쪽 공간으로 그를 데려갔는데, 이곳은 스테인드글라스 창문들이 훌륭하게 배열된 것으로 유명했다. 막 완공된 상태였기 때문에 색깔이 밝고 선명했다. 이 창문들이 모여서 성경의 관점에서 본 세계사의 흐름을 그림으로 보여주는데, 각각의 창문에는 몇몇 사건이 구체적으로 표현되어 있었다. 창세기에 등장하는 세계의 탄생에서부터 시작하여 예수의 수난과 「에스더서」, 「사사기土師記」, 「여호수아기」 등에 나온 사건들이 표현되어 있다. 예배당에 있는 12사도의 다채로운 채색 조각상과 벽화는 내부를 더욱 빛나게 하고 있다. 덕분에 이 예배당은 종종 눈부신

적장 홀로페르네스의 머리를 든 유디트를 묘사한 스테인드글라스 원형 조각
프랑스 파리 생트 샤펠 성당 소재, 13세기.

보석함과 비교되곤 한다.[18]

　필리프 4세는 상자 안에서 십자가의 나뭇조각과 함께 예수의 가시면류관으로 알려진 물건을 들어 올렸다.[19] 왕은 이 귀중한 물건을 랍반 사우마에게 보여준 뒤에, 십자군 원정 시기에 성지에서 획득한 것이라고 말했다. 사실 파리의 성물이라고 알려진 것 중 일부는 성지를 탈환하기 위해 파견된 병사들이 유럽으로 가져온 것이었다. 그러나 현재 노트르담 대성당에 소장된 이른바 가시면류관은 전리품으로 얻은 것이 아니었다. 40여 년 전에 필리프 4세의 할아버지인 생 루이가 비잔틴제국에서 몇몇 유물과 함께 구입한 것이다.[20] 이 경건한 기독교도 지도자는 프랑스를 위해 확보한 위대한 보물을 간수하기 위해 생트 샤펠 성당을 건설했다.

필리프 4세와 대부분의 파리 사람들은 생트 샤펠 성당의 기원을 잘 알고 있었다. 때문에 그가 이른바 가시면류관의 유래에 관해 랍반 사우마에게 이같이 설명했다는 것을 이해하기가 어렵다. 사우마가 대화 내용을 잘못 알아들었거나, 혹은 십자군 병사에 의해 성물을 획득했다고 하는 필리프 4세의 일반적인 설명 중 하나를 가시면류관이 파리로 오게 된 방법을 언급한 것으로 잘못 해석했을 수 있다. 아니면 성지에서 획득할 수 있었던 성물을 프랑스인들이 얼마나 귀중하게 여기는지를 보여주기 위해서, 그리고 네스토리우스교 성직자가 제안한 십자군에 대한 그들의 헌신을 입증하려는 의도로 필리프 4세가 랍반 사우마를 고의로 속였을 수도 있다. 비록 필리프 4세는 자신이 안고 있는 다른 국내외적 문제로 인해 그러한 십자군 원정에 적극적으로 개입하는 것이 일시적으로 불가능하다는 것을 틀림없이 알았지만, 여전히 그와 프랑스인들은 기독교의 기원과 관련된 지역을 탈환하는 시도를 재개하려는 강력한 동기를 가지고 있고, 맘루크 왕조에 대항해 일 칸과의 동맹에 합류하려는 결심에는 거짓이 없다는 점을 랍반 사우마에게 분명하게 알리고자 했다.

랍반 사우마의 방문 기간 내내 그가 보여준 행동은 확실히 이러한 생각과 일치했던 것으로 보인다. 필리프 4세는 자신의 의지를 더 보여주기 위해서 일 칸 아르군에게 보내는 서신과 함께 고베르 드 헬베유Gobert de Helleville라는 이름의 사절을 파견했는데, 이 사절은 랍반 사우마가 페르시아로 귀환할 때 동행하도록 했다.[21] 게다가 필리프 4세는 사우마에게 '엄청난 가격'의 옷과 다른 선물을 주면서 방문객의 환심을 사기 위해 노력했다. 경건하고 소박했던 이 네스토리우스교도는 이 사치스러운 선물에 대한 자신의 인상을 기록에 남기지는 않았다.

보르도에서 만난 잉글랜드의 왕

프랑스 왕의 지원을 확보했다고 생각한 랍반 사우마는 그다음으로 잉글랜드의 에드워드 1세를 설득하고자 했다. 이 네스토리우스 교도의 입장에서는 운 좋게도 마침 에드워드 1세가 가스코뉴에 있는 그의 영토를 방문하고 있었다. 어쨌든 랍반 사우마는 에드워드 1세가 멀리 떨어져 있지 않아서 바다를 건너갈 필요가 없다는 것을 알게 되었다. 20일간의 여행 이후, 그는 1287년 10월 중순에 보르도Bordeaux에 도착했다. 파리 사람들보다는 분명히 덜 세련된 이 도시의 거주자들은 그의 도착에 깜짝 놀랐다. 그들이 랍반 사우마에게 신분을 밝힐 것을 요청하자 그는 총대주교와 몽골족의 일 칸이 보낸 사절이라고 대답했다. 에드워드 1세는 방문자가 누구인지 알게 되자 곧바로 접견을 허락했다. 랍반 사우마는 마르 야발라하가 보낸 서신과 일 칸 아르군이 보낸 서신과 선물을 에드워드 1세에게 바쳤다. 필리프 4세에게 준 선물처럼 보석, 비단, 직물이 포함되었을 것이다. 에드워드 1세는 품위를 갖추고서 이 물품들을 대했다. 하지만 랍반 사우마가 예루살렘과 성지의 탈환이라는 주제를 꺼내자 그는 진심으로 활기찬 모습을 보였다.[22] 이보다 앞서 그해 봄에 에드워드 1세는 십자군에 참여하겠다는 약속을 했고, 이제 십자군 원정에 나설 뜻을 재확인했기 때문이다.[23]

아마 에드워드 1세는 진심이었겠지만, 또 다른 긴급한 사안이 이러한 헌신으로부터 그를 곧 돌아서게 했다. 그러한 사안 중에는 웨일스에서의 추가 반란과, 필리프 4세와 교황이 모두 올로롱 생 마리 조약을 인정하지 않는 상황에서 아라곤인으로부터 앙주의 샤를의 아들을 구해내기 위해 계속 노력해야 하는 일이 걸려 있었다.[24] 그러나 그는 랍반 사우마에게 "(우리) 이 도시의 왕들은 몸에 십자가의 표식을 지니고 있고, 이 문제 외에는 어떠한 사안도 생각하지 않습니다"[25]라고 확언했다. 그의 말은 네스토리우스교도에게 깊은 인상을 남겼다. 사우마는 또다시 자신의 외교 임무가 성공을 거두었다고 생각했다. 필리프 4세와 에드워드 1세는 모두 십자군의 열렬한 지지자이자 성지에서 무슬림을 쫓아내기 위한 공동 노력의 일환으로 각 왕국의 상당한 자원을 투입할 의사가 있는 것처럼 보였다. 랍반 사우마는 일 칸국과 동맹을 맺기 위해 유럽의 가장 중요한 세속 지도자 두 명을 설득한 듯했다.

에드워드 1세의 다음 말에 네스토리우스교 성직자는 자신의 임무가 성공했음을 더 분명히 확신하게 되었다. 즉, 이 잉글랜드 군주가 궁정의 종교 예식을 주관해달라고 랍반 사우마를 초빙했던 것이다. 사우마는 성찬을 베풀었고, 에드워드 1세와 몇몇 궁정 관료는 이 방문객이 제공한 제병祭餅(성체로 축성되는 빵)을 먹고 포도주를 마셨다. 교회 성찬식의 옛 절차를 보존하면서 시리아의 전통을 따랐던 예식은 서유럽의 성찬식과는 달랐지만, 본질적인 요소인 축성祝聖과 성찬은 참석자들에게 충분히 익숙했고 그래서 절차를 따를 수 있었다. 예식이 끝나자 몽골 세계에서 온 방문객에게 경의를 표하고 환영하기 위한 성대한 연회가 열렸다. 사우마는 이 연회에 관해 기록하지 않았지만, 에드워드 1세가 마련한 축제에 관한 다른 기록들로 판단해보면 잉글랜드의 왕은 인색하지 않았다. 한 차례 연회에서 에드워드 1세는 손님에게 소 10마리와 양 59마리를 내놓았다. 이 외에도 가늠할 수 없을 만큼 많은 양의 송아지고기와 닭 1,742마리, 꿩 22마리, 메추라기 12다스, 그리고 엄청난 양의 빵, 에일, 포도주와 다른 여러 음식이 제공되었다.[26] 에드워드 1세는 이러한 접견과 축제를 통해 방문객을 환영하면서 동맹을 체결하겠다는 신호를 보내는 것 같았다.

확실한 외교적 성과를 거두었다고 믿은 랍반 사우마는 개인적인 관심사로 시선을 돌렸다. 이제는 그에게 관행이 되어버린 일정을 추진하기 위해 그는 에드워드 1세에게 유럽 대륙 내 왕의 영토에 있는 교회와 성묘를 둘러볼 수 있도록 허락을 구했다. 그런데 그는 이 요청을 정당화하기 위해 새로운 이유를 활용했다. 그는 중동에서 자신과 같은 종교를 믿는 사람들에게 이러한 장소들을 알려주기 위해 방문하고 싶다고 처음으로 제안했다.[27] 에드워드 1세는 이 여행을 허락했지만, 일 칸에게 서신을 보내는 것에 더욱 관심을 두었다. 그는 유럽인들이 하나의 신앙을 믿고 있고, 모든 유럽의 기독교도는 예수만을 인정하고 있다는 것을 랍반 사우마가 몽골 지도자에게 알려주기를 원했다. 그는 다른 곳에서 기독교를 분열시키고 있는 종파주의에 유럽인들은 시달리지 않았다고 주장했다. 에드워드 1세의 이러한 언급은 이슬람교, 불교 같은 경쟁 종교를 언급하지 않으면서도 정교회, 야콥파, 네스토리우스교 등 다른 기독교 교파 사이의 긴장을 알고 있음을 암시했던 것일까? 동방에서 기독교도가 마주치는 어려움을 랍반 사우마가 묘사해서 에드워드 1세의 견해를 끌어낸 것일까? 사우마의 기록은 이 흥미로운 발언에 대해 더 많은 것을 우리에게 알려주지 않는다. 더 이상한 것은 프랑스에 있는 에드워드 1세의 영역에 위치한 종교 장소를 랍반 사우마가 방문했다는 더 이상의 언급이 없다는 점이다. 기록은 랍반 사우마 사절의 여행 비용을 보조하기 위해 잉글랜드의 군주가 물자와 자금을 제공했다는 것을 말하면서 끝을 맺는다.

1287년 11월 말이 되자 랍반 사우마는 임무의 3분의 2를 완수했다고 믿었다. 그는 경건한 잉글랜드 군주와 젊은 프랑스 왕으로부터 맘루크 왕조에 대항하는 십자군에 참여한다는 약속을 받아냈다. 이론적으로는, 유럽의 가장 강력한 두 군주의 군대가 세 방면으로의 공격을 위해 일 칸국과 연합할 준비가 된 것이었다. 그러나 아직 유럽의 정신적 지도자는 이 원정을 승인하지 않았다. 교황의 허가가 없으면 이 원정은 통합된 기독교 유럽의 지원을 끌어내고 유지하면서 성지의 무슬림 지도자에 대한 도전을 강화할 종교적 정당성을 갖추지 못한다. 프랑스와 잉글랜드 군주가 이끌 원정을 지원하기 위해 서유럽 기독교 세계의 다른 세속 지도자들을 끌어들이려면 교황을 설득해야 했다. 아직 교황을 접견해 협력을 얻어내지 못한 상황에서 랍반 사우마는 페르시아에 있는 그의 종교적 안식처로 귀환할 수 없었다. 그러나 연말이 되었는데도 추기경단은 여전히 새로운 교황을 정하지 못하고 있었다.

제노바의 겨울

랍반 사우마는 에드워드 1세와의 접견을 마친 후, 프랑스의 겨울이 다가오고 있음을 느끼자 남쪽으로 이동하기로 했다. 대도 근처에 있는 그의 고향은 프랑스보다 기후가 더욱 혹독하고 추웠지만, 8년 동안 페르시아에 머물면서 그는 따뜻한 날씨에 익숙해졌다. 그래서 새로운 교황의 선출을 기다리기 위해 제노바로 돌아가기로 결정했다. 12월 중순 그는 번영을 누리고 있던 이탈리아의 제노바 항구에 도착했고, 여기에서 겨울을 보낼 계획이었다. 교회 고위 성직자들과 카피타노 델 포폴로는 또다시 사우마를 환대했다. 제노바에 대한 사우마의 묘사는 온화한 기후와 아름다운 환경이 그를 사로잡았음을 보여준다.[28] 그는 이 도시를 극한의 기온을 겪어보지 않은 정원 낙원에 비유했다. 사시사철 초목이 우거져 있었고, 나뭇잎이 다 떨어진 적은 결코 없었다. 포도나무에서는 1년에 7번 포도를 수확했는데, 이는 사우마에게 깊은 인상을 남겼다. 사우마는 이제껏 연간 수확량이 훨씬 적은 환경에서만 살았기 때문이다.

이렇게 목가적인 환경에도 불구하고 랍반 사우마는 겨울이 지나가자 점점 불안해졌다. 그는 서방 세계의 종교 지도자에게 아르군의 제안을 보여주고 싶었지만, 추기경들은 여전히 교황을 선출하지 않았던 것이다. 향수병도 그의 커지는 실망감을 부추겼을 게 분명하다. 그는 분명 만년을 보내기 위해 좀 더 익숙한 환경으로 돌아가기를 바랐을 것이다. 서유럽까지 따라온 측근이나 동료 성직자들이 없었기 때문에 사우마는 통역관을 기다리지 않아도 쉽게 대화를 나눌 수 있는 사람들과의 교제를 그리워했을 것이다. 거의 30년 동안 그의 동료이자 막역지우였던 마르 야발라하와 약 1년 정도 떨어져 있었다는 사실도 그의 고립감에 한몫했다.

랍반 사우마는 그해 여름에 제노바를 지나갔던 교황의 사절에게 유럽에서 오래 머물러야만 하는 좌절감을 토로했다. 그 사절은 투스쿨룸의 존John of Tusculum이었는데, 1286년에 교황 호노리우스 4세가 합스부르크가의 루돌프Rudolf를 신성로마제국 황제로 즉위시키기 위한 조건을 협상하기 위해 파견했던 인물이었다. 새 황제가 즉위한 후 교황이 사망했음을 알게 된 사절은 뷔르츠부르크Würzburg를 떠나 로마로 향했다. 유럽인에게 랍반 사우마는 호기심의 대상이었음이 분명한데, 그 이유는 존이 제노바에 도착했을 때 네스토리우스교 성직자가 있는 곳으로 곧바로 안내되었기 때문이다.[29] 두 사람은 서로 다정하게 인사를 나누었고, 교황의 사절은 로마를 다시 방문하고 싶다는 랍반 사우마의 소망을 들었다고 말했다. 그러자 사우마는 교황의 선출을 1년 동안 기다렸다고 설명하며 자신의 감정을 털어놓았다. 그는 몽골 군주들의 제안에 대해서 서방 세계의 정신적 지도자로부터 아무런 대답도 듣지 않고 어떻게 몽골 군주들에게 돌아갈 수 있겠느냐며 물었다. 기록에 따르면, 존은 랍반 사우마의 딜레마를 이해하고 공감했으며 자신이 로마로 돌아가면 교회의 고위 성직자들에게 문제를 제기할 것이라고 외국 사절에게 단언했다. 존은 추기경들에게 교착 상태를 끝내고 새로운 교황을 선출할 것을 촉구할 생각이었다.

존이 로마에 도착했을 때, 그는 이러한 촉구가 필요하지 않다는 것을 알게 되었다. 추기경들이 교황을 선출했던 것이다. 새로 선출된 인물은 아스콜리의 제롬Jerome of Ascoli으로, 신앙심이 깊고 겸손하며 박학한 사람으로 유명했다. 추기경단이 처음 제롬을 선택한 1288년 2월 15일에 그는 이 영광을 거절했다. 2월 22일 추기경단은 다시 그를 선출했고, 이 지위를 받아들이라고 설득했다. 3월 1일에 그는 교황에 즉위하여 니콜라우스 4세로 불렸다.[30]

아스콜리의 제롬을 선출한 것은 랍반 사우마의 임무를 위해서도 좋은 징조였다. 새로운 교황은 견문이 넓었고, 교양도 갖춘 인물이었다. 1272년에 그는 동방과 서방 교회 사이의 단합, 혹은 적어도 긴밀한 협력을 이룩하기 위해 교황의 사절로 콘스탄티노플에 파견된 적이 있었다. 비록 단합 시도는 결국 실패로 끝났지만, 제롬은 여행을 통해 기독교의 동방 교단에 관한 문제를 민감하게 느낄 수 있었다. 맘루크 왕조에 대한 동방 기독교도의 두려움과 십자군 국가와 다른 기독교 공동체가 무슬림들로부터 위협받고 있다는 사실을 알았던 그는 그들에게 대항하기 위해 몽골족이 제안한 동맹을 호의적으로 보았을 것이다. 그래서 그의 선출은 랍반 사우마의 임무가 성공적으로 마무리될 것이라는 전망을 뒷받침해주는 것 같았다.[31]

로마에서, 드디어 교황을 만나다

초기에 연이어 이러난 일들은 전도유망해 보였다. 네스토리우스교 성직자가 여전히 제노바에 있다는 것을 알게 된 새 교황은 즉각 그를 로마로 초대하기 위해 사절을 파견했다. 초대장을 받자마자 랍반 사우마는 짐을 챙겨 작별인사를 했고, 그를 맞아주었던 제노바인들에게 감사를 표시하고 영원한 도시 로마를 향해 출발했다. 2주 동안의 여행 이후 그와 동료들은 로마의 변두리에 도착했고, 여기에서 그들은 교황이 파견한 주교와 성직자 집단을 만났다. 랍반 사우마는 새로운 교황이 누구인지 물었고, 자신이 추기경단과 마지막으로 접견했을 때 긴 대화를 나누었던 고위 성직자 중 한 사람이 서방 기독교 세계의 정신적 지도자가 되었다는 사실을 알고 기뻐했다.

방문하기에 최적의 조건이 형성된 것으로 보이자, 이에 기운이 숫구친 랍반 사우마는 아주 당당하게 새로운 교황을 접견하러 갔다. 니콜라우스 4세가 있는 곳으로 안내된 그는 고개를 숙이고, 손과 무릎을 바닥에 대고 교황의 손과 발에 입을 맞추었다. 그 후 그는 똑바로 일어서서 양손을 가슴 앞에 엇갈리게 얹은 채 물러났는데, 이는 아마 네스토리우스교의 전통이었을 것이다. 복종의 예를 갖춘 후, 그는 교황청은 물론이고 당시 교황청에 자리하고 있는 사람을 칭송하면서 교황에게 이야기를 건넸다. 먼저 교황 앞에 나올 수 있는 기회를 허락하신 신에게 감사를 표시했다.[32] 교황을 개인적으로 접견하게 된 것에 대한 이 네스토리우스교 수도사의 기쁨과 자부심을 폄하해서는 안 되겠지만, 얼마만큼이 진실이고 얼마나 많은 것이 단순히 예식 혹은 의전 절차의 이행인지는 알 수 없다. 찬사를 전한 다음 그는 일 칸과 마르 야발라하가 각각 보낸 선물과 서신을 교황에게 바쳤다. 현재 서신은 모두 남아 있지 않지만, 일 칸 아르군의 서신에서는 당연히 맘루크 왕조에 대항하는 십자군을 소집해서 서방과 동방의 군대가 협력하자고 교황에게 제안했을 것이다. 마르 야발라하의 서신은 더 불확실하다. 네스토리우스교 총대주교는 단순히 인사말을 전하고 자신의 기독교 교파에 관한 대략의 내용을 이야기했을까? 아니면 두 교회 사이의 연합 가능성을 제안했을까? 어느 쪽이 되었든 너그러운 주장이 제기되었을 것이지만, 서신을 확인할 수 없는 상황에서는 어떤 것도 단언하거나 배제할 수 없다.

어쨌든 교황은 선물과 서신에 깊은 감명을 받았고, 교황의 궁정에 온 일반 사절들보다 랍반 사우마를 잘 대우해주었다. 교황은 네스토리우스교도 방문객에게 서방에 있는 그의 동료 기독교도들과 함께 부활절을 보내라며 특별히 신경 써주었다. 그래서 랍반 사우마는 성 주간(부활절의 전 주) 동안에 여행하지 않고, 기독교 공동체에서 제대로 형식을 갖춘 종교 예식을 수행하는 기회를 얻게 되었다. 또한 교황은 그의 방문객에게 근처에 머무를 장소를 내주고 사우마의 시중을 들 하인들을 배치하는 등 안락한 임시 거처를 마련해주었다. 랍반 사우마는 모든 수행원의 편의를 살피고 나서야 부활절과 관련된 예식에 집중할 수 있게 되었다.

랍반 사우마는 이 예식들을 상세하게 기록했다. 교황과의 첫 접견이 끝나고 얼마 지나지 않아 그는 미사 거행을 허락해달라고 요청했다. 왜냐하면 서방의 기독교도에게 네스토리우스교회에서 미사가 어떻게 수행되는지 보여주고자 했기 때문이다. 교황은 허락했을 뿐만 아니라 랍반 사우마의 성찬식 집행을 보는 것에 큰 흥미가 있다고 고백했다. 그러나 교황만이 흥미를 느낀 관찰자는 아니었다. 지정된 날짜가 되자 상당히 많은 군중이 몰려들었는데, 랍반 사우마는 이를 "몽골족의 사절단이 성찬식을 어떻게 거행하는지 보기 위한 목적"이었다고 기록했다.[33] 사우마가 예식을 거행하자 가톨릭교 성직자들의 일반적인 반응은, 비록 언어는 다르지만 절차는 자신들의 미사와 똑같다는 것이었다. 그들은 이 점에 기뻐했고, 사우마가 이후 몇 주 동안 종교적 봉사를 계속 수행한다고 해도 기분 나쁘지 않을 거라고 암시했다. 교황도 이를 꺼리지 않았고, 자신의 방문객이 가진 매력에 사로잡힌 듯 보였다. 미사가 끝난 이후, 교황은 랍반 사우마에게 하느님께서 예배 중에 바친 헌물을 받으시고, 그에게 복을 주시고, 그의 죄를 사해줄 것이라고 말했다. 랍반 사우마는 교황의 말에 매우 감사해했지만, 그럼에도 한 가지를 더 요청했다. 그는 교황으로부터 직접 성찬식을 받을 수 있을지 물었다. 교황은 즉각 동의했으며, 의식 거행의 날은 종려 주일(부활절 직전의 일요일)로 결정되었다.

종려 주일은 아마도 랍반 사우마가 예상했던 것보다 훨씬 더 웅장했던 것으로 드러났다. 엄청난 군중이 예식에 참석하고 이를 목격하기 위해 모여들었다. 랍반 사우마의 기록은 수천, 수만 명의 예배자(너무 많아서 헤아릴 수가 없었다)가 산 피에트로 대성당에 있는 교황의 옥좌 주변에 모였다고 말하고 있다. 이 장면은 오늘날 바티칸에서 열리는 비슷한 행사들과도 아마 닮아 있었을 것이다. 충실한 신자들이 올리브 가지를 가져왔고, 교황은 이에 축복을 내린 후 먼저 추기경, 주교, 그리고 다른 성직자에게 선물로 주었으며, 이어 후 귀족을 포함하여 도시의 세속 지도자에게 나누어주었다. 마지막으로 그는 축복을 받은 남은 가지들을 군중에게 던졌다.[34] 올리브 가지를 던진 이후 교황은 자리에서 내려와 교회 제단 근처의 구석진 곳으로 가서 예복을 갈아입었다. 금색 실로 수를 놓고, 귀금속으로 둘러싼 발목까지 내려오는 자줏빛 예복을 입은 교황은 제단을 지나 설교단으로 걸어가서 군중에게 연설하며 격려했다. 그 후 그는 성찬식을 거행했는데, 먼저 랍반 사우마에게 성찬을 주었고, 이 네스토리우스교 성직자와 그의 선조들의 죄를 사해주었다. 사우마는 크게 감동했다. 환희에 겨워 눈물을 흘리면서 그는 하느님에게 감사를 표시했고, 자신의 행운을 크게 기뻐했다.

예식은 유월절(세족 목요일, 부활절 직전의 목요일)까지 계속되었다. 교황은 자신의 거주지인 라테라노 궁전 Laterano Palace을 떠나 근처 산 조반니 인 라테라노 대성당으로 갔다. 이곳은 로마 대주교의 중심지였고, 랍반 사우마가 이 도시에서 예전에 머물렀을 때 방문했던 곳이다. 이곳은 당시에도 현재 재건된 성당만큼 넓었음이 분명하다.[35] 왜냐하면 사우마는 교황이 도착하기 한참 전에 수많은 헌신적인 기독교도들이 성당으로 몰려들었다고 기록했기 때문이다. 그의 기록에 따르면, 너무 많은 사람이 대성당으로 밀고 들어오는 바람에 그들이 교황의 기도에 "아멘"이라고 응답했을 때 땅이 흔들릴 정도였다고 한다.[36] 군중이 너무 많아서 교황의 말은 교황 주위에 모여 있는 작은 무리들 너머로는 거의 들리지 않았다.

랍반 사우마의 기록은 설교 내용에 관해서는 언급하지 않고 있다. 그는 교황의 목소리와 메시지가 거의 들리지 않았지만, 군중으로부터 강력한 반응을 끌어냈다고 우리에게 알려준다. 기도와 설교가 끝나자 교황은 설교단에서 내려와 독실한 군중 앞에서 성찬을 베풀었고, 병자성사病者聖事에 사용될 기름을 봉헌했다. 그 후 교황은 근처의 큰 건물로 가서 자신이 가장 높이 평가하는 교회 신부들에게 각각 금으로 된 종이와 은화를 하사했다. 교황은 하인들을 포함해 자신의 궁전에 있는 모든 사람을 불러 모아서 의식에 따라 그들의 발을 씻겨주면서 예식을 마무리했다. 랍반 사우마는 교황의 겸손함을 보여주는 증거를 기록하면서 발을 씻기고 말리는 예식을 조심스럽게 묘사했다. 모든 예식은 정오에 끝났고, 예식을 마친 후 교황은 성대한 유월절을 기념하려고 모인 대략 2,000명의 사람을 위해 공들여 준비한 축제를 개최했다. 랍반 사우마의 기록에 따르면, 축제는 "그날이 세 시간밖에 안 남았을 때"까지 계속되었다.[37]

다음 날인 성 금요일(부활절 전 금요일)에 교황은 또다시 대표단을 이끌고 예배를 드렸다. 검은색 외투를 걸친 교황은 그와 비슷한 옷을 입은 교회 성직자들을 동반했는데, 그들은 교황처럼 산타 크로체 성당(성 십자가 성당Church of Santa Croce)까지 맨발로 걸어갔다. 교황은 성당에 도착하자, 성 십자가의 파편이라고 알려진 것을 손에 들고 그것에 경의를 표한 후 입을 맞추었다. 콘스탄티누스 황제의 모친이 예루살렘으로 순례를 갔다가 로마로 돌아오면서 이 조각을 가져왔던 것으로 알려져 있었다. 그녀가 사망한 이후 황제는 이 유물을 보관하기 위해 모친의 궁전을 성당으로 개조했다. 이 조각의 실제 유래가 무엇이었든지 간에 교황과 교회 지도자들은 명백히 이것을 진품이라고 인정했다. 교황은 교회 성직자들이 이것을 만지고 입을 맞추게 해주었으며, 교황의 행렬을 보기 위해 따라왔던 군중을 위해 조각을 높이 들어 보였다. 이것을 얼핏 보자마자 군중 속 많은 사람이 모자를 벗고 허리를 숙였으며 이 성물 앞에서 기도를 올렸다. 교황은 군중에게 설교한 뒤, 동서남북 사방을 향해 십자가를 그었다. 공식적인 임무를 마친 뒤 교황은 유월절 헌물의 일부를 가져왔는데, 그것은 신자들이 가져온 것과 교황 자신이 앞서 봉헌한 음식이었다. 여기에 포도주를 추가한 다음 성당에서 혼자 식사했다. 랍반 사우마는 예수의 순교를 추도하는 예수 수난일에 서방 기독교도들은 원래 성찬 예식을 실행하지 않았다고 기록했다. 그래서 교황은 홀로 식사하고 명상했던 것이다. 이 수수한 식사가 끝나자 교황은 그의 궁전으로 돌아갔다.

빛의 안식일(부활절 전 주의 토요일)에 교황은 추가적 예배를 드리기 위해 랍반 사우마와 동행하여 성당으로 돌아왔다. 특히 그는 예수를 메시아로 연결한 예언이 담긴 「예언자서」를 큰 소리로 읽었다. 그 이후 교황은 세례반을 정돈하고 물을 봉헌했으며 세 명의 아이에게 세례를 하고 그 위로 십자가를 그었다. 마지막으로 그는 미사를 수행하기 위해 성당의 반원형 공간으로 가서 정교하게 장식된 아주 값비싼 예복으로 갈아입었다.[38]

부활절인 일요일에도 교황은 그의 공식 의무를 계속 수행했다. 추기경들과 주교들로 구성된 대규모 수행단의 호위를 받으며 산타 마리아 마조레 대성당으로 이동했다. 이곳은 로마제국 시대에 지어진 위대한 성당 중 한 곳으로, 랍반 사우마는 로마에 처음 머무를 때 이곳을 방문했다. 또다시 교황 니콜라우스 4세는 소집된 교회 지도자들에게 성찬을 베풀었고, 모든 참석자는 이 행사가 신성하다는 것을 기꺼이 확인하고 받아들였다. 교황은 그들을 위한 멋진 연회를 마련함으로써 수행단과 교황의 종교적, 개인적 조화를 더욱 확고히 했다. 다음번 일요일에 교황은 또다시 엄청난 예식들을 수행했다. 이번에는 안수식을 거행한 뒤 세 명의 주교를 임명했다.

랍반 사우마는 큰 관심을 가지고 모든 행사와 예식과 축제를 지켜보았다. 아마 그는 자신을 여전히 사절의 자격만큼이나 종교 순례자라고 인식하고 있었을 것이며, 마르 야발라하와 다른 네스토리우스교 형제들이 서방 교회의 종교 예식에 관한 그의 묘사에 큰 흥미를 가질 것이라고 생각했을 것이다. 이러한 관행을 가까이에서 관찰한 동방에서 온 첫 기독교 성직자가 서방의 종교 예식과 교리에 관해 쓴 보고서를 그들은 매우 기대하며 기다리고 있을 것이었다.

이렇듯 랍반 사우마는 종교 예식이 집중적으로 열린 기간에 참가해 다양한 교회의 관례를 목격하고, 동맹을 제안한 일 칸 아르군의 서신까지 전달했다. 이제 그는 자신의 친구들이 있는 고국으로 돌아가기를 원했다. 그래서 부활절 예식이 끝난 후에 그는 페르시아로 돌아가게 허락해달라고 요청했다. 교황은 이에 반대하며, 네스토리우스교 성직자에게 서방에서 좀 더 머물 것을 권유했다. 랍반 사우마는 당분간 남아 있을 수는 있지만, 더 높은 목표는 그가 귀환해야 수행할 수 있다고 대답했다. 만약에 그가 자신의 지역 사람들에게 유럽에서 받은 이례적인 대접에 관해 들려준다면 서방과 동방 교회 사이에 좋은 감정이 일어날 수 있을 것이었다. 페르시아와 유럽 국가들이 교류하는 지역에도 평화가 전파될 것이었다. 랍반 사우마가 여기에서 그의 대답을 끝냈다면, 사람들을 놀라게 하지 않고 떠날 수 있었다. 그러나 그는 더 나아가 성물을 선물로 달라고 요청했다.

이 무례한 요청에 교황은 분명히 화가 났겠지만, 그럼에도 침착하게 응수했다. 그는 만약 교회가 모든 외국 방문객에게 성물을 제공하는 관습을 만들게 되면, 성물을 산더미같이 가지고 있다고 해도 남아나는 것이 없을 것이라고 말했다. 그러나 랍반 사우마가 여행하게 될 엄청난 거리 또한 알고 있던 교황은 관대하게 성물 몇 가지를 선물로 건넸다. 그는 랍반 사우마에게 예수의 옷조각, 성모 마리아의 머릿수건 조각, 여러 성인의 다양한 유물을 주었다. 또한 그는 랍반 사우마를 통해서 마르 야발라하에게 귀금속으로 장식된 순금 왕관, 금실로 테두리를 장식한 성스러운 자주색 가운, 조그만 진주로 장식한 양말과 신발, 교황 자신이 소유한 반지 중 하나를 전달했다.

사우마의 기록에 따르면, 니콜라우스 4세는 네스토리우스교 총대주교에게 동방의 모든 기독교도에 대한 권위를 부여하는 임명장을 주었고, 랍반 사우마에게는 그를 동방(아마도 중앙아시아와 중국을 의미했을 것이다)의 방문관료로 인정하는 비슷한 임명장을 주었는데, 이 사실은 적어도 랍반 사우마의 관점에서는 중요한 것이었다. 그러나 이러한 임명은 교황이 랍반 사우마에게 준, 일 칸 아르군에게 보내는 서신에는 언급되어 있지 않았고, 아마 랍반 사우마가 교황의 말을 잘못 이해했을 수도 있다. 어쨌든 교황이 이러한 임명장을 발행했다는 것은 교황 자신이 네스토리우스교회에 대해 권위를 가지고 있음을 암시했다. 랍반 사우마는 이의를 제기하지 않았는데, 아마 정치적 동맹과 종교적 협동을 위한 가능성을 훼손하지 않으려고 했기 때문일 것이다. 마침내, 그들의 대화가 끝났을 때 사우마는 여행 비용으로 상당한 액수의 "붉은 금"을 받았다.[39]

그 후 교황은 또 일 칸 아르군에게 건네는 선물과 서신을 랍반 사우마에게 전달해달라고 요청했다. 이 서신의 사본이 현재 바티칸 문서고에 남아 있다. 여기에는 교황 자신의 통찰력은 물론이고, 바티칸의 목표에 대해서도 많은 내용이 드러나 있다. 서신은 페르시아의 몽골 지도자를 찬미하는 것으로 시작한다. 일 칸이 자신의 영역에서 살고 있는 기독교도들을 잘 대접해주고, 기독교의 범위를 확장하고 있다는 데 교황은 만족감을 드러냈다. 또한 기독교를 위한 일 칸 아르군의 노력에 감사를 표하며 랍반 사우마 사절단과 그가 가져온 서신에도 감사를 전했다. 그는 일 칸 아르군의 서신이 전체 기독교와 서방 기독교도에 대한 존경을 드러내고 있다고 찬양했다.[40]

이러한 보기 좋은 말들 다음에는 교황의 진정한 메시지가 이어졌다. 몽골족과 네스토리우스교도 모두 교황의 권위를 받아들여야 한다는 것이다. 서신의 다음 부분에서 그는 기독교에서 예수가 가지는 중심성을 재확인하는 데 메시지를 할애했는데, 이렇게 적었다.

우리는 천상의 신의 아들이신 고귀한 그리스도께서 극지방의 높은 곳에서 이 세상의 깊숙한 곳으로 나아가서 그가 이 땅의 진흙에서 그의 모습과 닮게 만든 사람들을 자유롭게 할 것이고, 악의에 찬 조언으로 묶여 있는 노예 상태의 속박에서도 벗어나게 할 것임을 당신들이 알기를 간절히 바랍니다.

그는 이어서 메시아가 천국의 열쇠를 베드로에게 주었고, 베드로에게서 교황의 권위를 얻었다고 적었다. 그의 목표는 명백히 교황의 성직 권력을 확인하기 위해 그리스도의 말과 행동을 인용하면서 교황과 예수의 직접적인 관계를 보여주는 것이었다.

그래서 니콜라우스 4세는 네스토리우스교 총대주교보다 자신이 우위에 있음을 단언했다. 그는 서방 기독교 종파가 "진정한 신앙"임을 강조했고, 일 칸 아르군에게 기독교를 유일하고 정통성 있는 종교로 인정할 것을 촉구했다. 그리고 그는 일 칸에게 세례를 받고 기독교를 자신의 종교로 받아들이라고 조언했다. 교황은 개종하지 않는다면, 일 칸은 구원을 위한 기회를 상실하게 되어 지옥의 문으로 들어가는 위험을 겪을 것이라고 말했다. 수사학적으로 꾸며진 말들을 이용하여 니콜라우스 4세는 이렇게 충고했다.

누구도 죽음의 법칙으로부터 벗어날 수 없다는 것을 생각하십시오. … 누구도 그 한계에서 탈출할 수 없고, 주님께서도 예외를 허락하지 않으실 것입니다. 따라서 즉시 일어나 스스로 기독교 신앙을 인정하는 것에 다가갈 준비가 되었음을 보여주십시오. … 그러면 현생을 살고 난 이후 지옥의 문에서 해방될 수 있을 것입니다.

그는 만약 아르군이 교황의 권위를 받아들인다면 기독교 세계의 투사가 될 것임을 시사했다.

니콜라우스 4세는 자신이 아르군의 동맹 제안을 무시했다는 비난이 일어날 가능성을 없애기 위해 추신을 덧붙였다. 프랑스의 왕 필리프 4세와 잉글랜드의 왕 에드워드 1세와는 달리, 교황은 십자군 원정 약속을 구두로도 하려는 의지가 없었다. 비록 1270년경에 생루이와 에드워드가 튀니스에서 십자군 원정을 했을 때는 세속 지도자들이 아주 형식적인 교황의 지지만을 받아 십자군 원정에 착수했지만, 세속 군주들보다는 유럽의 종교 지도자인 교황이 십자군을 소집할 수 있는 존재였다. 여전히 교황은 이러한 모험의 성공 혹은 실패에 책임을 질 인물이었고, 그래서 에드워드 1세 혹은 필리프 4세보다 더욱 신중하고 조심스러워야 할 이유가 있었던 것이다. 유럽의 지원이 의심스럽다는 것을 알았던 니콜라우스 4세는 성지를 회복하려는, 아마도 무익한 시도에 말려들지 않으려고 했다.

교황은 추신에서 몽골 지도자가 세례를 받아 예루살렘에서 다시 태어나기를 원한다는 것을 알고 있으며,⁴¹ 또한 아르군이 긴급히 다룰 사항의 우선순위를 바꾸어야 한다고 단언했다. 만약 일 칸이 곧바로 세례를 받는다면, 예루살렘과 성지를 회복하는 일이 더 쉬워질 것이었다. 세례를 받아들여 하느님을 기쁘게 하면, 하느님께서 그에게 맘루크 왕조를 패배시키고 그들을 몰아낼 힘을 주신다는 것이다. 게다가 일 칸의 세례는 그 자신의 구원을 보장할 뿐만 아니라, 그의 영역에 있는 다른 사람들을 위한 모범이 될 수 있다. 니콜라우스 4세는 이러한 집단개종이 성지를 점령하려는 시도에서 페르시아의 몽골족을 더 강하게 만들 수 있다고 암시했다. 하느님을 기쁘게 함으로써 일 칸국의 사람들이 이교도들에 대항하는 원정에서 하느님의 축복을 얻을 수 있다는 것이었다.

그래서 니콜라우스 4세는 이러한 원정에 대한 유럽의 실질적 지원 문제를 교묘하게 회피했다. 그는 맘루크 왕조에 대한 몽골족의 공격을 넌지시 부추기면서도 동맹을 약속하는 말은 하지 않았다. 교황은 십자군 공동체들의 운명을 언급하지 않았고, 필리프 4세와 에드워드 1세가 아르군과 협력할 것을 촉구하겠다는 약속도 하지 않았다. 실체가 분명한 정치적, 군사적 지원 대신에 그는 구원의 가능성을 제시했던 것이다. 니콜라우스 4세는 교황으로서 자신의 의무가 있었고, 일 칸의 제안에 동의하는 것은 그 의무의 일부분이 아니었다.

교황의 서신은 분명 랍반 사우마를 낙담하게 했다. 그는 기독교 세력의 성지 지배 문제에 교황의 보다 열렬한 헌신을 기대하고 있었던 것이다. 이와 비슷하게 그가 교황의 서신에 실망하게 된 것은 일 칸 아바카의 미망인(그녀는 비잔틴제국의 공주였다)에게도 서신을 전해 달라는 요청을 받았던 점이다. 교황은 그녀의 기독교에 대한 열정을 칭찬했고 그녀에게 꿀을 가진 꿀벌처럼 그녀의 백성들 사이로 하느님의 말씀을 전파하라고 격려했다. 그러나 여기에서도 교황은 십자군 혹은 맘루크 왕조에 대항하는 동맹을 언급하지 않았다.[42]

교황이 랍반 사우마에게 맡긴 또 다른 서신은 마르 야발라하에게 보내는 것이었는데, 여기에서도 동맹을 언급하지는 않았다고 여겨진다. 아르군에게 보낸 편지보다 5일 뒤의 날짜가 적힌 서신은 총대주교의 서신에 대한 감사의 말로 시작한다. 니콜라우스 4세는 야발라하의 영역을 지나거나 그 땅에 거주하는 프란체스코회 수도사들을 훌륭하게 대접해준 것에 대해 찬사를 보냈다. 그리고 다소 거드름을 피우며 총대주교에게 교회의 교리와 신앙에 대해 훈계했다. 그는 삼위일체, 죄의 개념, 일곱 가지 성례聖禮를 이야기했고, 네스토리우스교가 실행하고 있는 중혼重婚은 기독교도에게는 용납하기 어려운 것임을 총대주교에게 '알리는' 데까지 나아갔다.[43] 동방 네스토리우스교회의 정신적 지도자는 분명 기독교의 주요 교리, 특히 네스토리우스교를 신뢰하지 않고 가톨릭의 교리와 네스토리우스교의 교리를 비교하는 강의를 필요로 하지(혹은 고맙게 생각하지) 않았다.[44] 서신의 내용은 분명히 요령 없는 것이었고, 마지막 문단에서 로마교회의 우위를 확인했던 것 또한 서투른 일이었다.

사우마의 출발이 임박하자 교황은 일 칸국의 궁정에 거주하는 많은 유럽인에게 보내는 서신을 포함한 여러 통의 서신을 그에게 맡겼다. 일 칸국에 거주하는 유럽인 중 일부는 상인이었고, 다른 이들은 페르시아의 몽골 지도자들의 통역관과 고문으로, 이들은 분명히 교회를 대변하는 사람이 아니었다. 휴고 간텔메스Hugo Gantelmes와 몰리나의 피터Peter of Molina 같은 사람들은 사업가로, 그들 자신이나 일 칸국의 이익을 추구하고 있었다. 그러나 이 서신에서도 교황은 그들이 종교적 임무를 수행하기를 원했다. 그 임무는 동방에서 선교사로 활동하면서 "기독교 신앙의 영역을 확장"하는 것이었다. 이러한 일은 그들이 "구세주를 더 기쁘게 해드리는" 것이었다.[45] 갑작스럽게 교황이 맡긴 종교적 의무에 대해 이 유럽인들이 어떻게 반응했는지를 알려주는 기록은 없다. 랍반 사우마가 실제로 이 서신을 전달했는지도 알 수 없다. 이 유럽인들 중 페르시아의 몽골족 사이에서 기독교 선교사로 흔적을 남긴 사람은 없었다고만 말해두자.

교황의 마지막 서신은 순전히 우연의 일치로 서방으로 온 여행자라는 명성을 가지게 된 페르시아의 네스토리우스교 주교인 바르 사우마에게 보내는 개인적 메시지였다. 이 서신은 교황이 마르 야발라하에게 보내는 편지와 똑같이 거만한 어조를 취한다. 또다시 서신은 찬사로 시작하는데, 바르 사우마가 기독교 신앙에 의해 가르침을 받고 세례를 받아들인 점을 칭찬한다. 그리고 네스토리우스교 성직자에게 "유대를 확대하고 신앙의 한계를 넓힐 것"을 (마치 재촉할 필요가 있다는 듯이) 촉구한다. 이는 개종을 시키고, 개종할 사람을 찾으라는 것이었다. 교황은 사우마에게 "이교 행위의 구름에서 기독교 신앙의 밝음으로, 그리고 오류의 황야에서 정의의 길로" 그의 백성들을 데려오기 위해 노력하라고 요구했다.[46] 여기까지 교황의 메시지는 기본적으로 권고의 성격이었고, 불쾌한 것으로 간주할 수는 없었다. 그런데 서신의 나머지 부분은 외교적인 내용이 아니다. 니콜라우스 4세는 기독교의 원칙을 바르 사우마에게 가르치려는 만용을 부렸고, 마르 야발라하에게 썼던 것과 매우 비슷한 방식으로 기독교 신앙에 관한 설교를 잔뜩 늘어놓았다.

교황의 서신에 담긴 거만한 내용에도 불구하고, 랍반 사우마는 교황과 작별하면서 어떠한 적개심도 드러내지 않았다. 대신에 그는 서방의 정신적 지도자에게 로마에 머물면서 받은 모든 선물과 훌륭한 대접에 감사를 표시했다. 두 사람은 매우 다정한 어조로 포옹을 하고 작별했다. 랍반 사우마는 틀림없이 집으로 돌아간다는 사실에 안도감을 느끼고 흥분했을 것이다.

여행의 끝, 페르시아로 돌아오다

교황이 일 칸, 총대주교, 그리고 페르시아의 유럽인에게 보내는 서신의 날짜는 1288년 4월 초로 되어 있었다. 따라서 랍반 사우마는 그 직후에 출발했음이 분명하다. 프랑스 왕 필리프 4세의 사절 고베르드 헬베유는 아르군에게 개인 서신을 전달하기 위해 사우마와 동행했다. 로마를 떠난 이후 네스토리우스교 성직자는 이전에 거쳤던 길을 경유해서 일 칸국으로 귀환했을 것으로 보이는데, 그의 기록은 여행의 세부적인 내용을 거의 보여주지 않는다.

그는 베롤리 Veroli에 잠시 머무르면서 처음의 여정과는 조금 달라진 행보를 보였는데, 이곳은 로마에서 남동쪽으로 약 112km 떨어져 있는 도시였다. 산 안드레아(성 앙드레) 성당을 방문한 그는 세 명의 대주교와 열 명의 주교를 만났고, 그들은 사우마의 도착에 매우 기뻐했다. 그들의 만남이나 대화에 관한 기록은 남아 있지 않다. 그런데 양피지에 적힌 15줄의 기록이 아직 현존하고 있는데, 여기에는 참회하고, 성찬을 베풀고, 성당의 건설과 유지 혹은 장식을 위해 기부금을 내놓은 랍반 사우마에게 서방 기독교 고위 성직자들이 면죄부(죄에 대한 처벌을 면제해주는 것)를 수여했던 것이 기록되어 있다. 흥미롭게도 그 당시의 일반적인 가톨릭 관습과는 대조적으로, 이 기록에는 자비의 원천으로 그리스도를 언급하는 것을 생략하고 그 대신에 하느님 아버지 God the Father에 초점을 맞추고 있다. 교회 당국은 그들의 신앙과 랍반 사우마의 네스토리우스교(당연히 성자가 아닌 성부를 강조했다) 사이의 불일치를 드러낼 수도 있는 교리 문제를 회피하고자 했던 것 같다. 문서에는 다른 사람들보다 그와 수행원들에게 신이 더욱 많은 특권을 주었다는 것, 면죄부는 충실한 신자가 더욱 큰 열정을 가지고 기도하고 교회의 활동에 마음을 다하여 활발히 참여할 수 있도록 고무시킨다는 온화한 주장이 들어가 있다.

왜 베롤리의 고위 성직자들은 네스토리우스교도 방문객에게 면죄부를 주면서 그들과 함께하는 것을 허락했을까? 그들은 랍반 사우마가 정통 신앙을 믿는 사람이 아니라는 것을 분명히 알았을 것이다. 그에게 면죄부를 주는 것을 허가하라고 그들을 설득시킬 수 있던 이유가 성당에 물질적인 기부를 했기 때문만은 아닌 것으로 보인다. 아마 부분적으로는 사우마의 명성 때문이었을 것이고, 또 다른 측면에서는 동방의 네스토리우스교도와 더욱 친밀한 관계를 조성하고자 하는 희망 때문에 자진해서 면죄부를 주었을 것이다.

그들의 동기가 무엇이었든지 간에, 교회 지도자 여덟 명은 랍반 사우마와 함께 양피지의 아랫부분에 있는 노란색과 붉은색 비단 위에 인장을 찍었다. 랍반 사우마의 인장은 붉은 밀랍으로 되어 있었고, 후광이 비치는 인물의 형상을 묘사하고 있었다. 아마 이 형상은 그리스도를 표현한 것으로 보이는데, 왼쪽 손은 가슴에 올리고 있고 오른쪽 손에는 별을 든 모양이다. 가로 50mm, 세로 35mm 크기의 인장에는 또한 그를 명명하는 글자가 새겨져 있었는데, 그것은 "바르바조마Barbazoma / 타르타루스Tartarus / 오리엔탈리스Orientalis"였다. 이는 라틴어로 "바르 사우마 / 타타르 / 동방에서 온"이라는 뜻이다. 랍반 사우마가 유럽에서 잠시 머무르는 동안에 인장을 제작했다는 점이 주목할 만하다. 현재 바티칸 문서고에서 발견되는 그 날인은 의심할 여지 없는 진품이다.[47]

베롤리에 잠시 머무른 뒤 그는 "바다를 건넜고", 1288년 9월 말 페르시아에 도착했다. 거의 곧바로 그는 호위를 받으며 아르군이 있는 곳으로 갔다. 그는 일 칸에게 보낸 다양한 선물과 서신을 전달했고, 관련 내용을 보완하기 위해 아르군이 그에게 맡긴 외교 임무에 관한 구두보고와 보고서를 추가로 제출했다. 보고서는 궁정의 기록 보관인에게로 넘겨졌지만, 우리가 아는 것처럼 그 이후 소실되었다.

이와 동시에 그는 또 하나의 더욱 포괄적인 비공식 보고서를 동료 네스토리우스교도들에게 전달했다. 여기에는 그가 서방에서 경험했던 놀라운 일과 목격한 광경을 서술해놓았다. 그가 죽었을 때 그의 글 중에서 이 보고서의 사본이 발견되었다. 비록 원본은 어느 순간 사라졌지만 말이다. 또한 그의 글(사우마가 죽은 후 네스토리우스교도들에게로 전달되었다) 중에는 일기와 회고록이 있었는데, 여기에는 유럽에서 돌아온 이후 일 칸국에서 보낸 시절에 관한 서술이 포함되어 있었다. 사우마가 사망하고 약 20년이 지난 후에 이 문서들을 시리아어로 번역했던 네스토리우스교 성직자, 즉 시리아인 번역자는 사우마가 사망하기까지 이 여행자의 이야기를 번역했을 뿐 아니라, 이슬람교로 개정한 일 칸 가잔이 1295년 즉위한 이후 행해진 네스토리우스 기독교도에 대한 박해를 서술한 보고서를 덧붙였고, 마르 야발라하의 생애를 살펴보는 것으로 끝을 맺었다. 앞에서 언급했듯이, 그는 또한 랍반 사우마의 기록에 가끔 자신의 논평을 덧붙이고 사우마의 전체 기록을 편집했다. 이 번역자 겸 편집자는 "랍반 사우마가 행동하고 목격한 것 중에서 중요하지 않은 모든 것을 순서대로 연관짓고 정리하는 것은 우리의 취지가 아니었기 때문에 사우마 스스로가 적었던 기록 중 많은 부분을 생략했다. … 그리고 심지어 여기에서 언급한 내용도 필요에 따라 생략하거나 부연 설명을 한 것이다"라고 적고 있다.[48]

이 번역자는 주로 신학적 문제들 그리고 랍반 사우마와 서방 성직자들과의 관계에 관심을 가졌다. 때문에 "중요하지 않은 모든 것"은 대체로 비종교적인 사안이었다. 즉, 사우마의 종교적 관심사와 활동이 기록의 중점이었다. 사우마가 훗날의 역사가들에 의해 상대적으로 주목을 덜 받은 이유가 바로 이것 때문이었다. 교회사가와 네스토리우스교 전문가들이 그의 기록을 다루는 주요 연구자였는데, 그들은 기록의 정치적, 외교적 중요성을 종종 경시하는 경향이 있었다.

랍반 사우마가 유럽에서 돌아온 이후에 관해 서술한 기록에 따르면, 아르군은 임무가 성공했다고 간주하고 매우 기뻐했다. 무엇보다도 잉글랜드와 프랑스의 왕이 맘루크 왕조에 대항하는 십자군에 합류할 것을 약속했다. 비록 교황은 이 원정에 대한 입장을 밝히지 않았지만, 더욱 긴밀한 종교적 연계를 요청했다. 이러한 놀라운 결과에 만족한 아르군은 네스토리우스교 성직자를 특별히 더 정중하게 대접했다. 그는 이 귀중한 임무를 수행하면서 사우마가 많은 고난을 겪게 된 것에 대해 사과했다. 자신의 사절에게 보상하겠다고 결심한 아르군은 사우마의 노년을 돌보고, 일 칸국 궁전 근처에 그를 위한 교회를 건설하겠다고 약속했다. 사우마는 아르군에게 감사를 표시하고 난 후, 자신의 은거를 위해 건설될 교회 터를 방문해 봉헌했다. 그리고 일 칸에게 마르 야발라하가 서방 사람들이 보낸 선물을 받을 수 있도록 궁정으로 오도록 명령을 내려달라고 부탁했다. 일 칸은 이에 동의했고, 총대주교를 수도로 초빙하기 위한 사절을 파견했다.

마르 야발라하가 아르군의 궁정에 도착했을 때, 일 칸은 축제 같은 특별한 의식과 행사를 위해 텐트처럼 생긴 임시 건물로 교회를 건설해놓았다. 그리고 그는 성대한 연회를 마련했는데, 3일 동안 이어졌다. 몽골족의 취향은 이제 세련되게 바뀌어 있었다. 음식만 하더라도 양고기구이, 큰 솥에서 고기를 끓여서 만든 고깃국, 야생양파와 다른 야채, 조그만 과실 등 전통 요리와 더불어 중국과 중동의 음식을 곁들였다. 튀르크식으로 찐 다음 속을 채워 넣은 빵, 중국식 국수,

붉은 건포도로 만든 달콤한 중동식 음료(페르시아어로 샤바트sharbat라고 한다), 우유를 넣은 차 등은 몽골족의 식사와 연회에 다양성을 더해주었다. 비록 이 연회에서 술을 많이 마셨을 것 같지는 않지만, 축제는 술(몽골 전통의 쿠미스는 물론이고, 몽골족이 접촉한 문명의 브랜디, 포도주, 맥주도 있다)을 지속적으로 엄청나게 소비하는 행사였다.

일 칸은 개인적으로 네스토리우스교 총대주교와 랍반 사우마를 대접하며 계속해서 음식을 나눠주고, 마르 야발라하와 그의 수행원들에게 음료를 따라주었다. 아르군은 사람들에게 연회가 열리지 않을 때도 기도를 계속해달라고 격려했다. 그들은 함께 외쳤다. "우리를 부유하게 만들어주신 주님께 축복을! 주님께서 백성들을 찾아오셨고, 구원해주셨네."[49] 이후 일 칸은 랍반 사우마를 위해 기도문을 낭송할 것을 명령하고, 그를 자신의 궁전 근처에 있는 교회의 수장으로 임명했다. 한마디로 아르군은 감사의 마음에서 랍반 사우마와 네스토리우스교도에게 관심과 선물을 베풀었던 것이다.

약 1년이 지난 1289년 9월, 일 칸은 총대주교가 있는 마라가로 갔다. 그는 여덟 살이 된 아들을 데리고 갔는데, 이는 마르 야발라하에게 아들이 세례를 받고 원죄를 용서받기 위해서였다. 1289년 아르군은 또 유대인 의사인 사드 앗 다울라Sa'd al-Dawla를 재상으로 임명했고, 그에게 국가를 통제할 수 있는 큰 권한을 부여했다.[50] 일 칸국의 후원을 받는 유대교와 네스토리우스교는 몽골이 지배하는 페르시아에서 세력이 커지고 있었다. 그러나 특히 1290년 말 아르군이 병에 걸리게 된 직후부터 기독교와 유대교의 성장세에 대한 무슬림의 저항이 나타났다.

아르군은 랍반 사우마의 사절단이 맘루크 왕조에 대항하는 동맹을 이끌어낼 것이라고 여전히 확신했다. 1289년, 그는 부스카렐 데 기솔프Buscarel de Gisolf라는 이름의 제노바인을 통해 에드워드 1세와 필리프 4세에게 서신을 보냈는데, 이는 필리프 4세가 고베르 드 헬베유를 파견한 것에 대한 응답이었다. 아르군은 서신에서 일 칸의 군대가 이집트에 대항해 원정하게 되면 필리프 4세와 에드워드 1세가 군대를 이끌고 군사 협력을 하겠다고 한 약속을 먼저 언급했다. 그는 자신의 군대가 1291년 1월에 다마스쿠스를 공격하게 될 것임을 알리면서 프랑스와 잉글랜드 왕에게 지원을 요청했다. 그는 두 군주가 군대를 보낼 것이라 기대한다면서, 맘루크 왕조를 몰아내면 바로 유럽인들에게 예루살렘을 넘겨주겠다고 약속했다. 그는 두 군주에게 반드시 신속해야 하고, 제안된 기한 이후에 지원부대를 파견하면 별로 소용 없을 것이라는 점을 상기시켰다. 마지막으로 그는 몇 가지 귀중품과 송골매, 다양한 색깔의 귀금속을 요청했는데, 이것을 보내주는 왕과 사절에게 그에 대한 보상을 하겠다고 약속했다.[51]

이 서신에 대한 서방 지도자들의 반응은 애매했다. 필리프 4세의 서신은 남아 있지 않지만, 에드워드 1세의 답신은 보존되어 있는데 이 기록에는 원정에 합류하겠다는 약속이 없다. 잉글랜드 군주는 아르군에게 좋은 말을 해주고, 성지를 회복하려는 원정을 제안한 것에 대해 찬사를 표했으나, 공격에 합류하기 위해 유럽의 군대를 보내라는 일 칸의 요청은 회피했다. 그는 아르군에게 십자군을 위해서는

우선 교황의 약속을 받아내라고 이야기했던 것이다.[52]

아르군의 분명한 의도에도 불구하고, 군사 원정을 위한 그의 계획은 결코 실현되지 못했다. 그 대신에 그는 북쪽에 있는 몽골 칸국들의 위협에 신경을 돌리게 되었다. 1290년 봄, 킵차크 칸국이 남러시아에서부터 아르군의 영토를 침공했다. 이와 동시에 아르군은 그의 영토에서 가장 동쪽 지방인 호라산의 반란에 직면했다. 이중의 위협에 마주치게 된 그는 서쪽으로의 원정을 생각할 수가 없었다. 1290년 겨울에 찾아온 질병으로 인해 그의 어려움은 가중되었는데, 이른바 한 불교도 성직자가 마련한 약을 마시고서 증세가 분명히 악화된 것이었다. 아르군은 1291년 3월 세상을 떠났다. 그가 사망하면서 서방과 동맹을 맺으려던 그의 계획도 사라졌다.[53]

동맹의 주요한 지지자였던 일 칸국은 이때부터 기독교 유럽 국가들과 협력할 생각을 포기했다. 1291년에서 1295년 사이에 세 명의 일 칸이 즉위하면서 정치적 혼란과 재정 문제가 생긴 데다 일 칸 가잔(재위 1295~1304)과 다른 많은 몽골족이 1290년대에 이슬람교로 개종하자 일 칸국은 맘루크 왕조에 대한 문제로부터 다른 사안으로 시선을 돌리게 되었다. 1300년에 가잔의 군대는 시리아에서 맘루크 왕조를 격파했지만, 그들은 곧바로 철수했고 맘루크 왕조 또한 되돌아왔다. 이 원정은 몽골족이 지난 40년 동안 착수한 시리아 원정 중 여섯 번째에 해당했는데, 그 이전 원정에서는 모두 성공을 거두지 못했고 이 여섯 번째가 마지막 원정이었다. 몽골족은 맘루크 왕조로부터 시리아 혹은 성지에 대한 통제권을 결코 빼앗아오지 못했다.

유럽의 군주들은 이러한 원정에 참여하는 일에 대해 여전히 주저하고 있었다. 필리프 4세와 에드워드 1세는 맘루크 왕조에 대한 공격에 합류하겠다고 약속했지만, 여전히 외부의 위협이나 내부의 혼란으로 약속을 수행하기 위한 그들의 능력이 약화되거나 파괴되었다. 비록 원칙적으로 그들은 맘루크 왕조에 대항하는 원정을 지지했지만, 이러한 작전에 자원을 제공할 수 없다는 것을 분명히 자각했다. 당시 유럽은 분열 때문에 고통을 겪었다. 유명한 한 역사가의 말에 따르면, "하나의 단위로서의 서방은 이미 존재하지 않았고, 결과적으로 단합된 행동은 더 이상 가능하지 않았다. 교황 혼자만 거대한 서방이라는 개념을 보여주는 마지막 증거로 남아 있었다."[54] 그리고 랍반 사우마의 경험이 보여주듯이, 이때의 교황은 다소 무력했다. 분명히 협의에 의한 행동이 이루어질 시기가 아니었다.

　　십자군 국가들에게는 유럽의 군주들이 맘루크 원정에 대항하는 효율적인 원정에 착수하지 못하게 된 것이 재앙이었음이 입증되었다. 동료 기독교도의 보호와 지원을 받지 못하는 상황에서 십자군 국가들은 무슬림의 공격에 취약해져 있었다. 이 공격은 심지어 몽골족과 유럽인이 동맹에 대한 희망을 포기하기 전부터 시작되었다. 1289년 트리폴리의 기독교도 공동체가 맘루크 왕조에게 함락되었고, 1291년에 무슬림들은 아크레에 있던 십자군 국가의 마지막 기지를 격파했다.[55] 몽골족과 유럽인 사이의 동맹을 위한 더 이상의 시도는 없었다. 유럽의 군주들은 성지를 회복하고 몽골 세계와의 교류를 유지할 절호의 기회를 상실했다.

랍반 사우마는 무엇을 하고 있었을까? 아르군이 사망했을 때, 그는 60대 중반이었다. 아르군이 약속을 실행하지 못했기에 사우마는 자신의 교회를 갖지 못했다. 사우마는 일 칸들을 따라다니느라 점점 지쳐갔는데, 끊임없이 이동하는 일 칸의 궁정에 소속되어 있어 계속 움직여야 하는 교회를 이끌고 있었던 것이다. 몽골족 지도자들은 유목 세계의 방식을 포기하지 않았고, 랍반 사우마는 이동을 더 이상 견뎌낼 수 없었다. 그래서 아르군의 동생 게이하투가 즉위하자마자 랍반 사우마는 정착교회 건설 자금을 지원해달라고 요청했다. 그는 마르 야발라하의 개인 거주지 근처에 있는 마라가를 교회 부지로 선택했다. 유대교와 기독교에 대한 페르시아인의 적대감이 계속 커지고 있었지만, 랍반 사우마의 기록에 따르면, 게이하투는 두 종교의 지도자에게 호감을 가지고 있었고, 그의 요청을 받아들였다.

이후 3년 동안 게이하투는 랍반 사우마가 소유하고 있는 수많은 성물을 저장하기 위해 공들여 교회를 건설했다. 사우마는 여행하는 동안 수많은 성인과 순교자의 유골, 의복, 소지품들을 수집했다. 이 보물들은 이제 일 칸의 후원을 받는 안전한 건물에 보관할 수 있게 되었다.[56] 마르 야발라하는 교회 건설을 위한 노력을 지원했고, 유지 자금도 조달했다. 교회의 수리, 유지, 확장과 유물 수집을 위해 무슬림의 상설 기부금인 와크프와 비슷한 기부 재산이 형성되었다.

그러는 동안 랍반 사우마는 자금을 조달하면서 교회 완공 이전부터 종교 임무를 수행하는 데 엄청난 노력을 기울였다. 그는 독실한 신자들을 위해 성찬식을 반복해서 주관하고, 개인적으로는 자신의 작은 방에서 기도를 올렸다. 네스토리우스교와 기독교 신앙에 대한 그의 헌신은 확고했다. 자신이 그토록 원하며 준비해온 것을 빈틈없이 수행하면서 말년을 보내고 있는 사람이 여기 있었다. 그의 기록은 특히 종교적 수행에 완벽하게 헌신할 기회를 얻으면서 그가 새로운 삶에서 극도의 행복을 느꼈다는 것을 솔직하게 드러내고 있다.[57]

랍반 사우마의 기록에 따르면, 교회가 완공되기까지 시간이 흐르는 동안 일 칸 게이하투는 네스토리우스교 성직자의 종교활동을 이례적으로 지원했다. 두 번의 특별한 시기에, 그는 네스토리우스교 지도자들을 만나기 위해 마라가로 왔다. 기록에 묘사되어 있듯이, 이 만남은 우호적이면서 즐거웠을 뿐 아니라 실질적인 보상도 제공했다. 일 칸은 총대주교에게 선물과 현금을 하사했다. 페르시아의 몽골 지도자들은 일 칸 가잔이 이슬람교로 개종하기 이전까지는 네스토리우스교도에 계속 호의를 보였다.

1293년 10월 랍반 사우마의 교회가 완공된 이후, 그는 다른 관심사에 시간을 더 많이 쓸 수 있게 되었다. 그중 가장 중요한 것은 그에게 남은 시간 중 되도록 많은 날을 마르 야발라하와 함께 보내는 것이었다. 연말이 되자 사우마는 병에 걸려 고통스러웠지만, 겨울을 보내기 위해 마라가에서 총대주교가 있는 바그다드로 떠났다. 그리고 마르 야발라하에게 경의를 표하는 연회에 참석하기 위해 다시 꽤 먼 거리를 이동했다. 아르군의 사촌 바이두Baidu(나중에 게이하투를 일 칸에서 끌어내리려고 시도하게 된다)가 마르 야발라하에 대한 존경심을 보여주기 위해 공들여 개최한 연회였다. 랍반 사우마는 30년 이상 친밀하게 교제한 친구를 위해 이 중요한 예식에 참석하기로 결심했던 것이다. 도착 이후 열이 나면서 기운이 허약해졌지만, 연회 참석을 단념하지는 않았다. 그는 연회가 벌어지는 동안 한 번 쓰러졌던 것 같지만, 저녁 시간을 보낼 수 있을 정도로는 충분히 회복했다.

다음 날 그는 바그다드로 돌아갔다. 그는 떠나기 전에 바이두에게 마지막 작별인사를 고했고, 오는 도중에 특별히 기록하지 않은 "긴급한 사안들"을 "진정"시키기 위해 아르빌에 잠깐 머물렀다.[58] 우리는 번역자가 제공한 랍반 사우마의 마지막 날들에 관한 기록을 통해 이러한 사실을 알 수 있다. 바그다드에 도착한 이후 사우마는 더욱 쇠약해졌다. 고통은 몸 전체로 퍼져나갔고 병세는 악화되었지만 그는 교회의 사무 때문에 자리를 비운 마르 야발라하가 돌아올 때까지는 살아 있어야 한다고 스스로 다짐했다. 총대주교가 도착했을 때, 두 성직자는 작별인사를 했고, 내세에서 서로 만나게 될 것이라고 열렬하게 믿었다. 마르 야발라하와의 만남을 위해 버텨왔던 랍반 사우마는 이 감동적인 재회 이후 의식을 잃어가기 시작했다. 번역자는 그의 마지막 날을 이렇게 적고 있다. "그의 질병은 그를 견디기 힘들게 압박했고, 치료의 가능성은 없어졌으며 목숨은 구조될 가망이 없었다. 그리고 그는 허무와 고난의 세상을 떠나 신성한 세계, 천국에 있는 성인들의 도시인 예루살렘으로 갔다."[59]

쿠빌라이 칸이 세상을 떠나기 1개월 전인 1294년 1월, 랍반 사우마는 그의 몸을 괴롭힌 질병으로 사망했다. 그는 과거의 위대한

1302년 교황 보니파키우스 8세에게 보낸 서신에 찍힌 마르 야발라하의 십자가 문양 인장
이탈리아 로마 바티칸도서관 소장.

총대주교 몇 명이 묻혀 있는 묘지에 인접한 수도원 예배당에 묻혔다. 마르 야발라하는 자신의 믿음에도 불구하고 슬픔에 잠겼으며, 얼마 동안은 눈물을 주체할 수 없었다. 그는 집으로 돌아가기 전 사흘간 그의 친구이자 스승이었던 사우마를 애도했다. 그는 자신을 위로하기 위해 온 수많은 신도를 대접했다. 그 이후 마르 야발라하는 그의 친구 사우마가 교제의 시작에 도움을 준 가톨릭교회와의 서신 왕래를 이어갔다. 그는 1302년과 1304년에 교황 보니파키우스 8세와 베누아Benoît 11세에게 순수하게 종교 사안에 관한 서신을 보냈다.[60] 그러나 그의 후기의 삶은 일 칸들의 이슬람교 개종과 페르시아에서 증대한 네스토리우스교에 대한 반감으로 인해 평탄하지 못했다. 1317년 그가 사망했을 때, 페르시아와 중앙아시아 전역에서 네스토리우스교는 쇠퇴하고 있었다.

랍반 사우마의 이야기는 끝났다. 마찬가지로 중동과 유럽, 일 칸국, 그리고 전체 몽골제국의 역사를 변화시킬 수도 있었던 그의 놀라운 임무도 모두 허사로 돌아갔다. 그러나 이는 유라시아 역사에서 결정적으로 중요한 사절단 중 하나가 될 잠재력을 지닌 사건이었다.

십자군을 연구한 탁월한 한 역사가는 이렇게 서술했다. "몽골과의 동맹이 이루어져 서방에 의해 정말로 실행되었다면, 십자군 국가의 수명은 확실히 더 늘어났을 것이다. 맘루크 왕조가 파괴되지는 않았겠지만, 세력은 크게 줄어들었을 것이다. 그리고 페르시아의 일 칸국은 기독교도와 서방 세계에 우호적인 세력으로 살아남을 수 있었을 것이다."[61]

만약 기독교 유럽과 페르시아의 일 칸국이 함께 이집트의 이슬람 왕조를 무너뜨리는 원정에 성공했다면, 십자군의 목표는 달성되었을 것이다. 성지는 서방 세력에 의해 회복되었을 것이고, 유럽인은 중동에 근거지를 두게 되었을 것이다. 이슬람교의 이득을 보호하는 강력한 왕조가 없었다면, 중동의 나머지 지역과 북아프리카는 동방과 서방 양쪽의 공격에 취약했을 것이다. 우리는 이렇듯 몽골제국과 다양한 기독교 국가 사이에 형성되었을 수도 있는 관계에 관해 끝없이 추측할 수 있다. 유럽과 아시아는 문화적, 정치적, 경제적 교류를 포함하여 더욱 긴밀하게 연결되었을 것이다. 중국에 있는 일 칸국의 사촌들 같은 몇몇 영향력 있는 몽골 지배층이 아마 서방의 기독교 종파로 개종했을지도 모른다. 그리고 이러한 개종은 당연히 미래에 깊은 영향을 끼쳤을 것이다. 분명히 이는 세계사에서 결정적인 전환점이었다.

그러나 랍반 사우마의 생애를 이해할 때 이러한 추측은 필요하지 않다. 그는 대담한 모험가이자 여행자였고, 타고난 외국어 실력자였으며, 신앙심이 깊으면서 교양을 갖춘 사람이었고, 능숙한 외교관이자 협상가였다. 비록 몽골족과 기독교 유럽 사이에 동맹을 끌어내지 못했지만, 랍반 사우마의 사절단은 오늘날의 척도로 바라보아도 놀라울 만큼 이른 시기에 지정학적 입장이 잘 나타났던 사례이다. 그러나 랍반 사우마의 관점에서 보면 분명한 성공이었다. 그가 가장 소중히 여겼던 목표는 종교적인 것이었고, 종교 순례로서의 서방 여행은 대단히 보람찬 것이었다. 베이징에서 파리까지 여행한 최초의 인물이면서 역사를 바꿀 수도 있었던 민감한 임무를 맡은 사람, 랍반 사우마. 그는 자신의 업적에 만족할 만한 충분한 이유를 가졌다. 그는 매우 상이한 세계인 기독교 유럽과 몽골제국을 더 가깝게 만들었다. 비록 아주 잠시 동안이었지만 말이다.

아시아의 시선으로 13세기 유럽을 기록한 랍반 사우마

몽골제국의 탄생과 그로 인해 형성된 세계교류는 몽골제국 시대 이전에는 볼 수 없었던 새로운 양상을 만들어냈다. 그중 하나가 광범한 교통로를 활용해 세계를 여행한 인물들의 등장으로, 이들은 자신의 경험을 기록으로 남겼다. 우리에게 가장 잘 알려진 인물로는 베네치아 출신의 마르코 폴로와 모로코 출신의 이븐 바투타가 있다. 이 두 사람이 남긴 여행기는 몽골제국이 유라시아 세계를 통치하고 있던 시대의 모습을 잘 보여주는 자료로, 우리말로도 번역되어 있어 당시의 역사를 생생하게 들려준다.

마르코 폴로와 이븐 바투타는 유라시아 세계의 서방 지역 출신으로, 이들은 서방 세계에서 중국으로 이동했다. 이방인이 바라본 중국의 모습은 중국사 연구에서 다른 관점을 보여준다. 특히 마르코 폴로의 여행기는 몽골제국 내부의 정치적 사건들까지 기록하고 있어 일찍부터 주목받아왔다. 하지만 마르코 폴로 이외에도 몽골제국 시대에 유라시아 세계를 여행한 사람들이 있었고, 그중에는 중국에서 출발하여 서방 세계로 향한 사람도 있었다. 그 대표적인 예가 바로 이 책의 주인공, 랍반 사우마였다.

그동안 랍반 사우마는 마르코 폴로와 이븐 바투타의 명성에 가려 사람들의 관심을 받지 못했다. 그가 남긴 기록은 원본이 소실된 데다 시리아어로 번역된 일부 '편집본'만 남아 있기 때문에 제대로 된 평가조차 받기 힘들었다. 원본이 없으니 기록의 공식 제목도 알 수 없다. 일부 영어판의 경우 '야발라하 3세의 역사' 또는 '쿠빌라이 칸의 수도사'와 같은 제목이 붙어 있는데, 모두 번역자가 임의로 붙인 것이다.

이런 상황에서 모리스 로사비의 이 책은 랍반 사우마의 생애와 그의 여행을 살펴봄으로써 몽골제국 시대가 낳은 또 다른 인물의 형상을 잘 보여주고 있다. 특히 마르코 폴로와는 반대로 중국에서 출발하여 서유럽까지 여행한 사람이 13세기에 존재했다는 역사적 사실을 확인할 수 있다.

모리스 로사비는 랍반 사우마의 기록이 '편집본'만 남아 있는 까닭에 중국과 몽골 문화권에 속한 사람이 서유럽 세계를 어떤 눈으로 보았는지에 대한 궁금증을 확실하게 해결해주지 못한 점을 몹시 아쉬워했다. 그럼에도 그는 랍반 사우마가 서유럽의 중요한 지도자들 (교황, 잉글랜드 왕, 프랑스 왕)을 직접 만나고 그들에 관해 서술한 내용은 몽골제국이 유라시아 세계를 장악하고 있던 13세기 후반이 낳은 독특한 역사 기록임을 강조한다. 마르코 폴로의 기록을 깊이 있게 이해하려면 몽골제국에 대한 심화된 지식이 필요한 것처럼, 랍반 사우마의 기록에 담긴 세계를 파악하기 위해서는 몽골제국은 물론이고 당시 맘루크 술탄조와 십자군 세력, 비잔틴제국, 서유럽의 정세에 관해서도 잘 알아야 하는데, 모리스 로사비는 이를 위해 독자에게 친절한 이정표를 제공하고 있다.

 랍반 사우마의 여행을 이해할 때 꼭 필요한 개념 중 하나가 바로 '네스토리우스교'이다. 5세기 초반의 기독교 사제인 네스토리우스로부터 시작된 이 종파는 정통 기독교와 달리 '삼위일체', 즉 성부, 성자, 성령이 동일하다는 기독교의 기본 교의를 인정하지 않기 때문에 이단으로 취급되어 서유럽에서는 포교가 힘들었다. 이에 네스토리우스교는 동방을 향해 포교하게 되었고, 중국에는 당 태종 시기인 7세기 초에 전파되어 경교景教라 불렸다. 중동, 중앙아시아, 중국으로 세력을 확장한 네스토리우스교는 이후 좀 더 북쪽의 몽골 초원으로도 진출하였다. 그로 인해 몽골제국 시대에는 유목민 지배층 가운데 네스토리우스교로 개종한 사람이 꽤 많았다. 웅구드족 출신의 랍반 사우마 역시 네스토리우스교도로서 독실한 성직자 생활을 하다가 성지 예루살렘을 순례하겠다는 생각에 쿠빌라이 칸의 허락을 받아 여행길에 오르게 된 것이다. 마르코 폴로가 교역과 상업을 매개로 중국까지 왔다고 한다면, 랍반 사우마는 종교를 매개로 서방 세계에 갔던 것이다.

하지만 페르시아의 몽골 국가인 일 칸국과 대립관계에 있던 맘루크 술탄조 때문에 랍반 사우마는 예루살렘으로 향할 수 없었다. 랍반 사우마는 중국으로 돌아오지 않고 페르시아에 그대로 머물렀는데, 이는 그곳에도 네스토리우스교 공동체가 있었기 때문에 가능한 일이었다. 그곳에서 랍반 사우마는 기존에 알던 몽골어, 중국어 등과 더불어 페르시아어까지 익혔다.

일 칸국의 아르군 칸은 맘루크 술탄조와 맞서기 위해 서유럽과 동맹을 맺고자 했고, 서유럽에 파견해 임무를 수행할 사람으로 랍반 사우마를 선택했다. 이는 랍반 사우마가 기독교를 믿고(비록 서유럽에서는 이단으로 취급하는 네스토리우스교도였지만) 여러 언어에 능통한 인물이라는 점을 감안한 현명한 결정이었다.

일 칸국의 입장을 대변하는 임무를 맡아 페르시아에서부터 서유럽까지 사절단을 이끌고 간 랍반 사우마는 당시 서유럽 세계에서 활약하던 걸출한 인물들을 직접 만났다. 비잔틴제국의 황제, 프랑스의 왕, 잉글랜드의 왕은 물론, 새로 선출된 교황까지 만났던 것이다. 랍반 사우마는 네스토리우스교와 서유럽 기독교 사이에 충돌하는 교리를 최대한 드러내지 않으려 했는데, 이는 그가 아르군 칸이 부여한 정치적, 외교적 임무를 중요하게 여겼기 때문인 듯하다.

그러나 결과적으로 맘루크 술탄조와 맞서기 위한 서유럽의 십자군은 창설되지 않았고, 랍반 사우마의 임무는 실패로 돌아갔다. 하지만 중국에서부터 중앙아시아를 거쳐 페르시아까지 온 한 명의 성직자가 사절로 서유럽까지 가고, 특히 로마에 있는 여러 종교 유적을 직접 목격했던 일은 13세기 후반의 유라시아 세계질서가 어떠한 모습을 띠고 있었는지를 잘 보여주는 사건이었다.

나는 그동안 몽골제국에 관해 공부하면서 마르코 폴로는 익히 잘 알려져 있는 데다 그가 남긴 기록에 관한 연구가 지금까지도 활발히 이루어지는 것에 비해 랍반 사우마는 마르코 폴로의 그늘에 가려 있다고 생각했다. 그래서 랍반 사우마를 주인공으로 삼은 이 책을 국내 독자에게 소개하면 좋겠다는 마음을 오랫동안 품고 있었는데, 드디어 번역서를 내놓게 되었다.

이 책에는 랍반 사우마가 제자이자 동료 수도사인 마르코스와 함께 서방을 향해 출발하는 이야기를 비롯해 일 칸국에 도착한 후 마르코스가 네스토리우스교의 총대주교로 선출된 일화와 일 칸국의 계승 분쟁에 따라 랍반 사우마가 처한 상황이 극적으로 바뀌는 이야기 등이 각본 없는 드라마처럼 흥미진진하게 펼쳐져 있다. 또한 랍반 사우마가 로마의 추기경들과 신앙에 대해 논의한 일, 로마와 파리 등 유럽의 도시에서 기독교와 관련된 장소 및 유물을 직접 보면서 감탄하는 모습 등은 종교적 꿈을 실현한 한 수도사의 모습을 생생하게 보여준다.

원서의 제목은 '상도에서 온 여행자Voyager from Xanadu'로 '랍반 사우마와 중국에서 서유럽으로의 첫 여행Rabban Sauma And The First Journey from China to The West'이라는 부제를 달고 있다. 그러나 한국어판에서는 이 제목을 그대로 쓰지 않고 『랍반 사우마의 서방견문록: 쿠빌라이 칸의 특사, 중국인 최초로 유럽을 여행하다』라 했다. 저자인 모리스 로사비는 이 책의 2010년판 서문에서 랍반 사우마가 마르코 폴로와 반대 방향으로 여행을 했다는 점을 제목으로 드러내고 싶어 하지 않았지만, 나는 그의 지인들의 편에 서서 마르코 폴로와는 전혀 다른 출신과 배경을 가진 인물이 같은 시기에 유럽으로 갔다는 역사적 사실을 충분히 강조할 필요가 있다고 생각한다. 따라서 마르코 폴로가 구술한 기록을 '동방견문록'이라 부르는 것처럼 그와 반대 방향의 여행 기록인 이 책을 '랍반 사우마의 서방견문록'이라 이름하였다. 또한 랍반 사우마 일행이 쿠빌라이 칸의 허가를 받아 종교적 임무를 띠고 여행을 떠날 수 있었기에 그에게 쿠빌라이 칸의 '특사'로서 최초로 유럽을 여행한 중국인이라는 위상을 함께 부여했다.

랍반 사우마는 몽골제국 시대가 만들어낸 '세계인'이자 정통 기독교에서는 이단으로 취급된 교파를 신봉하면서도 성지 순례를 위해 페르시아를 향해 고된 여행을 자처했던 '종교인'이었다. 몽골의 사절단을 이끌면서 기독교 유적과 유물을 비롯해 유럽 세계를 둘러보았던 랍반 사우마의 여정을 고스란히 담아낸 이 책을 통해 13세기 후반 유라시아 세계에 관한 역사적 지식을 채울 수 있기를 희망한다.

이제 이 책을 번역하는 데 도움을 주신 분들에게 감사의 인사를 전하고자 한다. 우선 이 책의 가치를 인정하고 번역 출판 제안을 흔쾌히 수락한 사회평론아카데미 출판사에 감사드린다. 책에 등장하는 다양한 국가의 인명, 지명 등 생소한 용어 때문에 편집 과정에서 고생한 편집진에게도 감사드린다. 랍반 사우마를 알게 해주고 이 인물의 역사적 의미를 파악할 수 있게 한 이 책의 저자 모리스 로사비는 물론이고, 관련 연구 성과를 발표해온 학계의 여러 선생님께 이 자리를 빌려 감사 말씀을 드린다. 내가 이전에 출판했던 번역서를 보고 많은 관심을 가져준 독자분들께도 고개 숙여 인사드린다. 마지막으로 나의 공부를 아낌없이 지원하고 응원해주신 부모님께 감사드리며 이 책을 선사하고자 한다.

2021년 7월 일산의 서재에서

권용철

본문의 주

1 바르 사우마의 활동무대

1 Donald F. Lach, *Asia in the Making of Europe*. Volume 1: *The Century of Discovery*: Book 1, p.39. 그러나 그는 중국에서 태어난 튀르크족이었고, 민족적으로 한 인漢人이 아니었다는 점에 주의해야 한다.

2 이 기록에 대한 가장 초기의 훌륭한 번역은 J. B. Chabot, "Histoire du Patriarche Mar Jabalaha III et du moine Rabban Çauma," 1: pp.567-610; 2: pp.73-142, pp.235-304에서 찾을 수 있다. 다른 번역들은 E. A. Wallis Budge, *The Monks of Kûblâi Khân, Emperor of China*와 James A. Montgomery, trans., *The History of Yaballaha* III, *Nestorian Patriarch and of His Vicar Bar Sauma*에서 찾을 수 있는데, 단지 부분적인 번역만 제공한다. Paul Pelliot, *Recherches sur les chrétiens d'Asie centrale et d'Extrême Orient*는 이러한 번역의 상대적인 장점들에 대한 평가를 제공한다. 훌륭한 러시아어 번역으로는 N. V. Pigulevskaia, *Istoriia Mar Iabalakhi i Rabban Saumy* 참고. 벗지Budge의 번역본으로부터 발췌를 한 것은 Jeannette Mirsky, ed., *The Great Chinese Travelers*, pp.175-200에서 찾을 수 있다. 벗지의 저작보다 더 이른 시기의 것으로는 노르만 맥린Norman Mclean의 연구 "An Eastern Embassy to Europe in the Years 1287-88", pp.299-312가 있다. 1888년에 시리아어 사본이 발견된 것에 대해서는 Pigulevskaia, pp.10-12 참고.

3 David Morgan, *The Mongols*, p.187.

4 푸스타트에 있던 중국의 자기에 대해서는 G. T. Scanlon, "Egypt and China: Trade and Imitation", in D. S. Richards, ed., *Islam and the Trade of Asia*, pp.81-95를 참고.

5 Friedrich Hirth and W. W. Rockhill, trans., *Chau Ju-kua: His Work on the Chinese and Arab Trade in the Twelfth and Thirteenth Centuries, Entitled Chu-fan-chi*, pp.195-197, pp.224-226; Edward H. Schafer, *The Golden Peaches of Samarkand*, pp.58-73, pp.170-171, p.173, pp.188-189.

6 보호 비용의 중요성에 대해서는 Niels Steensgaard, *Carracks, Caravans, and Companies: The Structural Crisis in the European-Asian Trade in the Early 17th Century*, pp.31-42 참고. 그리고 저자의 "The 'Decline' of the Central Asian Caravan Trade," in James D. Tracy, ed., *The Rise of Merchant Empires*, pp.357-

363 참고.

7   몽골의 정복에 대한 훌륭한 최근 연구는 Morgan, *Mongols*, pp.61-73에서 찾을 수 있다.

8   Vsevolod Slessarev, *Prester John: The Letters and the Legend*, p.4; 또한 George Lary, *The Medieval Alexander*(ed. by D. J. A. Ross)와 다소 특이한 L. N. Gumilev, *Searches for an Imaginary Kingdom: The Legend of the Kingdom of Prester John*(trans. by R. E. F. Smith), pp.107-128 참고.

9   Denis Sinor, "Un voyageur du treizième siècle: Le Dominicain Julien de Hongrie," pp.589-602는 율리언이 몽골 진영으로 단 한 번 여행을 했다고 주장한다. Igor de Rachewiltz, *Papal Envoys to the Great Khans*, p.41은 율리언이 1234~1235년 과 또 1237년에 여행을 했다고 주장한다.

10 A. A. Vasiliev, *History of the Byzantine Empire, 324-1453*, pp.527-529는 교황에 맞서기 위해 프리드리히 2세와 비잔틴제국 사이에 맺어진 연계를 논하고 있다.

11 생 루이에 대해서는 유명한 연구인 Jean Sire de Joinville, *Histoire de Saint Louis, Roi de France* 혹은 그의 *Histoire de Saint Louis*를 참고.

12 라틴어 원본의 가장 훌륭한 판본은 Anastasius van den Wyngaert, *Sinica Franciscana*, 1에서 찾을 수 있다.

13 Christopher Dawson, ed., *Mission to Asia*, pp.75-76.

14 Joseph Fletcher, "The Mongols: Ecological and Social Perspectives," p.14.

15 Dawson, *Mission*, pp.83-84.

16 Leonardo Olschki, *Marco Polo's Precursors*, p.44. 여행 기록의 전통에 대한 유용한 연구로는 Mary Campbell, *The Witness and the Other World: Exotic European Travel Writing, 400-1600* 참고.

17 Dawson, *Mission*, p.8.

18 Dawson, *Mission*, p.16.

19 Denis Sinor, "The Mongols and Western Europe," p.520; 앙드레의 사절단에 대해 서는 Paul Pelliot, *Les Mongols et la Papauté*, Section 3 참고.

20 Jean Richard, "The Mongols and the Franks," pp.48-49; 생 캉탱의 시몬Simon of Saint-Quentin은 아스켈리누스의 사절단에 합류했고, 이 여행에 대한 기록을 남겼다. 시몬에 대해서는 Gregory G. Guzman, "Simon of Saint-Quentin and the Dominican Mission of the Mongol Baiju: A Reappraisal," pp.232-249; "Simon of Saint-Quentin as Historian of the Mongols and the Seljuk Turks," pp.155-178; "The Encyclopedist Vincent of Beauvais and His Mongol Extracts from John of Plano Carpini and Simon of Saint-Quentin," pp.287-307 참고.

21 Bernard Lewis, "Egypt and Syria" in Bernard Lewis, P. M. Holt, and Ann K. S. Lambton, eds., *The Cambridge History of Islam*, 1: p.208.

22 Constantin Mouradgea d'Ohsson, *Histoire des Mongols, depuis Tchinguiz-khan jusqu'à Timour-Bey ou Tamerlan*, 2: pp.236-241; Eric Voegelin, "The Mongol Orders of Submission to European Powers, 1245-1255," pp.379-380.

23 Sinor, "The Mongols," p.522; Steven Runciman, *A History of the Crusades*. Volume 3: *The Kingdom of Acre*, pp.225-258.

24 de Rachewiltz, *Papal Envoys*, pp.122-123.

25 William W. Rockhill, trans., *The Journey of William of Rubruck to the Eastern Parts of the World*는 그의 여행 기록에 대한 번역을 제공한다. 새로운 번역본인 Peter Jackson and David Morgan, eds., *The Mission of Friar William of Rubruck* 또한 이 책의 보완을 위해 활용되어야 할 훌륭한 참고문헌을 제공하고 있다.

26 Jackson and Morgan, *Mission*, p.46.

27 Jackson and Morgan, *Mission*, p.48.

28 Robert Bedrossian, "The Turco-Mongol Invasions and the Lords of Armenia in the 13th-14th Centuries," pp.22-41; 또한 John A. Boyle, "The Journey of Het'um I, King of Little Armenia, to the Court of the Great Khan Möngke," pp.178-179 도 참고.

29 John A. Boyle, ed., *The Cambridge History of Iran*. Volume 5: *The Saljuq and Mongol Periods*, p.349. 칼리프의 죽음을 언급한 또 다른 내용은 훌레구가 금과 은으로 가득한 공간에 그를 가두어두고 굶어 죽게 했다고 전한다. 이 서술은 매우 의심스럽다. 이 주제에 관한 유용한 연구는 John A. Boyle, "The Death of the Last 'Abbāsid Caliph: A Contemporary Muslim Account," pp.145-161이다.

30 이 계승분쟁의 영향에 대해서는 Morris Rossabi, *Khubilai Khan: His Life and Times*, pp.46-62 참고.

31 John Masson Smith, "'Ayn Jālūt: Mamlūk Success or Mongol Failure?" pp.307-345는 예전의 문헌들에서 찾을 수 있는 것과는 다른 새롭고 더욱 확실한 해석을 보여주고 있다. 그리고 저자가 *Khubilai Khan*을 쓸 때 너무 많이 의존했던 라시드 앗딘의 서술 내용을 바로잡고 있다.

32 Smith, "'Ayn Jālūt," pp.332-335에서는 몽골족에게 적합하지 않은 지역에서 초원의 전술을 계속 활용한 것으로 인해 대체적으로 실패했다고 믿고 있다. 예를 들면, 시리아에는 몽골의 말에게 필요한 물과 풀이 충분하지 않았다.

33 B. Grekov and A. Iakoubovski, *La Horde d'Or*(trans. by François Thuret), pp.74-82; Charles J. Halperin, *Russia and the Golden Horde*, pp.27-29; Bertold

Spuler, *Die Goldene Horde: Die Mongolen in Russland, 1223-1502*, pp.38-45.

34   Boyle, *Cambridge History of Iran*, pp.356-360.

35   Rossabi, *Khubilai Khan*, pp.70-95.

36   David Morgan, "The Mongols and the Eastern Mediterranean," p.203; Richard, "Mongols and Franks," p.51; 십자군 공동체들에 대해 더욱 많은 견해를 얻기 위해서는 Runciman, *History of the Crusades*, pp.362-367을 참고. 몽골족에 대한 유럽인들의 태도에 대해 더 다룬 것으로는 Peter Jackson, "The Crusade Against the Mongols"를 참고.

37   C. Brunel, "David d'Ashby, auteur méconnu des *Faits des Tartares*," pp.39-46; Jean Richard, *La Papauté et les missions d'orient au moyen âge(xiii-xiv siècles)*, pp.90-103.

38   de Rachewiltz, *Papal Envoys*, p.151.

39   Robert Chazan, *Daggers of Faith: Thirteenth-Century Christian Missionizing and Jewish Response*, p.2.

40   이 시대에 중앙아시아를 여행한 중국 여행가들의 기록에 관해서는 Emil Bretschneider, *Mediaeval Researches from Eastern Asiatic Sources* 참고.

41   옹구드족에 관한 자료에 대해서는 Igor de Rachewiltz, "The Secret History of the Mongols," 16: p.59, n.182 참고.

42   Igor de Rachewiltz, "Turks in China Under the Mongols: A Preliminary Investigation of Turco-Mongol Relations in the 13th and 14th Centuries," in Morris Rossabi, ed., *China Among Equals*, pp.289-292.

43   Budge, *Monks*, p.39; J. M. Fiey, *Chrétiens syriaques sous les Mongols*, 1: pp.9-176도 참고. 그리고 중국에 온 유럽인 여행가들에 관해서는 Henry Yule, *Cathay and the Way Thither*(rev. by Henri Cordier)를 참고.

44   네스토리우스교에 관한 훌륭한 참고문헌 목록은 Matti Moosa in Mircea Eliade, ed., *The Encyclopedia of Religion*, 10: p.372에 있다.

45   Alphonse Mingana, *The Early Spread of Christianity in Central Asia and the Far East*, pp.9-10.

46   de Rachewiltz, *Papal Envoys*, p.136; 인용은 Budge, *Monks*, p.32에서 가져온 것이다.

47   Budge, *Monks*, p.37.

48   Budge, *Monks*, p.126.

49   A. C. Moule, *Christians in China Before the Year 1550*과 Paul Pelliot, *Recherches sur les chrétiens d'Asie centrale et d'Extrême-Orient*는 네스토리우스교 관습에

대한 유용한 소개를 제공하고 있다.

50 Budge, *Monks*, p.127.

51 Pelliot, *Recherches*, p.249에서는 "두 번의 결혼", 즉 중혼은 중동 출신의 네스토리우스교도들의 특징이었다고 서술한다. 사우마와 동시대 사람이었던 바르 헤브라에우스(1225/1226~1286)는 유대인 의사의 아들이었지만, 스스로 야콥파 기독교로 개종했고 결국에는 그 교단의 주교가 되었다. 헤브라에우스는 분명히 사우마와 그의 여행 동료 바르 마르코스를 만났는데, 그들이 위구르족이었다고 잘못 인식하고 있었다. 바르 헤브라에우스의 역사 저술은 많은 저술이 사우마를 옹구드족이 아니라 위구르족으로 언급하는 데에 큰 영향력을 끼쳤다. E. A. Wallis Budge, *The Chronography of Gregory Ab'ûl Faraj: the Son of Aaron, the Hebrew Physician Commonly Known as Bar Hebraeus*, 1: p.492 참고.

52 이 단락에서 활용한 자료에 대해서는 저자의 *Khubilai Khan* 1장 참고.

53 소르각타니에 대해서는 Morris Rossabi, "Khubilai Khan and the Women in His Family," in W. Bauer, ed., *Studia Sino-Mongolica: Festschrift für Herbert Franke*, pp.158-162 참고.

54 John A. Boyle, trans., *The Successors of Genghis Khan*, p.212.

55 Owen Lattimore, "A Ruined Nestorian City in Inner Mongolia," in Owen Lattimore, *Studies in Frontier History*, pp.221-240; 또한 H. D. Martin, "Preliminary Report on Nestorian Remains North of Kuei-hua, Sui-yuan," pp.232-249; Ch'en Yüan, "On the Damaged Tablets Discovered by Mr. D. Martin in Inner Mongolia," pp.250-256 참고.

56 Budge, *Monks*, p.132.

2 예루살렘을 향하여

1 Charles J. Halperin, "Russia in the Mongol Empire in Historical Perspective," p.250; 이 갈등에 대한 추가적인 세부 내용은 Bertold Spuler, *Die Goldene Horde: Die Mongolen in Russland, 1223-1502*, pp.41-49와 B. Grekov and A. Iakoubovski, *La Horde d'Or*(trans. by François Thuret), pp.76-82 참고.

2 이 충돌을 바라보는 한 관점에 관해서는 John A. Boyle, trans., *The Successors of Genghis Khan*, pp.248-265를 참고.

3 Morris Rossabi, "The 'Decline' of the Central Asian Caravan Trade," pp.354-355. 또 다른 종교인 이슬람교에서 종교 순례의 중요성에 관해서는 Dale Eickelman and

James Piscatori, eds., *Muslim Travellers*, pp.5-21 참고.

4   Luke 18: p.21.

5   Henry Yule, *Cathay and the Way Thither*, 3: p.164.

6   Niels Steensgaard, *Carracks, Caravans, and Companies: The Structural Crisis in the European-Asian Trade in the Early 17th Century*, pp.17-21.

7   E. A. Wallis Budge, trans., *The Chronography of Gregory Ab'ûl Faraj: the Son of Aaron, the Hebrew Physician Commonly Known as Bar Hebraeus*, 1: p.492

8   James A. Montgomery, trans., *The History of Yaballaba III*, p.21; E. Gismondi, *Amri et Slibae de patriarchis Nestorianium commentaria*, 1: pp.3-4.

9   A. C. Moule and Paul Pelliot, *Marco Polo: The Description of the World*, 1: p.79.

10 Paul Pelliot, *Recherches sur les chrétiens d'Asie centrale et d'Extrême Orient*, pp.256-258은 이러한 해석에 이의를 제기한다.

11 Louis Ligeti, *Monuments en écriture 'Phags-pa: pièces de chancellerie en transcription chinoise*, pp.109-116은 이러한 패자의 예들을 보여주고 있다.

12 이러한 역참에 대해서는 Peter Olbricht, *Das Postwesen in China unter der Mongolenherrschaft im 13. und 14. Jahrhundert*와 Haneda Tōru, *Genchō ekiden zakko* 참고.

13 Michael Loewe, *Records of Han Administration*, 1: p.48.

14 Moule and Pelliot, *Marco Polo*, 1: p.248.

15 예를 들면, Louis Hambis, "Notes sur l'histoire de Corée a l'époque mongole," pp.151-218과 Inaba Shoju, trans., "The Lineage of the Sa skya pa: A Chapter of the Red Annals," pp.109-110을 참고.

16 Pelliot, *Recherches*, p.260.

17 아이 부카의 아들인 쿠르구즈Körgüz는 마르코 폴로의 기록에서 "왕자 조르지Prince George"로 등장하는데, 그는 결국 쿠빌라이의 손녀인 훌답적미실忽答的迷失와 혼인했고 그녀가 사망한 후에는 쿠빌라이의 증손녀인 애아실리愛牙失里(저자는 애아미실이라고 적었지만, 이는 애아실리의 오류이다. 『원사元史』를 참고하여 수정했다.—옮긴이)와 혼인했다. 그리고 그는 나중에 대도의 대주교가 되는 프란체스코회 선교사 몬테 코르비노의 존에 의해 가톨릭교로 개종했다. Christopher Dawson, ed., *Mission to Asia*, pp.225-227 참고.

18 J. B. Chabot, "Histoire du Patriarche Mar Jabalaha III et du moine Rabban Çauma," p.586.

19 Moule and Pelliot, *Marco Polo*, 1: pp.150-151. 탕구트족 혹은 서하에 관해 더욱 자세한 것은 Ruth Dunnell, "Who are the Tanguts?" pp.78-89와 *Tanguts and the*

Tangut State of Ta Hsia 참고. 그리고 E. I. Kychanov, *Ocherk Istorii Tangutskogo Gosudarstva*도 참고.

20 E. A. Wallis Budge, trans., *The Monks of Kûblâi Khân, Emperor of China*, p.138.

21 Henry Yule, trans., *The Book of Ser Marco Polo*, 1: p.197.

22 호탄과 관련된 초기 문헌의 일부 번역은 Jean Pierre Abel-Rémusat, *Histoire de la ville de Khotan* 참고. 서방으로 가는 교역로에서 차지하는 중요성에 대해서는 Denis Sinor, ed., *Cambridge History of Inner Asia*를 위해 준비한 Morris Rossabi, "Trade Routes in Inner Asia"를 참고. 그리고 호탄의 이후 역할에 대해서는 Morris Rossabi, "Ming China's Relations with Hami and Central Asia, 1404-1513: A Re-examination of Traditional Chinese Foreign Policy"를 참고.

23 James Legge, trans., *A Record of Buddhistic Kingdoms*, pp.17-18.

24 Roy A. Miller, *Accounts of Western Nations in the History of the Northern Chou Dynasty*, p.11.

25 호탄에 대한 추가적인 기록은 Emil Bretschneider, *Mediaeval Researches from Eastern Asiatic Sources*, pp.47-49, pp.246-250을 참고.

26 Moule and Pelliot, *Marco Polo*, 1: p.147.

27 그러나 다른 여행 기록 혹은 지리지에서처럼 괴상한 이야기가 실려 있지는 않다. 예를 들면, Guy Le Strange, trans., *The Geographical Part of the Nuzhat-al-Qulub Composed by Hamd-Allah Mustawfi of Qazwin in 740(1340)*, p.280에 실린 기록을 살펴보라. "호탄 지방에는 … 여기에 골짜기가 있다. … 그리고 이 골짜기에 높은 길이 분명히 만들어져 있다. … 누군가 이 길을 통과하면서 평탄한 길에서 벗어나 방랑하게 되면, 그의 숨결은 이 주변의 땅에서 발생하는 수증기에 덮이게 되고 그는 죽게 된다."

28 Morris Rossabi, *Khubilai Khan: His Life and Times*, pp.106-110은 추가적인 세부 내용을 보여준다.

29 Moule and Pelliot, *Marco Polo*, 1: p.143.

30 이 도시의 네스토리우스교에 관해서는 Paul Pelliot, *Notes on Marco Polo*, 1: p.209와 M. Aurel Stein, *Ancient Khotan*, 1: pp.71-72 참고.

31 유라시아 역사에서 이 전투의 중요성을 보여주는 뚜렷한 연구가 없다.

32 Chabot, "Histoire du Patriarche," p.592.

33 Albert von Le Coq, *Buried Treasures of Chinese Turkestan*(trans. by Anna Barwell), p.155. 또한 Yule, *Book of Ser Marco Polo*, 1: p.197도 참고.

34 Ann. K. S. Lambton, *Landlord and Peasant in Persia*, p.92.

35 Lambton, *Landlord*, p.77은 농민들의 상황에 대한 간결한 서술을 제공하고 있다.

36 David Morgan, *Medieval Persia, 1040-1797*, p.65.

37 Le Strange, *Geographical Part*, p.189; Guy Le Strange, *The Lands of the Eastern Caliphate*, pp.388-390; Bernard Lewis, P. M. Holt, and Ann K. S. Lambton, eds., *The Cambridge History of Islam*, 1: pp.145-147.

38 John A. Boyle, trans., *The History of the World Conqueror*, 2: p.501.

39 John A. Boyle, ed., *The Cambridge History of Iran*. Volume 5, p.338.

40 W. Barthold, *An Historical Geography of Iran*(trans. by Svat Soucek), pp.102-103.

41 H. A. R. Gibb, trans., *Ibn Battuta: Travels in Asia and Africa, 1325-1354*, p.177. 이븐 바투타의 여행에 대한 최근의 다채로운 서술로는 Ross E. Dunn, *The Adventures of Ibn Battuta* 참고.

42 Le Strange, *Lands*, p.389.

43 Aydin Sayili, *The Observatory in Islam*, pp.193-195. 천문대 유적의 사진은 Morgan, *The Mongols*, p.153에 있다.

44 Chabot, "Histoire du Patriarche," p.596; Gismondi, *Amri et Slibae*, pp.3-4.

45 바그다드의 전성기에 대해서는 Gaston Wiet, *Baghdad: Metropolis of the Abbasid Caliphate*(trans. by Seymour Feiler)를 참고. 13세기 후반의 쇠퇴에 대해서는 Janet Abu-Lughod, *Before European Hegemony: The World System, A.D. 1250-1350*, pp.195-196을 참고. 또한 이 도시에 대한 더욱 많은 내용은 Keith Weissman, "Mongol Rule in Baghdad, 1258-1301" 참고.

46 Jean Maurice Fiey, *Chrétiens syriaques sous les Mongols*, p.90, p.95; 저자는 Jean Maurice Fiey의 *Mossoul chrétienne*는 참고하지 못했다.

47 Moule and Pelliot, *Marco Polo*, 1: p.100.

48 Fiey, *Chrétiens*, p.35.

49 Laurence E. Browne, *The Eclipse of Christianity in Asia*, pp.155-156.

50 Jean Maurice Fiey, *Communautés syriaques en Iran et Irak des origines à 1552*, 7: p.413은 마르코스가 최후에 이곳에 묻혔다고 서술한다.

51 Budge, *Monks*, pp.143-144.

52 Chabot, "Histoire du Patriarche," pp.598-599.

53 David Morgan, "The Mongols and the Eastern Mediterranean," p.204; 반이슬람 성향을 지닌 이 사건에 대해서는 Budge, *Bar Hebraeus*, 1: p.447 참고.

54 Barthold, *Historical Geography*, pp.217-219; 또한 Bertold Spuler, "La situation de l'Iran a l'époque de Marco Polo," in *Oriente Poliano*, p.126도 참고.

55 Ross E. Dunn, *The Adventures of Ibn Battuta*, p.100.

56 Le Strange, *Lands*, p.160.

57 H. A. R. Gibb, trans., *Ibn Battuta: Travels in Asia and Africa, 1325-1354*, p.101. 또한 Karl Jahn, *Täbris*도 참고.

58 Moule and Pelliot, *Marco Polo*, 1: p.104.

59 Le Strange, *Geographical Part*, p.80. 예를 들면, 타브리즈에 세계 각지에서 온 외국인이 모이면서 "전통적인 중동의 요소들과 중국식 무늬가 혼합"된 비단 직물이 생산되기에 이르렀다(Anne E. Wardwell, "*Panni Tartaricis*: Eastern Islamic Silks Woven with Gold and Silver, 13th and 14th Centuries," p.110). 이 직물은 이탈리아, 스페인, 유럽의 다른 지역들로 수출하기 위해 제작되었다. 이러한 직물 중 일부의 훌륭한 삽화가 와드웰Wardwell의 논문에 들어가 있다.

60 Luciano Petech, "Les marchands italiens dans l'empire mongol," p.560.

61 Dawson, *Mission*, p.229.

62 이 지역 전체의 기독교 교회들의 엄청난 규모에 대해서는 Fiey, *Communautés syriaques*, p.281 참고.

63 J. Spencer Trimingham, *Christianity Among the Arabs in Pre-Islamic Times*, pp.164-170.

64 Chabot, "Histoire du Patriarche," p.600.

65 Sirarpie Der Nersessian, *The Armenians*, p.37.

66 Sirarpie Der Nersessian, *Armenia and the Byzantine Empire*, pp.8-10.

67 Der Nersessian, *The Armenians*, p.40.

68 아르메니아-몽골의 친밀한 관계에 대해서는 John A. Boyle, "The Journey of Het'um I, King of Little Armenia, to the Court of the Great Khan Möngke," pp.175-189를 참고.

69 Der Nersessian, *The Armenians*, p.110.(이 건물에 대해서는 M. F. Brosset, *Les ruines d'Ani* 참고)

70 Budge, *Monks*, p.147.

71 William Emhardt and George Lamsa, *The Oldest Christian People*, pp.58-60. 또한 Aubrey Vine, *The Nestorian Churches*, pp.16-30도 참고.

72 Chabot, "Histoire du Patriarche," p.601.

73 Chabot, "Histoire du Patriarche," p.601.

74 Budge, *Monks*, p.147.

75 Chabot, "Histoire du Patriarche," p.605. 그의 선출이 지닌 중요성에 대해서는 N. V. Pigulevskaia, *Istoriia Mar Iabalakhi i Rabban Saumy*, pp.6-7을 참고.

76 Chabot, "Histoire du Patriarche," p.606.

77　Budge, *Monks*, p.154.

78　Budge, *Monks*, p.155.

79　David Morgan, *Medieval Persia*, p.68은 아바카가 "그의 텐트에서 술을 잔뜩 마시고 아마 술에 의한 환각을 뜻하는 몽골식 표현인, 존재하지도 않는 검은색 새에 대해서 알아들을 수 없는 말을 하더니 한밤중에 사망했다"라고 서술한다. 맘루크 왕조와의 관계에 대해서는 Reuven Amitai-Preiss, "In the Aftermath of 'Ayn Jālūt: The Beginnings of the Mamlūk-Ïlkhānid Cold War"를 참고.

80　아흐마드의 통치에 대해서는 Bertold Spuler, *Die Mongolen in Iran*, pp.69-71 참고. 그리고 흥미로운 관점으로는 Budge, *Bar Hebraeus*, 1: pp.467-471 참고.

81　Boyle, *Cambridge History of Iran*, p.368.

82　Budge, *Bar Hebraeus*, 1: pp.472-473. 맘루크 왕조로 간 사절단에 대해서는 Adel Allouche, "Tegüder's Ultimatum to Qalāwūn," pp.1-21 참고. 이 논문은 맘루크 왕조로 간 아흐마드의 사절들이 전혀 우호적이지 않았다고 주장한다.

83　Chabot, "Histoire du Patriarche," p.76.

84　Budge, *Monks*, p.159.

85　Chabot, "Histoire du Patriarche," p.77.

86　Budge, *Monks*, p.161.

87　Boyle, *Cambridge History of Iran*, p.365.

88　Spuler, *Die Mongolen*, pp.71-72. 비록 아르군은 다른 사람들에게 그의 작은아버지를 처형하도록 허락했지만, "나는 그(아흐마드)를 죽이는 것에 간여하지 않을 것이다"라고 거짓으로 이야기를 했다고 전한다. Budge, *Bar Hebraeus*, 1: p.472.

89　Budge, *Monks*, p.162.

90　Chabot, "Histoire du Patriarche," p.79.

3 13세기 말의 몽골족과 무슬림, 유럽인

1　십자군 공동체에 대해서는 Jean Richard, *The Latin Kingdom of Jerusalem*(trans. by Janet Shirley) 참고.

2　John A. Boyle, "The Journey of Het'um I, King of Little Armenia, to the Court of the Great Khan Möngke", pp.178-181; 또한 Sirarpie Der Nersessian, "The Armenian Chronicle of the Constable Smpad or of the 'Royal Historians,'" pp.141-168도 참고. 쿠빌라이와 일 칸들과의 몇몇 접촉에 대해서는 Thomas Allsen, "Notes on Chinese Titles in Mongol Iran" 참고.

3　Igor de Rachewiltz, *Papal Envoys to the Great Khans*, p.151.

4　E. Tisserant, "Une lettre de l'Ilkhan Abaga adressée en 1268 au pape Clement IV," pp.547-556; 또한 Antoine Mostaert and Francis W. Cleaves, "Trois documents mongols des Archives secrètes vaticanes," pp.419-506도 참고. 클레멘스는 앙주의 샤를 편이었다. Geoffrey Barraclough, *The Medieval Papacy*, pp.118-121 참고.

5　Frederic C. Lane, *Venice: A Maritime Republic*, pp.73-77. 1261년에 제노바는 비잔틴제국을 도와 50년 동안 장기적으로 콘스탄티노플을 점령하고 있던 베네치아인들을 몰아냈고, 베네치아인들이 흑해에서 누리던 독점권도 타파했다. 제노바는 중앙아시아 혹은 옛 실크로드의 교역을 활용했고, 킵차크 칸국과 맘루크 왕조 사이에 이루어지던 노예무역의 중요한 중개자가 되었다.

6　Steven Runciman, *A History of the Crusades*. Volume 3, pp.337-339. 런치먼Runciman은 이 시기 유럽 국가들 사이의 관계에 관한 상세한 서술을 제공하고 있다.

7　Michael Prestwich, *Edward I*, pp.562-563.

8　Robert Chazan, *Daggers of Faith: Thirteenth-Century Missionizing and the Jewish Response*, p.45. 이와 동시에 필리프 4세 또한 프랑스에 있는 유대인들을 강제로 개종시키려고 했다. William C. Jordan, *The French Monarchy and the Jews from Philip Augustus to the Last Capetians*, p.180 참고.

9　Simon Lloyd, *English Society and the Crusades, 1216-1307*, pp.25-31; 1216년부터 1307년까지 십자군 공동체들의 기독교도들과 1291년 이후부터는 공동체에 남아 있는 사람들이 도움을 끌어내기 위해 51통의 서신을 보냈다. 그리고 아르메니아인과 몽골족도 군주들에게 서신을 썼으니 합계는 더 늘어나게 된다. 또한 C. Kohler and C. V. Langlois, "Lettres inédites concernant les Croisades(1275-1307)," pp.46-63 참고. 다른 기독교 지역들뿐만 아니라 십자군 공동체들도 자신들의 영역 내에 있는 무슬림 인구들을 지배했다. James Powell, ed., *Muslims Under Latin Rule*에 실린 다양한 논문을 참고.

10　Christopher Tyerman, *England and the Crusades, 1095-1588*, pp.124-128.

11　Prestwich, *Edward I*, pp.75-76.

12　John A. Boyle, ed., *The Cambridge History of Iran*. Volume 5, pp.356-360. 중앙아시아의 몽골 칸인 바라크Barakh는 일 칸국과 여러 번 영토분쟁을 일으켰다. 맘루크 왕조로부터의 즉각적 위협이 없는 상황에서 아바카는 바라크가 제기한 도전에 대응하면서 서쪽에 있는 무슬림들과의 분쟁은 잠시 제쳐놓을 수밖에 없었다. 전투가 지연되다가 몇 차례 교전 끝에, 두 칸의 군대는 1270년 7월에 만나게 되었고 아바카의 군대는 엄청난 승리를 거두었다. 이 승리로 약 1세기 동안 변경 지역이 비교적 평온

해졌다.

13 Prestwich, *Edward I*, p.82.

14 Horace K. Mann, ed., *The Lives of the Popes in the Middle Ages*, 17: pp.39-40.

15 Prestwich, Edward I, p.327. 웨일스에서 직면한 그의 일부 문제에 대해서는 R. R. Davies, *Domination and Conquest: The Experience of Ireland, Scotland, and Wales, 1100-1300*과 David Walker, *Medieval Wales*를 참고. 게다가 프랑스의 필리프 2세와 합스부르크의 루돌프는 리옹에 모습을 드러내지 않았다. 십자군에 대한 대중적이면서도 신뢰성 있는 연구로는 René Grousset, *Histoire des Croisades et du Royaume franc de Jérusalem* 참고.

16 A. A. Vasiliev, *History of the Byzantine Empire, 324-1453*, pp.584-590.

17 Mann, *Lives of the Popes*, 17: pp.40-42. 유럽의 종교 지도자들(심지어 몽골과의 정치적 협상에 다소 더 호의를 표시했던 교황 니콜라우스 3세가 1277년에 즉위한 이후에도)과 페르시아의 일 칸들은 서로 오해한 상태에서 소통하기 시작했다. 그들은 목표를 공유하지 않았고, 아마 상대방의 의도를 이해하지도 못했을 것이다.

18 Robert Fawtier, *The Capetian Kings of France: Monarchy and Nation(987-1328)*(trans. by Lionel Butler and R. J. Adam), pp.33-34.

19 E. A. Wallis Budge, trans. *The Chronography of Gregory Ab'ûl Faraj: The Son of Aaron, the Hebrew Physician Commonly Known as Bar Hebraeus*, 1: p.457. 맘루크 왕조의 술탄이 잠시 공백이 된 상황을 이용하지 못하게 되었다. 사실, 바이바르스는 죽기 직전에 소아시아에서 몽골족에게 파괴적인 타격을 가했던 것이다. 셀주크 튀르크족에 대한 통제를 유지하기 위해 아불루스탄Abulustan에 주둔하던 몽골 군대는 1277년 4월 바이바르스에게 격퇴되어 참패했다. 이 재앙에 가까운 패배를 알게 된 아바카는 곧바로 소아시아로 출발했는데, 아주 최소한의 복수라도 하려는 의도를 가지고 있었다. Mann, *Lives of the Popes*, 17: pp.41-42 참고.

20 Budge, *Bar Hebraeus*, 1: p.465.

21 비잔틴제국에 대한 침략을 확실히 허락하기 위해서 샤를은 리옹공의회에서 협상한 가톨릭교와 정교회의 연합을 무너뜨려야 할 필요가 있었다. 1280년 8월에 교황 니콜라우스 3세가 사망하면서 샤를은 자신이 지지했던 프랑스인을 이듬해 2월에 교황(마르티누스 4세로 불리게 된다)으로 즉위시키는 것을 밀어붙였다. 1281년 10월 마르티누스 4세는 미카엘을 파문했고, 이로 인해 두 교회 사이의 연합은 무산되었다. 샤를은 동방에서 자유재량권을 얻게 되었다. 그러는 동안 1281년 7월에 샤를은 베네치아와 오르비에토조약Treaty of Orvieto을 맺었는데, 이는 비잔틴제국에 대한 연합 원정을 요구하는 것이었다. 샤를의 군대는 베라트Berat(현재 알바니아에 위치)에서 벌어진 최초의 충돌에서 비잔틴제국에 패배했지만, 단념하지 않았다. 그는 비잔틴제

국을 공격하여 점령할 의도를 가지고 있었다. 이 사건들에 대한 더욱 세부적 내용은 Donald M. Nicol, *Byzantium and Venice*, pp.195-206을 참고.

22 Lloyd, *English Society*, p.32. 유럽의 국왕과 그들의 자손 사이의 혼인은 꽤 흔한 일 이었다. 에드워드의 숙모 마거리트는 생 루이와 혼인했고, 그래서 프랑스 왕 필리프 3세는 에드워드의 사촌이었다. 에드워드는 카스티야 왕인 알폰소 10세의 사위였고, 일찍이 그의 딸과 합스부르크가 루돌프의 아들과의 혼인을 제안했던 적이 있다. 일 칸들과의 혼인동맹은 단순히 이러한 패턴을 따랐던 것이다. 이로 인해 군사적, 정치 적 협력이 용이해졌다.

23 Lloyd, *English Society*, p.25.

24 Tyerman, *England and the Crusades*, p.231.

25 Mann, *Lives of the Popes*, 16: pp.443-446.

26 de Rachewiltz, *Papal Envoys*, pp.156-157.

27 Mann, *Lives of the Popes*, 17: pp.42-43.

28 E. Allison Peers, trans., *Blanquerna: A Thirteenth-Century Romance of Ramon Lull*, p.325; 또한 Devin DeWeese, "The Influence of the Mongols on the Religious Consciousness of Thirteenth-Century Europe," pp.60-62도 참고.

29 Denis Sinor, "Interpreters in Medieval Inner Asia," pp.318-319.

4 몽골제국의 사절단, 서유럽으로 출발하다

1 E. A. Wallis Budge, trans. *The Chronography of Gregory Ab'ûl Faraj: The Son of Aaron, the Hebrew Physician Commonly Known as Bar Hebraeus*, 1: pp.475-476.

2 E. A. Wallis Budge, trans., *The Monks of Kûblâi Khân, Emperor of China*, p.165.

3 Budge, *Monks*, p.166.

4 이러한 생략은 이 시대의 사절단들과 여행가들이 남긴 다수의 다른 기록과는 현저하게 대조되는 부분이다. 예를 들면, Jean Richard, *La Papauté et les missions d'orient au moyen âge(xiii-xiv siècles)*와 Ross E. Dunn, *The Adventures of Ibn Battuta* 참고.

5 Luciano Petech, "Les marchands italiens dans l'empire mongol," p.561. 동아시아 의 몽골 궁정에 있던 또 다른 유럽인에 관해서는 매력적인 책인 Leonardo Olschki, *Guillaume Boucher: A French Artist at the Court of the Khans*를 참고.

6 Jean Sauvaget, "Caravansérails syriens du moyen-âge," pp.98-121 참고. 인용 은 Arminius Vambery, *History of Bokhara from the Earliest Period down to*

the Present, p.137에서 가져온 것이다. 이 시기의 여행을 촉진했던 다른 시설들에 대해서는 Morris Rossabi, "The 'Decline' of the Central Asian Caravan Trade," pp.353-354 참고.

7   Budge, *Monks*, p.167.

8   George Hourani, *Arab Seafaring in the Indian Ocean in Ancient and Early Medieval Times*, p.113.

9   John Beckwith, *The Art of Constantinople: An Introduction to Byzantine Art*, pp.29-30, p.134.

10 David Talbot Rice, *Byzantine Art*, p.56.

11 Angeliki Laiou, *Constantinople and the Latins: The Foreign Policy of Andronicus II, 1282-1328*, p.7. A. A. Vasiliev, *History of the Byzantine Empire, 324-1453*, p.583에서는 훗날 안드로니쿠스 2세의 부적절한 대외정책을 통해 판단한 견해를 제시하면서 박학다식한 안드로니쿠스 2세는 지도자가 아니라 교수가 되었어야 했다고 주장한다. Kenneth Setton, "The Papacy and the Levant(1204-1571)," 114: p.149 참고.

12 Bruce Lippard, "The Mongols and Byzantium, 1243-1341," p.192.

13 Budge, *Monks*, p.168.

14 Lord Kinross, *Hagia Sophia*, p.38.

15 Leonardo Olschki, *Marco Polo's Asia*, p.219.

16 Olschki, *Marco Polo's Asia*, p.224.

17 A. C. Moule, *Christians in China Before the Year 1550*, p.141. 중국에 있는 더욱 규모가 큰 기독교 공동체 중 하나에서도 상대적으로 기독교도 가문이 적다는 그의 통계(pp.161-163)에도 주목하라.

18 Budge, *Monks*, pp.169-170. 유명한 무슬림 여행가인 이븐 바투타도 약 40년 후에 하기아 소피아를 방문했지만, "십자가 앞에서 엎드려야만 했기 때문에 안으로 들어가지는 않았다."(Dunn, *Ibn Battuta*, p.171).

19 J. B. Chabot, "Histoire du Patriarche Mar Jabalaha III et du moine Rabban Çauma," p.86. Kinross, *Hagia Sophia*, p.21에 따르면 콘스탄티누스는 "이 도시의 네 번째 언덕에 그가 12사도(그리고 콘스탄티누스의 계승자들)를 위해 지어놓은 영묘에 매장되었다." 그래서 랍반 사우마는 하기아 소피아에서 그의 무덤을 볼 수 없었던 것이다. 네스토리우스교 성직자는 하기아 소피아가 가장 훌륭할 때 그것을 목격했음이 분명한데, 그 이유는 콘스탄티노플에 그가 도착하기 겨우 20년 전에 미카엘 팔라에올로구스가 그 건축물을 재건했기 때문이다. Deno John Geanakoplos, *Emperor Michael Palaeologus and the West, 1258-1282: A Study in Byzantine-Latin Re-*

lations, p.124를 참고.

20 Budge, *Monks*, p.169.

21 윌리엄과 존의 여행에 대해서는 Christopher Dawson, ed., *Mission to Asia*를 참고. 마르코 폴로가 주로 몽골 엘리트들을 상대했다는 주장에 대해서는 Richard Humble, *Marco Polo*, p.222를 참고.

22 Dunn, *Ibn Battuta* 참고.

23 Chabot, "Histoire du Patriarche," p.86. 1204년부터 1261년까지 콘스탄티노플을 지배하는 동안 베네치아인들은 이 도시에서 이러한 유물들을 다른 곳으로 실어가버렸다.

24 Olschki, *Marco Polo's Asia*, p.153; A. C. Moule and Paul Pelliot, *Marco Polo: The Description of the World*, 1: p.432.

25 J. Spencer Trimingham, *Christianity Among the Arabs in Pre-Islamic Times*, pp.235-242.

26 Budge, *Monks*, p.170.

27 Budge, *Monks*, p.171. 13세기 말과 14세기 초의 몇몇 교황은 시칠리아를 지원한 아라곤 왕에 대항하기 위해서, 나폴리왕국을 지지하기 위한 십자군에 유럽의 군주들과 이탈리아 도시국가들이 합류할 것을 설득했다. Norman Housley, *The Italian Crusades*, pp.1-5 참고.

28 Budge, *Monks*, p.171.

29 Horace K. Mann, ed., *The Lives of the Popes in the Middle Ages*, 16: pp.369-379.

30 예를 들면, 명 조정이 중앙아시아에서 온 사절에게 요구했던 사항을 참고하라(K. M. Maitra, *A Persian Embassy to China*, pp.60-61에 서술).

31 Budge, *Monks*, p.172.

32 Robert Brentano, *Two Churches: England and Italy in the Thirteenth Century*, p.282에서는 많은 장소가 새롭게 창설된 도미니크회 교단으로 전환되었다고 서술한다. 산타 사비나의 현재 상황에 대해서는 *Michelin: Rome*, p.194 참고.

33 Mann, *Lives of the Popes*, 17: p.5.

34 Budge, *Monks*, p.173. Jean Richard, "La mission en Europe de Rabban Çauma et l'union des églises," pp.162-164에서는 랍반 사우마와 추기경들 사이의 대화가 서투른 통역 때문에 제대로 이루어지지 못했다고 서술한다.

35 Matti Moosa, "Nestorian Church," in Mircea Eliade, ed., *The Encyclopedia of Religion*, 10: p.369; E. Tisserant, "Nestorienne(L'église)," in Alfred Vacant and Eugene Mangenot, eds., *Dictionnaire de théologie catholique*, 11: pp.207-218.

36 Budge, *Monks*, pp.173-174.

37 Budge, *Monks*, p.174.

38 네스토리우스교 신앙과 성 토마스의 아시아인에 대한 시각을 둘러싼 훌륭한 검토로
는 A. C. Moule, *Christians in China Before the Year 1550*, pp.22-26 참고. 중국
과 중앙아시아에서 네스토리우스교 유적이 최근 일부 발견된 것과 몇몇 유용한 네스
토리우스교 자료에 대한 간략한 조사로는 Kahar Barat, "Old Uyghur Christianity
and the Bible," pp.12-25 참고.

39 Budge, *Monks*, p.177.

40 Budge, *Monks*, p.177.

41 Budge, *Monks*, p.178.

42 Loretta Santini, *Rome and Vatican*, p.89.

43 Bartolomeo Nogara, *Les Trésors d'Art du Vatican*, p.39.

44 Santini, *Rome and Vatican*, p.92.

45 Chabot, "Histoire du Patriarche," p.97.

46 Budge, *Monks*, pp.178-179.

47 프랑스 군주와 교황 사이에 발생한 동시대와 그 이후 시대의 갈등에 대해서는 Rob-
ert Fawtier, *The Capetian Kings of France: Monarchy and Nation(987-1328)*,
pp.37-38; Charles T. Wood, ed., *Philip the Fair and Boniface VIII: State vs. Pa-
pacy*; Charles T. Wood, *The French Appanages and the Capetian Monarchy*, p.81
참고.

48 Cecilia Pericoli Ridolfini, *St. Paul's Outside the Walls: Rome*, p.7.

49 Ridolfini, *St. Paul's*, p.11.

50 Ridolfini, *St. Paul's*, p.16. 또한 Robert Brentano, *Rome Before Avignon*, p.67도
참고.

51 Acts 7: pp.54-60; 8: pp.1-3.

52 George Ferguson, *Signs and Symbols in Christian Art*, p.143.

53 Ferguson, *Signs*, pp.137-138.

54 쇠사슬의 산 피에트로 대성당의 현재 상황에 대해서는 *Michelin: Rome*, p.132 참고.

55 Budge, *Monks*, p.179.

56 Budge, *Monks*, p.180. 또한 Brentano, *Rome Before Avignon*, pp.66-68도 참고.

57 *Michelin: Rome*, p.135.

58 Budge, *Monks*, p.180. 중세 시기 성물의 절도에 대해서는 흥미로운 연구인 Patrick
J. Geary, *Furta Sacra: Thefts of Relics in the Central Middle Ages* 참고. 랍반 사
우마의 기록에는 교회의 외관에 성모 마리아와 관련된 모자이크화가 있고, 그것이
초자연적인 힘을 가지고 있다고 알려진 점에 대해서는 언급되어 있지 않다. Brenta-

no, *Rome Before Avignon*, p.87 참고.

59 David Abulafia, *Italy, Sicily, and the Mediterranean, 1100-1400*, p.227.

60 David Waley, *The Italian City-Republics*, pp.21-22.

61 Benjamin Kedar, *Merchants in Crisis: Genoese and Venetian Men of Affairs and the Fourteenth-Century Depression*, p.6.

62 Lauro Martines, *Power and Imagination: City States in Renaissance Italy*, p.131.

63 황제 안드로니쿠스 2세 통치 시기(1282~1328)에 점점 약해지고 있던 비잔틴제국과 제노바의 관계에 대해서는 Michel Balard, *La Romanie Genoise(xii-début au xv siècle)*, 1: pp.55-69를 참고.

64 Ferguson, *Signs*, pp.128-129.

65 성당에 대해서는 Giuseppe Banchero, *Il Duomi di Genova; Chiese di Genova*, pp.63-82 참고. Carlo Ceschi, *Chiese di Genova*, pp.153-244에는 훌륭한 흑백사진들이 들어 있다. 그리고 Bartolomeo Pesce, *La Cattedrale di Genova*, pp.19-35도 참고.

66 Budge, *Monks*, p.181.

67 Chabot, "Histoire du Patriarche," p.105.

5 파리에서 다시 페르시아로

1 Robert Fawtier, *The Capetian Kings of France: Monarchy and Nation(987-1328)*, pp.32-35.

2 E. A. Wallis Budge, trans., *The Monks of Kûblâi Khân, Emperor of China*, p.183.

3 Michael Prestwich, *Edward I*, pp.324-325.

4 Prestwich, *Edward I*, p.324.

5 이 갈등에 대해서는 특히 Charles T. Wood, *Philip the Fair and Boniface VIII: State vs. Papacy*를 다시 참고.

6 Budge, *Monks*, p.183.

7 Gordon Leff, *Paris and Oxford Universities in the Thirteenth and Fourteenth Centuries*, p.9.

8 Hastings Rashdall, *The Universities of Europe in the Middle Ages*(new ed. by F. M. Powicke and A. B. Emden), 3: pp.325-331.

9 Joseph Strayer, ed., *Dictionary of the Middle Ages*, 9: p.405.

10 Leff, *Paris and Oxford Universities*, p.48.

11 Leff, *Paris and Oxford Universities*, p.9.

12 J. B. Chabot, "Histoire du Patriarche Mar Jabalaha III et du moine Rabban Çau-ma," p.107. 또한 Roger Bourderon, et al., *Histoire de St.-Denis*도 참고.

13 Alain Erlande-Brandeburg, *The Abbey Church of Saint-Denis*, p.17.

14 특히 당제국 시기의 것인 이러한 무덤 중 가장 중요한 것 대부분이 아직 발굴되지 않았지만, 발굴된 몇몇 무덤은 발굴되지 않은 나머지에 대한 욕구를 자극하고 있다.

15 Erlande-Brandeburg, *Abbey Church of Saint-Denis*, 도판 24-25.

16 Budge, *Monks*, p.184.

17 마르코 폴로의 누락에 대한 설명으로는 John W. Haeger, "Marco Polo in China: Problems with Internal Evidence," pp.22-30 참고.

18 Louis Grodecki, *Sainte-Chapelle*, pp.5-6.

19 Budge, *Monks*, p.185.

20 Grodecki, *Sainte-Chapelle*, pp.14-18.

21 Budge, *Monks*, p.185.

22 Budge, *Monks*, p.186.

23 Maurice Powicke, *The Oxford History of England: The Thirteenth Century, 1216-1307*, p.252; Simon Lloyd, *English Society and the Crusades, 1216-1307*, p.232; Christopher Tyerman, *England and the Crusades, 1095-1588*, p.235에서는 에드워드가 랍반 사우마에게 한 말인 "나는 몸에 십자가의 표식을 가지고 있다"를 인용하고 있다. 일 칸들과 에드워드 1세의 관계에 관한 더 많은 내용은 Laurence Lockhart, "The Relations between Edward I and Edward II of England and the Mongol Īl-Khāns of Persia," pp.26-29 참고.

24 Lloyd, *English Society*, pp.232-234.

25 Budge, *Monks*, p.184.

26 Prestwich, *Edward I*, p.84, pp.157-159.

27 Budge, *Monks*, p.186.

28 Budge, *Monks*, p.187.

29 Chabot, "Histoire du Patriarche," p.111.

30 Horace K. Mann, ed., *The Lives of the Popes in the Middle Ages*, 17: pp.6-7.

31 Mann, *Lives of the Popes*, 17: pp.9-11.

32 Chabot, "Histoire du Patriarche," p.113.

33 Budge, *Monks*, p.113.

34 Budge, *Monks*, p.191.

35 현재 위치에 관해서는 *Michelin: Rome*, pp.133-135 참고.

36 Budge, *Monks*, p.192.

37 Budge, *Monks*, p.191.

38 Budge, *Monks*, p.194.

39 Budge, *Monks*, pp.195-196. Mann, *Lives of the Popes*, 17: pp.47-48은 마르 야발라하에게 동방 기독교도에 대한 권위를 부여한 교황의 서신에 관한 증거를 찾지 못하고 있다.

40 F. Delorme and A. L. Tautu, eds., *Acta romanurum pontificum ab Innocentio V ad Benedictum XI, 1276-1304*, 3:5: t. 2, pp.124-125. 이러한 상황에서 그의 빈틈없는 태도는 "니콜라우스 4세는 성공적인 지도자가 되기에는 자질이 부족했다"(Mann, *Lives of the Popes*, 17: p.10)라고 종종 언급되는 주장과는 다른 모습이다.

41 Delorme and Tautu, *Acta*, p.127.

42 Delorme and Tautu, *Acta*, p.128.

43 Delorme and Tautu, *Acta*, pp.128-129.

44 하지만 기독교를 전공한 현대의 한 학자가 주장했던 것처럼, 당시 네스토리우스교와 서방 기독교 사이의 교리상의 차이점은 뚜렷하지 않았을 것이다. Christopher Dawson, ed., *Mission to Asia*, xxix 참고.

45 Delorme and Tautu, *Acta*, pp.135-136.

46 Delorme and Tautu, *Acta*, p.133.

47 M. H. Laurent, "Rabban Sauma, Ambassadeur de l'il-khan Argoun, et la cathédrale de Veroli," pp.331-365 참고.

48 번역으로는 Budge, *Monks*, p.197; N. V. Pigulevskaia, *Istoriia Mar Iabalakhi i Rabban Saumy*, pp.18-23 참고.

49 Budge, *Monks*, pp.198-199. 몽골의 요리법에 대해서는 Paul Buell, "Pleasing the Palate of the Qan: Changing Foodways of the Imperial Mongols" 참고.

50 John A. Boyle, ed., *The Cambridge History of Iran*. Volume 5, pp.371-372.

51 Antoine Mostaert and Francis W. Cleaves, *Les Lettres de 1289 et 1305 des Ilkhan Aryun et Ölǰeitü a Philippe le Bel*, p.18. 부스카렐은 자신의 서신에 이렇게 덧붙였다. "필요한 수의 말을 바다를 건너 운송하는 것이 어려울 것 같다는 말을 들은 아르군이 선물 혹은 적당한 비용으로 2~3만 마리의 동물들을 줄 용의가 있음을 필리프 4세에게 알렸다." John A. Boyle, *The Mongol World Empire, 1206-1370*, 13: p.560 참고. 또한 서신들의 원본으로는 Roland Bonaparte, *Documents sur l'époque mongole des xiii et xiv siècles*, 도판 14 참고.

52 Boyle, *Cambridge History of Iran*, p.372.

53 Steven Runciman, *A History of the Crusades*. Volume 3, pp.401-402. 1290년에 아르군은 차간Chaghan이라는 이름의 몽골인이 이끄는 또 다른 사절단을 교황에게 파

견했다. 1291년에 맘루크 왕조에 의해 아크레가 정복되었음을 막 알게 된 서방 세계의 종교 지도자는 이제 십자군을 요청할 준비가 된 것처럼 보였고, 차간을 통해 무슬림들에 대항하는 합동 공격을 아르군에게 요청하고자 했다. 그러나 차간이 귀환하기도 전에 아르군이 사망하면서 때가 너무 늦어져버렸다. Boyle, *Mongol World Empire*, 13: p.561 참고.

54 Mann, *Lives of the Popes*, 16: p.448.

55 Jean Richard, *The Latin Kingdom of Jerusalem*, 2: p.430. Joseph Needham, *Science and Civilisation in China*, 1: p.225에서는 "레반트의 십자군 성채가 제거되기 이전에 기독교도와 몽골의 동맹을 위한 마지막 노력이 이루어졌던, 불안의 최종 시기였다"고 적었다.

56 Budge, *Monks*, p.203; Pigulevskaia, *Istoriia Mar Iabalakhi*, p.9.

57 Budge, *Monks*, p.205.

58 Budge, *Monks*, p.206.

59 Budge, *Monks*, p.206.

60 James Hamilton, "Le texte turc en caractères syriaques du grand sceau cruciforme de Mār Yahballāhā III," pp.155-170을 참고.

61 Runciman, *History of the Crusades*, p.402.

참고문헌

Abel-Rémusat, Jean Pierre, *Histoire de la ville de Khotan.* Paris: Deboublet, 1820.

Abulafia, David. *Italy, Sicily, and the Mediterranean, 1100-1400.* London: Variorum Reprints, 1987.

Abu-Lughod, Janet. *Before European Hegemony: The World System, A.D. 1250-1350.* New York: Oxford University Press, 1989. (재닛 아부-루고드, 박흥식·이은정 옮김, 『유럽 패권 이전: 13세기 세계체제』, 까치, 2006.)

Allouche, Adel. "Tegüder's Ultimatum to Qalāwūn." *International Journal of Middle Eastern Studies* 22, 4(1990): pp.1-21.

Allsen, Thomas. "Notes on Chinese Titles in Mongol Iran." *Mongolian Studies* 14(1991): pp.27-39.

Amitai-Preiss, Reuven. "In the Aftermath of 'Ayn Jālūt: The Beginnings of the Mamlūk-Īlkhānid Cold War." *Al-Masāq* 3(1990): pp.1-21.

Amitai, Reuven. *Mongols and Mamluks: The Mamluk-Ilkhanid War, 1260-1281.* Cambridge: Cambridge University Press, 1995.

Balard, Michel. *La Romanie Genoise(xii-début au xv siècle).* 2 vols. Rome: École Française de Rome, 1978.

Banchero, Giuseppe. *Il Duomi di Genova.* Genova: Dai Fratelli Febrand Q. Giovanni, 1855.

Barat, Kahar. "Old Uyghur Christianity and the Bible." *American-Asian Review* 5, 2(Summer 1987): pp.12-25.

Barraclough, Geoffrey. *The Medieval Papacy.* London: Thames and Hudson, 1968.

Barthold, W. *An Historical Geography of Iran.* Trans. by Svat Soucek. Princeton: Princeton University Press, 1984.

Beckwith, John. *The Art of Constantinople: An Introduction to Byzantine Art.* London: Phaidon Press, 1967.

Bedrossian, Robert. "The Turco-Mongol Invasions and the Lords of Armenia in the 13th-14th Centuries." Columbia University Ph.D. dissertation, 1979.

Bonaparte, Roland. *Documents sur l'époque mongole des xiii et xiv siècles.* Paris, 1895.

Bourderon, Roger, et al. *Histoire de St.-Denis*. Paris: Privat, 1988.

Boyle, John A. *The History of the World Conqueror*. 2 vols. Manchester: Manchester University Press, 1958.

_____. "The Death of the Last 'Abbāsid Caliph: A Contemporary Muslim Account." *Journal of Semitic Studies* 6, 2(Autumn 1961): pp.145-161.

_____. "The Journey of Het'um, King of Little Armenia, to the Court of the Great Khan Möngke." *Central Asiatic Journal* 9, 3(1964): pp.175-189.

_____. *The Mongol World Empire, 1206-1370*. London: Variorum Reprints, 1977.

_____, ed. *The Cambridge History of Iran*. Volume 5: *The Saljuq and Mongol Periods*. Cambridge: Cambridge University Press, 1968.

_____, trans. *The Successors of Genghis Khan*. New York: Columbia University Press, 1971. (라시드 앗 딘, 김호동 역주, 『칸의 후예들』, 사계절, 2005. 이 책이 번역한 페르시아어 사료 원문에 기초한 한국어판이다.)

Brentano, Robert. *Rome Before Avignon*. New York: Basic Books, 1974.

_____. *Two Churches: England and Italy in the Thirteenth Century*. Reprint. Berkeley: University of California Press, 1988.

Bretschneider, Emil. *Mediaeval Researches from Eastern Asiatic Sources*. 2 vols. Reprint. New York: Barnes & Noble, 1967.

Broadbridge, Anne. *Kingship and Ideology in the Islamic and Mongol Worlds*. Cambridge: Cambridge University Press, 2008.

Brosset, M. F. *Les ruines d'Ani*. St. Petersburg, 1861.

Browne, Laurence E. *The Eclipse of Christianity in Asia*. New York: Howard Fertig, 1967.

Brunel, C. "David d'Ashby, auteur méconnu des *Faits des Tartares*." *Romania* 84(1958): pp.39-46.

Budge, E. A. Wallis, trans. *The Monks of Kûblâi Khân, Emperor of China*. London: Religious Tract Society, 1928.

_____. *The Chronography of Gregory Ab'ûl Faraj: the Son of Aaron, the Hebrew Physician Commonly Known as Bar Hebraeus*. 2 vols. London: Oxford University Press, 1932.

Buell, Paul. "Pleasing the Palate of the Qan: Changing Foodways of the Imperial Mongols." *Mongolian Studies* 13(1990): pp.57-81.

Campbell, Mary. *The Witness and the Other World: Exotic European Travel Writing, 400-1600*. Ithaca: Cornell University Press, 1988.

Ceschi, Carlo. *Chiese di Genova*. Genova: Stringa Editore, 1966.

Chabot, J. B. "Histoire du Patriarche Mar Jabalaha III et du moine Rabban Çauma." *Revue de l'orient latin* 1(1893): pp.567-610; 2, 1(1894): pp.73-142; 2, 2(1894): pp.235-304.

Chazan, Robert. *Daggers of Faith: Thirteenth-Century Christian Missionizing and Jewish Response*. Berkeley: University of California Press, 1989.

Ch'en Yüan. "On the Damaged Tablets Discovered by Mr. D. Martin in Inner Mongolia." *Monumenta Serica* 3(1937-1938): pp.250-256.

Chiese di Genova. Genova: Sagip Editrice, 1986.

Davies, R. R. *Domination and Conquest: The Experience of Ireland, Scotland, and Wales, 1100-1300*. Cambridge: Cambridge University Press, 1990.

Dawson, Christopher, ed. *Mission to Asia*. New York: Harper & Row, 1966.

Delorme, F., and A. L. Tautu, eds. *Acta romanurum pontificum ab Innocentio V ad Benedictum XI, 1276-1304*, 3:5:t. 2: pp.124-136. Rome: Codicem Fontes, 1954.

Der Nersessian, Sirarpie. *Armenia and the Byzantine Empire*. Cambridge, Mass.: Harvard University Press, 1947.

_____. "The Armenian Chronicle of the Constable Smpad or of the 'Royal Historians.'" *Dumbarton Oaks Papers* 13(1959): pp.141-168.

_____. *The Armenians*. London: Thames and Hudson, 1969.

DeWeese, Devin. "The Influence of the Mongols on the Religious Consciousness of Thirteenth-Century Europe." *Mongolian Studies* 5(1978-1979): pp.407-433.

Dunn, Ross. E. *The Adventures of Ibn Battuta*. Berkeley: University of California Press, 1986. (이븐 바투타 여행기의 한글어판으로는 이븐 바투타, 정수일 역주, 『이븐 바투타 여행기』 총2권, 창비, 2001.)

Dunnell, Ruth. "Who Are the Tanguts?" *Journal of Asian History* 18, 1(1984): pp.78-89.

_____. *Tanguts and the Tangut State of Ta Hsia*. Princeton University Ph.D. dissertation, 1983.

Eickelman, Dale, and James Piscatori, eds. *Muslim Travellers*. Berkeley: University of California Press, 1990.

Eliade, Mircea, ed. *The Encyclopedia of Religion*. 16 vols. New York: Macmillan, 1987.

Emhardt, William, and George Lamsa. *The Oldest Christian People*. New York: Macmillan, 1926.

Erlande-Brandeburg, Alain. *The Abbey Church of Saint-Denis*. Paris: Editions de la Tourolle, 1984.

Fawtier, Robert. *The Capetian Kings of France: Monarchy and Nation(987-1328)*. Trans. by Lionel Butler and R. J. Adam. London: Macmillan, 1960.

Ferguson, George. *Signs and Symbols in Christian Art*. New York: Oxford University Press, 1954.

Fiey, Jean Maurice. *Mossoul chrétienne*. Beirut, 1959.

_____. *Chrétiens syriaques sous les Mongols*. Louvain: Corpus Scriptorum Christianorum Orientalium, 1975.

_____. *Communautés syriaques en Iran et Irak des origines à 1552*. London: Variorum Reprints, 1979.

Fletcher, Joseph. "The Mongols: Ecological and Social Perspectives." *Harvard Journal of Asiatic Studies* 46, 1(June 1986): pp.11-50.

Franke, Herbert. "Additional Notes on Non-Chinese Terms in the Yuan Imperial Dietary Compendium *Yin-shan Cheng-yao*." *Zentralasiatische Studien* 4(1970): pp.7-16.

Geanakoplos, Deno John. *Emperor Michael Palaeologus and the West, 1258-1282: A Study in Byzantine-Latin Relations*. Cambridge, Mass.: Harvard University Press, 1959.

Geary, Patrick J. *Furta Sacra: Thefts of Relics in the Central Middle Ages*. 2nd ed. Princeton: Princeton University Press, 1990.

Gibb, H. A. R., trans. *Ibn Battuta: Travels in Asia and Africa, 1325-1354*. Reprint. New York: Augustus M. Kelley, 1969.

Gismondi, E. *Amri et Slibae de patriarchis Nestorianium commentaria*. 2 vols. Rome, 1896-1899.

Grekov, B., and Iakoubovski, A. *La Horde d'Or*. Trans. by François Thuret. Paris: Payot, 1939.

Grodecki, Louis. *Sainte-Chapelle*. 3rd ed. Paris: Caisse nationale des monuments historiques et des sites, 1979.

Grousset, René. *Histoire des Croisades et du Royaume franc de Jérusalem*. 3 vols. Paris: Librairie Plon, 1934-1936.

Gumilev, L. N. *Searches for an Imaginary Kingdom: The Legend of the Kingdom of Prester John*. Trans. by R. E. F. Smith. Cambridge: Cambridge University Press, 1987. (레프 구밀료프, 권기돈 옮김, 『상상의 왕국을 찾아서』, 새물결, 2016.)

Guzman, Gregory G. "Simon of Saint-Quentin and the Dominican Mission of the Mongol Baiju: A Reappraisal." *Speculum* 46, 2(April 1971): pp.232-249.

_____. "Simon of Saint-Quentin as Historian of the Mongols and the Seljuk Turks." *Medievalia et Humanistica n.s.* 3(1972): pp.155-178.

_____. "The Encyclopedist Vincent of Beauvais and His Mongol Extracts from John of Plano Carpini and Simon of Saint-Quentin." *Speculum* 49, 2(April 1974): pp.287-307.

Haeger, John W. "Marco Polo in China: Problems with Internal Evidence." *Bulletin of Sung and Yuan Studies* 14(1978): pp.22-30.

Halperin, Charles J. "Russia in the Mongol Empire in Historical Perspective." *Harvard Journal of Asiatic Studies* 43, 1(June 1983): pp.239-261.

_____. *Russia and the Golden Horde.* Bloomington: Indiana University Press, 1985. (찰스 핼퍼린, 권용철 옮김, 『킵차크 칸국』, 글항아리, 2020.)

Hambis, Louis. "Notes sur l'histoire de Corée a l'époque mongole." *T'oung Pao* 45(1957): pp.151-218.

Hamilton, James. "Le texte turc en caractères syriaques du grand sceau cruciforme de Mār Yahballāhā III." *Journal asiatique* 260(1972): pp.155-170.

Haneda Tōru. *Genchō ekiden zakko.* Tokyo, 1930. (羽田亭,『元朝驛傳雜考』, 東洋文庫, 1930)

Hirth, Friedrich, and William W. Rockhill, trans. *Chau Ju-kua: His Work on the Chinese and Arab Trade in the Twelfth and Thirteenth Centuries Entitled Chu-fan-chi.* St. Petersburg: Printing Office of the Imperial Academy of Sciences, 1911.

Hourani, George. *Arab Seafaring in the Indian Ocean in Ancient and Early Medieval Times.* Princeton: Princeton University Press, 1951.

Housley, Norman. *The Italian Crusades.* Oxford: Clarendon Press, 1982.

Humble, Richard. *Marco Polo.* New York: G. P. Putnam's Sons, 1975.

Inaba Shoju, trans. "The Lineage of the Sa skya pa: A Chapter of the Red Annals." *Memoirs of the Research Department of the Toyo Bunko* 22(1963): pp.107-123.

Jackson, Peter. "The Crusade Against the Mongols." *Journal of Ecclesiastical History* 42(1991): pp.1-18.

Jackson, Peter, and David Morgan. *The Mission of Friar William of Rubruck.* London: Hakluyt Society, 1990.

Jackson, Peter. *The Mongols and the West, 1221-1410.* Harlow: Pearson Longman,

2005.

Jahn, Karl. *Täbris, Ein Mittelalterliches Kulturzentrum zwischen Ost und West.* Graz: Herman Böhlaus, 1968.

Joinville, Jean Sire de. *Histoire de Saint Louis, Roi de France.* Paris: Impremerie de Goetschy, 1822.

_____. *Histoire de Saint Louis.* Paris: Librairie de la Société de l'histoire de France, 1868.

Jordan, William C. *The French Monarchy and the Jews from Philip Augustus to the Last Capetians.* Philadelphia: University of Pennsylvania Press, 1989.

Kedar, Benjamin. *Merchants in Crisis: Genoese and Venetian Men of Affairs and the Fourteenth-Century Depression.* New Haven: Yale University Press, 1976.

Kinross, Lord. *Hagia Sophia.* New York: Newsweek Book Division, 1972.

Kohler, C., and C. V. Langlois. "Lettres inédites concernant les Croisades(1275-1307)." *Bibliothèque de l'école des Chartes* 52(1891): pp.46-63.

Kychanov, E. J. *Ocherk Istorii Tangutskogo Gosudarstva.* Moscow: Nauka, 1968.

Lach, Donald F. *Asia in the Making of Europe.* Volume 1: *The Century of Discovery,* Book 1. Chicago: University of Chicago Press, 1965.

Laiou, Angeliki. *Constantinople and the Latins: The Foreign Policy of Andronicus II, 1282-1328.* Cambridge, Mass.: Harvard University Press, 1972.

Lambton, Ann K. S. *Landlord and Peasant in Persia.* London: Oxford University Press, 1953.

Lane, Frederic C. *Venice: A Maritime Republic.* Baltimore: Johns Hopkins University Press, 1973.

Lao Yan-shuan. "Notes on Non-Chinese Terms in the Yuan Imperial Dietary Compendium Yin-shan Cheng-yao." *Bulletin of the Institute of History and Philology, Academia Sinica* 39(October 1969): pp.399-416.

Lapidus, Ira. *Muslim Cities in the Later Middle Ages.* Cambridge, Mass.: Harvard University Press, 1967.

Lary, George. *The Medieval Alexander.* Ed. by D. J. A. Ross. Cambridge: Cambridge University Press, 1956.

Lattimore, Owen. *Studies in Frontier History.* London: Oxford University Press, 1962.

Laurent, M. H. "Rabban Sauma, Ambassadeur de l'il-khan Argoun, et la cathédrale de Veroli." *Mélanges d'Archéologie et d'histoire publ. par l'école française de Rome* 70(1958): pp.331-365.

Le Coq, Albert von. *Buried Treasures of Chinese Turkestan*. Trans. by Anna Barwell. London: Allen & Unwin, 1928.

Leff, Gordon. *Paris and Oxford Universities in the Thirteenth and Fourteenth Centuries*. New York: John Wiley and Sons, 1968.

Legge, James, trans. *A Record of Buddhistic Kingdoms*. Oxford: Clarendon Press, 1886.

Le Strange, Guy, trans. *The Geographical Part of the Nuzhat-al-Qulub Composed by Hamd-Allah Mustawfi of Qazwin in 740(1340)*. Leyden: E. J. Brill, 1919.

_____. *The Lands of the Eastern Caliphate*. Reprint. New York: Barnes & Noble, 1966.

Lewis, Bernard, P. M. Holt, and Ann K. S. Lambton, eds. *The Cambridge History of Islam*. 2 vols. Cambridge: Cambridge University Press, 1970.

Ligeti, Louis. *Monuments en écriture 'Phags-pa: pièces de chancellerie en transcription chinoise*. Budapest: Akademiai Kiado, 1972.

Lippard, Bruce. "The Mongols and Byzantium, 1243-1341." Indiana University Ph.D. dissertation, 1984.

Lloyd, Simon. *English Society and the Crusades, 1216-1307*. Oxford: Clarendon Press, 1988.

Lockhart, Laurence. "The Relations Between Edward I and Edward II of England and the Mongol Īl-Khāns of Persia." *Iran* 6(1968): pp.23-31.

Loewe, Michael. *Records of Han Administration*. 2 vols. Cambridge: Cambridge University Press, 1967.

Maitra, K. M. *A Persian Embassy to China*. New York: Paragon Books Reprint Corporation, 1970.

Mann, Horace K., ed. *The Lives of the Popes in the Middle Ages*. Volumes 16 and 17. London: Kegan Paul, Trench, Trubner, 1931-1932.

Martin, H. D. "Preliminary Report on Nestorian Remains North of Kuei-hua, Sui-yuan." *Monumenta Serica* 3(1937-1938): pp.232-249.

Martines, Lauro. *Power and Imagination: City States in Renaissance Italy*. New York: Alfred A. Knopf, 1979.

McLean, Norman. "An Eastern Embassy to Europe in the Years 1287-88." *English Historical Review* 14(1899): pp.299-312.

Michelin: Rome. London: Michelin Tyre, 1985.

Miller, Roy A. *Accounts of Western Nations in the History of the Northern Chou Dy-*

nasty. Berkeley: University of California Press, 1959.

Mingana, Alphonse. *The Early Spread of Christianity in Central Asia and the Far East*. Manchester: The University Press, 1925.

Mirsky, Jeannette, ed. *The Great Chinese Travelers*. Chicago: University of Chicago Press, 1964.

Montgomery, James A., trans. *The History of Yaballaha III, Nestorian Patriarch and of His Vicar Bar Sauma*. New York: Columbia University Press, 1927.

Morgan, David. *The Mongols*. London: Basil Blackwell, 1986. (데이비드 모건, 권용철 옮김, 『몽골족의 역사』, 모노그래프, 2012.)

_____. *Medieval Persia, 1040-1797*. London: Longman, 1989.

_____. "The Mongols and the Eastern Mediterranean." *Mediterranean Historical Review* 4, 1(June 1989): pp.198-211.

Mostaert, Antoine. and Francis W. Cleaves. *Les lettres de 1289 et 1305 des ilkhan Arγun et Öljeitü a Philippe le Bel*. Cambridge, Mass.: Harvard University Press, 1962.

_____. "Trois documents mongols des Archives secrètes vaticanes." *Harvard Journal of Asiatic Studies* 15(1952): pp.419-506.

Moule, A. C. *Christians in China Before the Year 1550*. London: Society for Promoting Christian Knowledge, 1930.

Moule, A. C., and Paul Pelliot. *Marco Polo: The Description of the World*. 2 vols. London: George Routledge & Sons, 1938. (마르코 폴로, 김호동 역주, 『마르코 폴로의 동방견문록』, 사계절, 2000.)

Needham, Joseph. *Science and Civilisation in China*. Volume 1. Cambridge: Cambridge University Press, 1961. (조지프 니덤, 이석호·이철주·임정대·최임순 옮김, 『중국의 과학과 문명 1』, 을유문화사, 1985.)

Nicol, Donald M. *Byzantium and Venice*. Cambridge: Cambridge University Press, 1988.

Nogara, Bartolomeo. *Les Trésors d'Art du Vatican*. Bergamo: Istituto Italiano d'arti Grafiche, 1950.

Ohsson, Constantin Mouradgea d'. *Histoire des Mongols, depuis Tchinguiz-khan jusqu'à Timour-Bey ou Tamerlan*. 4 vols. The Hague and Amsterdam: Les Frères Van Cleef, 1834-1835.

Olbricht, Peter. *Das Postwesen in China unter der Mongolenherrschaft im 13. und 14. Jahrhundert*. Wiesbaden: Otto Harrassowitz, 1954.

Olschki, Leonardo. *Marco Polo's Precursors*. Baltimore: Johns Hopkins University Press, 1943.

_____. *Guillaume Boucher: A French Artist at the Court of the Khans*. Baltimore: Johns Hopkins University Press, 1946.

_____. *Marco Polo's Asia*. Berkeley: University of California Press, 1960.

Oriente Poliano. Rome: Istituto Italiano per il Medio ed Estremo Oriente, 1957.

Peers, E. Allison, trans. *Blanquerna: A Thirteenth-Century Romance of Ramon Lull*. London: Jarrolds Publishers, 1926.

Pelliot, Paul. *Notes on Marco Polo*. 2 vols. Paris: Adrien-Maisonneuve, 1959-1963.

_____. *Les Mongols et la Papauté*. Paris: Librairie August Picard, 1923.

_____. *Recherches sur les chrétiens d'Asie centrale et d'Extrême Orient*. Ed. by Jean Dauvillier and Louis Hambis. Paris: Imprimerie nationale, 1973.

Pesce, Bartolomeo. *La Cattedrale di Genova*. Genova: Edizione Sigla Effi, 1955.

Petech, Luciano. "Les marchands italiens dans l'empire mongol." *Journal asiatique* 250, 4(1962): pp.549-574.

Pigulevskaia, N. V. *Istoriia Mar Iabalakhi i Rabban Saumy*. Moscow: Izdatelstvo Vostochnoi Literaturi, 1958.

Powell, James, ed. *Muslims Under Latin Rule*. Princeton: Princeton University Press, 1990.

Powicke, Maurice. *The Oxford History of England: The Thirteenth Century, 1216-1307*. Oxford: Clarendon Press, 1953.

Prestwich, Michael. *Edward I*. London: Methuen, 1988.

Queller, Donald. "Thirteenth-Century Diplomatic Envoys: *Nuncii and Procuratores*." *Speculum* 35, 2(April 1960): pp.196-213.

Rachewiltz, Igor de. *Papal Envoys to the Great Khans*. London: Faber & Faber, 1971.

_____. "The Secret History of the Mongols." *Papers on Far Eastern History* 4(September 1971): pp.115-163; 5(March 1972): pp.149-175; 10(September 1974): pp.55-82; 13(March 1976): pp.41-75; 16(September 1977): pp.27-65; 18(September 1978): pp.43-80; 21(March 1980): pp.17-57; 23(March 1981): pp.111-146; 26(September 1982): pp.39-84.

Rashdall, Hastings. *The Universities of Europe in the Middle Ages*. New ed. by F. M. Powicke and A. B. Emden. 3 vols. Oxford: Oxford University Press, 1936.

Rice, David Talbot. *Byzantine Art*. London: Penguin Books, 1954.

Richard, Jean. "La mission en Europe de Rabban Çauma et l'union des églises." *Con-*

vegno di science morali storiche e filologiche: Accademia nazionale dei Lincei, pp.162-167. Rome: Accademia Nazionale dei Lincei, 1957.

_____. "The Mongols and the Franks." *Journal of Asian History* 3, 1(1969): pp.45-57.

_____. *La Papauté et les missions d'orient au moyen âge(xiii-xiv siècles)*. Rome: École française de Rome, Palais Farnese, 1977.

_____. *The Latin Kingdom of Jerusalem*. Trans. by Janet Shirley. Amsterdam: North Holland Publishing, 1979.

Richards, D. S., ed. *Islam and the Trade of Asia*. Philadelphia: University of Pennsylvania Press, 1967.

Ridolfini, Cecilia Pericoli. *St. Paul's Outside the Walls: Rome*. Bologna: Grafica Editoriale, 1967.

Rockhill, William W., trans. *The Journey of William of Rubruck to the Eastern Parts of the World*. London: Hakluyt Society, 1900.

Rossabi, Morris. "Ming China's Relations with Hami and Central Asia, 1404-1513: A Reexamination of Traditional Chinese Foreign Policy." Columbia University Ph.D. dissertation, 1970.

_____. "Khubilai Khan and the Women in His Family." In *Studia Sino-Mongolica: Festschrift für Herbert Franke*, ed. by Wolfgang Bauer, pp.153-180. Wiesbaden: Franz Steiner Verlag, 1979.

_____. *Khubilai Khan: His Life and Times*. Berkeley: University of California Press, 1988. (모리스 로사비, 강창훈 옮김, 『수성의 전략가 쿠빌라이 칸』, 사회평론, 2015.)

_____. "The 'Decline' of the Central Asian Caravan Trade." In *The Rise of Merchant Empires*, ed. by James D. Tracy, pp.351-370. Cambridge: Cambridge University Press, 1990.

_____. "Trade Routes in Inner Asia." Denis Sinor, ed., *Cambridge History of Inner Asia*(미간행 원고).

_____, ed. *China Among Equals: The Middle Kingdom and Its Neighbors, 10th-14th Centuries*. Berkeley: University of California Press, 1983.

Rowling, Marjorie. *Everyday Life of Medieval Travellers*. London: B. T. Batsford, 1971.

Runciman, Steven. *A History of the Crusades*. Volume 3: *The Kingdom of Acre*. Cambridge: Cambridge University Press, 1954.

Santini, Loretta. *Rome and Vatican*. Rome: Plurigraf Narni-Terni, 1975.

Sauvaget, Jean. "Caravansérails syriens du moyen-âge." *Ars Islamica* 4(1937): pp.98-121.

Sayili, Aydin. *The Observatory in Islam*. Ankara: Publications of the Turkish Historical Society, no. 38, 1960.

Schafer, Edward H. *The Golden Peaches of Samarkand*. Berkeley: University of California Press, 1963.

Schmieder, Felicitas. *Europa und die Fremden*. Sigmaringen: J. Thorbecke, 1994.

Setton, Kenneth. "The Papacy and the Levant(1204-1571)." *Memoirs of the American Philosophical Society* 114(1976).

Sinor, Denis. "Un voyageur du treizième siècle: le Dominicain Julien de Hongrie." *Bulletin of the School of Oriental and African Studies, London University* 14, 3(1952): pp.589-602.

_____. "The Mongols and Western Europe." In *A History of the Crusades*. Volume 3: *The Fourteenth and Fifteenth Centuries*, ed. by Harry W. Hazard, pp.513-544. Madison: University of Wisconsin Press, 1975.

_____. "Interpreters in Medieval Inner Asia." *Asian and African Studies* 16, 3(November, 1982): pp.293-320.

_____. "Diplomatic Practices in Medieval Inner Asia." In *The Islamic World, from Classical to Modern Times: Essays in Honor of Bernard Lewis*, ed. by C. E. Bosworth, Charles Issawi, Roger Savory, and A. L. Udovitch, pp.337-355. Princeton: Darwin Press, 1989.

Slessarev, Vsevolod. *Prester John: The Letters and the Legend*. Minneapolis: University of Minnesota Press, 1959.

Smith, John Masson. "'Ayn Jālūt: Mamlūk Success or Mongol Failure?" *Harvard Journal of Asiatic Studies* 44, 2(December 1984): pp.307-345.

Spence, Jonathan. *The Question of Hu*. New York: Alfred A. Knopf, 1988. (조너선 스펜스, 김복미 옮김, 『중국인 후의 기이한 유럽 편력』, 서해문집, 2007.)

Spuler, Bertold. *Die Goldene Horde: Die Mongolen in Russland, 1223-1502*. Wiesbaden: Otto Harrassowitz, 1965.

_____. *Die Mongolen in Iran: Politik, Verwaltung, und Kultur der Ilchanzeit, 1220-1350*. Berlin: Akademie-Verlag, 1968.

Steensgaard, Niels. *Carracks, Caravans, and Companies: The Structural Crisis in the European-Asian Trade in the Early 17th Century*. Copenhagen: Scandinavian Institute of Asian Studies Monograph Series 17, 1973.

Stein, M. Aurel. *Ancient Khotan*. 2 vols. Oxford: Clarendon Press, 1907.

Strayer, Joseph, ed. *Dictionary of the Middle Ages*. 13 vols. New York: Charles Scribner's Sons, 1982-1989.

Tisserant, E. "Une lettre de l'Ilkhan Abaga adressée en 1268 au pape Clement IV." *Muséon* 59(1946): pp.547-556.

Trimingham, J. Spencer. *Christianity Among the Arabs in Pre-Islamic Times*. London: Longman, 1979.

Tyerman, Christopher. *England and the Crusades, 1095-1588*. Chicago: University of Chicago Press, 1988.

Vacant, Alfred, and Éugene Mangenot, eds. *Dictionnaire de théologie catholique*. 15 vols. Paris: Librairie Letouzey et Ané, 1908-1950.

Vambery, Arminius. *History of Bokhara from the Earliest Period down to the Present*. London: H. S. Kinn, 1873.

Vasiliev, A. A. *History of the Byzantine Empire, 324-1453*. Madison: University of Wisconsin Press, 1952.

Vine, Aubrey. *The Nestorian Churches*. London: Independent Press, 1937.

Voegelin, Eric. "The Mongol Orders of Submission to European Powers, 1245-1255." *Byzantion* 15(1940-1941): pp.378-413.

Waley, Daniel. *The Italian City-Republics*. 3rd ed. London: Longman, 1988.

Walker, David. *Medieval Wales*. Cambridge: Cambridge University Press, 1990.

Wardwell, Anne E. "*Panni Tartaricis*: Eastern Islamic Silks Woven with Gold and Silver, 13th and 14th Centuries." *Islamic Art* 3(1988-1989): pp.95-173.

Watanabe, Hiroshi. *Marco Polo Bibliography, 1477-1983*. Tokyo: Toyo Bunko, 1986.

Weissman, Keith. "Mongol Rule in Baghdad, 1258-1301." University of Chicago Ph.D. dissertation, 1990.

Wiet, Gaston. *Baghdad: Metropolis of the Abbasid Caliphate*. Trans. by Seymour Feiler. Norman: University of Oklahoma Press, 1971.

Wood, Charles T. *The French Appanages and the Capetian Monarchy*. Cambridge, Mass.: Harvard University Press, 1966.

_____, ed. *Philip the Fair and Boniface VIII: State vs. Papacy*. 2nd ed. New York: Holt, Rinehart & Winston, 1971.

Wyngaert, Anastasius van den. *Sinica Franciscana*. 5 vols. Quaracchi-Firenze: Collegio di S. Bonaventura, 1929-1954.

Yule, Henry, trans. *The Book of Ser Marco Polo, the Venetian Concerning the Kingdoms and Marvels of the East*. 2 vols. 3rd ed., rev. by Henri Cordier. London: John Murray, 1903.

_____. *Cathay and the Way Thither*. Rev. ed. by Henri Cordier. Reprint, 4 vols. in 2. Taipei: Ch'eng-wen Publishing, 1966.

찾아보기

랍반 사우마의 서방견문록

2021년 8월 9일 초판 1쇄 찍음
2021년 8월 16일 초판 1쇄 펴냄

지은이 모리스 로사비
옮긴이 권용철
펴낸이 윤철호·고하영
책임편집 최세정·엄귀영
편집 이소영·김혜림
표지·본문 디자인 김진운
본문 조판 민들레
마케팅 최민규

펴낸곳 ㈜사회평론아카데미
등록번호 2013-000247(2013년 8월 23일)
전화 02-326-1545
팩스 02-326-1626
주소 03993 서울특별시 마포구 월드컵북로6길 56
이메일 academy@sapyoung.com
홈페이지 www.sapyoung.com

ISBN 979-11-6707-016-6 03900